태도의
품격

진에게 바칩니다.

일러두기

─────

- 외래어의 표기는 국립국어원 외래어 표기법에 준했으나, 일부는 관용에 따랐습니다.
- 본문의 각주는 옮긴이 및 편집자주입니다.

최고의 조직은 왜 매너에 집중하는가

태도의
품격

로잔 토머스 지음 │ 서유라 옮김

다산
북스

목차

7장 | 비즈니스 미팅

프롤로그

때로는 실수로, 때로는 고의로 일어나는
무례한 행동들

나는 어릴 적 부모님에게서 '매너'라는 말을 한 번도 들어보지 못했다. 지금 와서 생각해보면 부모님 입장에서 여섯 아이를 먹이고 입히고 돌보는 동시에 매너라는 고상한 단어를 떠올리기란 쉽지 않았을 것이다. 하지만 부모님은 예의 바른 행동(결국 매너를 지키는 행동)이 무엇인지 말과 행동으로 가르쳐주셨고, 우리에게도 예의를 지켜야 한다고 매일같이 강조하셨다. 물론 언제나 마지막 남은 파이 한 조각을 차지하려고 다투던 우리 여섯 남매에게는 서로 양보하고 차례를 지켜야 한다는 말이 크게 와닿지 않았다. 그러나 우리는 부모님의 말에 잘 따라야 한다고 배웠고, 늘 예의 바르게 행동하려고 최선을 다했다.

부모님은 다양한 방식으로 예의를 가르쳤다. 해군 장교였던

아버지는 "먹을 만큼만 덜고, 음식을 남기지 말아라(욕심과 낭비를 경계하라는 군인 정신이 반영된 표현)" "식탁에서 유격수처럼 굴지 말아라(음식을 나눠 먹는 자리에서 자기 욕심만 부리지 말라는 뜻. 특히 마지막 남은 한 입은 더더욱 옆 사람에게 양보해야 한다)"라고 자주 말씀하셨다. 고등학교 선생님이던 어머니는 부모님이 불렀을 때 올바른 대답은 "왜요?"가 아니라 "네?"라는 사실을 알려주셨고, 부탁할 때는 공손한 말투를 쓰고 도움을 받은 후에는 반드시 감사 인사를 해야 한다고 가르치셨다.

20세기에 성장기를 보낸 사람이라면 모두 비슷한 향수를 갖고 있을 것이다. 우리는 부모님이 부모님이라는 이유 하나만으로도 권위를 갖고 있던 시절을 기억한다. 가족이 함께하는 저녁 식사는 무엇보다 중요한 자리여서 모든 구성원들은 손을 깨끗이 씻고 시간에 맞춰 식탁에 앉았다. 그 자리에서 아이들은 포크와 나이프 잡는 법과 더불어 어른들에게는 어떤 식으로 말해야 하는지, 다른 사람이 이야기할 때는 어떤 태도로 귀를 기울여야 하는지 배웠다. 식사 중에 걸려온 전화는 받지 않는 것이 원칙이었고, 학교나 교회에 갈 때는 단정한 옷을 차려입었다. 물론 모르는 사람이어도 윗사람에게는 언제나 깍듯했다.

21세기인 요즘의 기준에서는 한두 세대 전까지만 해도 우리 사회에 존재했던 예의범절의 대부분이 고리타분하고 낯설게 느껴질 수 있다. 그 시절에 부모님들은 부모님답게 행동하고 친구는 친구답게 행동해서 결코 두 집단의 경계가 흐려지는 법이 없었다. 반면 오늘날에는 많은 부모와 자녀가 자연스럽게 서로의 가장 친한 친구로 지낸다. 주변의 어른이나 학교 선생님, 직장 상사가 권위를 인정받기는 점점 어려워지고 있다. 사실 최근 들어서는 '권위'라는 개념 자체에 의문을 제기하는 사람들도 많다.

21세기에도 예의 바른 태도의 기본 원리는 예전과 크게 달라지지 않았지만 이를 구성하는 요소들은 상당히 많이 바뀌었다. 우리는 자주 진정성과 투명성이 중요하다는 이야기를 듣지만, 과거에는 솔직하게 대화를 나누는 것이 너무나 당연했다. 지금의 팀워크는 공허한 주문에 불과하지만, 과거에는 단합 대회를 위해서라도 진심으로 유대감을 가져야 했다. 최근에는 직장 동료들끼리 스스럼없이 지내는 것이 당연할 뿐 아니라 아무 거리낌 없이 대화하는 것을 장려하는 기업 문화가 유행처럼 번지고 있지만, 얼마 전까지만 해도 동료, 특히 상사와 부하 직원 사이에 선과 경계가 분명했다. 오늘날에도 예의는 분명히 존재한다. 그러나 과거와 다른 방향으로 새롭게 정의되고 있는 것만은 확실하다.

물론 이는 업무 환경이 극적으로 변했기 때문이기도 하다. 20세기에는 상사에게 주말 동안 문자메시지를 보내도 되는지, 인터넷에 떠돌아다니는 과거 사진을 어떻게 처리해야 하는지 따위의 고민을 할 필요가 없었다. 그런 개념 자체가 존재하지 않았으니까.

최근 밀레니얼 세대가 차지하는 인구 비중과 영향력이 점차 커지는 만큼 직장 매뉴얼 또한 그들 중심으로 개편되어야 한다고 주장하는 사람들도 있다. 하지만 전체 인원을 놓고 보면 여전히 기성세대의 비율이 우세하며, 관리자 직급 또한 대부분 그들이 차지하고 있다. 이런 마당에 Z세대까지 빠르게 치고 올라오면서 가까운 미래에는 사용하는 언어도, 중요시하는 가치도, 추구하는 목표도 완전히 다른 다섯 세대가 조화를 이루며 일하는 방법을 강구해야 할 지경이 되었다. (각 세대에 대해서는 1장 「'옛날 사람'과 '요즘 것들'」에서 자세히 설명하겠다.)

이처럼 여러 세대가 모여 있어 오해가 생길 여지가 다분한 직장 환경에서 사람들은 때로는 실수로, 때로는 고의로 무례한 행동들을 저지른다. 직장인 열 명 중 아홉 명이 회사에서 무례한 취급을 당하거나 목격한 적이 있다는 연구 결과도 있다. 그리고 직장에서 벌어지는 예의 없는 행동 때문에 기업들이 지출하는 비용은 미국에서만 매년 3000억 달러에 이른다.[1]

서로 예의를 지키는 회사는 분명히 일하기 좋은 직장이며, 구성원 간의 신뢰가 쌓이다 보면 결국 조직 전체가 현실적인 이익을 얻을 수 있다. 그럼 어떻게 하면 서로 다른 세대의 구성원들이 직장을 바라보는 이질적인 시선을 하나로 조화시킬 수 있을까? 서로 간의 오해를 줄이고 모두가 존중받는 기업 문화를 만들기 위해서는 어떻게 해야 할까? 점점 치열해지는 시장에서 더 나은 경쟁력을 갖춘 브랜드를 만들고 싶다면 개인과 기업은 각각 어떤 노력을 해야 할까? 하나같이 쉬운 문제는 아니다. 그러나 해결책은 분명히 존재한다. 우선 각 개인에 대한 존중이 바탕이 되는 새로운 행동 매뉴얼을 받아들여야 한다.

나는 바로 이 새로운 매뉴얼에 대해 이야기하려고 이 책을 썼다. 『태도의 품격』에는 갖춰야 할 것이 이미 너무나 많은 현대 사회의 비즈니스 환경에서 살아남기 위해 (그리고 발전하기 위해) 꼭 필요한 지식을 열 개 이상의 현실적인 예시와 백 개 이상의 유용한 지침, 그리고 현장에서 뛰는 사람들의 생생한 조언이라는 형태로 담아냈다. 또한 직원들 사이의 무례함을 조장하는 기업 문화를 깊이 파헤침으로써 어떻게 한 기업의 문화가 다양한 성별과 문화, 성장 배경, 가치관을 가진 구성원들 사이에 오해를 만들어내는 본질적인 원인이 되는지 살펴봤다.

책장을 넘기면서 의도하지 않은 사소한 행동이 얼마나 다양한 각도에서 평가받고 있는지를 알게 된다면, 자기도 모르게 '세상에, 그때 이렇게 행동했어야 했는데!' 혹은 '그게 틀렸던 거였구나!'라고 깨달을 것이다. 당연히 누구나 기억하기 싫은 실수를 저지른 적이 있을 테고, 그런 일은 앞으로도 계속해서 일어날 것이다. 충분히 이해할 수 있다. 새로 배워야 할 기술이 날마다 나타나고 우리는 수시로 변화하는 환경에 적응해야 하니까. 이런 상황에 매일 쌓여가는 업무와 일상생활에서 받는 스트레스까지 더해지면 구성원들 사이에 오해가 생겨나기 딱 좋은 환경이 만들어진다.

한 가지 다행한 소식은, 처음부터 직장 내 매너를 완벽하게 익힐 필요는 없다는 사실이다. 대개 우리가 다른 사람에게 바라는 건 무엇이 올바른 행동인지 알고 예의를 갖추려고 신경 쓰며 실수를 저질렀을 때는 진심 어린 사과와 함께 상황을 바로잡으려고 노력하는 모습이다. 당신이 새로운 업무 환경에 적응하고 다른 사람들의 기대에 부응할 수 있을 때까지 동료들의 인내를 필요로 하는 것처럼, 동료들 또한 자신의 몫을 해내기 위해 노력하는 동안 당신이 관용을 베풀어주길 바랄 것이다. 자신의 것이든 남의 것이든 과거의 실수에 지나치게 연연하는 대신 그 실수에서 변화와 성장의 기회를 찾고 목표를 향해 꾸준히 성장하는 모습을 보이는 것으로도 충분하다.

나는 독자들이 이 책에서 설명하는 '태도의 품격'을 통해 자기 자신을 믿고 타인과의 소통에 자신감을 가지며 매일 누구에게도 상처를 주지 않겠다는 마음으로 출근하기를 바란다. 서로를 존중하고 예의를 갖추는 것은 직급을 막론하고 우리 모두의 의무다. 모두가 최소한 자신의 가치를 제대로 인정받는다고 느끼는 순간, 개인과 조직 모두가 같은 방향을 바라볼 수 있을 것이다.

1장

존중하는 태도

예의는 존중에서
시작된다

"나는 사람들이 상대방의 말과 행동은 잊어도
그때의 기분은 절대 잊지 않는다는 사실을 배웠다."

마야 안젤루Maya Angelou, 시인이자 소설가

'내가 대접받고자 하는 대로 상대방을 대접하라'는 말을 들어 봤을 것이다. 오랜 역사를 자랑하는 이 가르침을 '황금률Golden Rule'이라고 부른다. 그 안에 담긴 뜻은 분명 훌륭하지만, 서로 다른 나이와 문화, 경험, 취향, 목표, 성 정체성, 생활 방식을 가진 사람들이 뒤섞여 일하는 현대 사회의 업무 환경에 그대로 적용하기에는 무리가 있다. '내가 받고 싶은 대접'이라는 주관적인 잣대는 다양한 사람들을 대하는 태도의 기준으로 한참 부족하기 때문이다. 이러한 상황 변화를 반영하여 새롭게 소개된 '백금률Platinum Rule'은 황금률에서 한 걸음 나아가 '상대방이 받고자 하는 대접을 예측하여 제공하라'는, 예의를 아는 현대인들에게 꼭 필요한 지침을 제공한다.

백금률이라는 개념은 비영리 단체인 문화간개발연구협회의 설립이사이자 CEO인 밀턴 베넷Milton J. Bennett 박사가 1979년에 쓴 논문 「황금률을 넘어서」에서 처음으로 소개되었다. 베넷 박사는 이 글을 통해 황금률이 개인 간의 '유사성'에 초점을 맞추는 반면, 백금률은 개인 간의 '다양성'에 초점을 맞춘다고 설명했다.[1]

그러나 오늘날 많은 기업들이 백금률을 (혹은 황금률이라도) 받아들이는 방향으로 나아가고 있음에도 불구하고, 여전히 갈 길은 멀다.

[01]

사람들은 직장을 떠나는 게 아니라
사람을 떠난다

종합 병원에서 관리자로 일하는 제인은 헬스케어학회를 손꼽아 기다려왔다. 전 세계 대형 병원의 관리자들이 모이는 학회는 업계에서 인맥을 쌓을 수 있는 절호의 기회였다. 오찬 장소에 도착했을 때, 그녀는 평소 안면이 있던 필이 다른 남성 네 명과 함께 한쪽 테이블에 앉아 있는 모습을 보았다. 제인은 그 자리로 걸어가 합석을 해도 괜찮을지 물었다. 필은 건성으로 고개를 끄덕인 뒤 일행에게 제인을 대충 소개하고는 하고 있던 외설적인 농담을 열정적으로 이어갔다.

농담이 막바지에 다다를 무렵, 필은 주인공에 제인의 이름을 대신 넣어 이야기를 완성시켰다. 그는 자신의 순발력과 재치에 도취된 나머지 테이블에서 큰 소리로 웃는 사람이 자기 혼자뿐이라는 사실을 눈치채지도 못했다. 한참 후에야 제인의 얼굴에 떠오른 당혹스러운 표정과 다른 동료들의 쩔쩔 매는 모습을 발견하고는 과장된 톤으로 껄껄 웃더니 일행을 향해 이렇게 말했다. "그래도 제인만 없었으면 꽤 괜찮은 농담이었는데!"

예의는 존중을 바탕으로 만들어지며, 존중은 상대방을 높게 대할 때 생겨난다. 존중이라는 기본 조건을 갖추지 않으면 제아무리 예의 바른 행동도 가식적으로 느껴질 수밖에 없다. 그리고 우리가 존중해야 할 범위에는 타인의 사생활이나 개인적인 공간부터 재산, 관점, 철학, 종교, 성별, 국적, 나이, 배경, 신념 그리고 성격이 모두 포함된다는 점을 명심하자.

크리스틴 피어슨Christine Pearson과 크리스틴 포라스Christine Porath가 공동 집필한 『나쁜 행동의 대가』에서는 오늘날 전체 직장인의 80%가 회사에서 존중받는다는 느낌을 전혀 받지 못하고 있으며, 95%라는 어마어마한 숫자가 무례한 행동을 직접 당하거나 목격했다고 밝혔다.[2] 그 사람이 사용하는 언어와 몸짓, 행동을 보면 그가 상대방을 존중하는지 무시하는지 한눈에 알 수 있다. 상사나 동료에게 자신의 경험과 노력, 헌신, 능력, 창의성, 업무 성과를 존중받는 것이야말로 직장인의 가장 큰 보람이지만, 안타깝게도 자신이 제대로 존중받고 있다고 생각하는 사람은 거의 없다. 인터넷 쇼핑몰 스마트사인SmartSign의 전략팀장 마이크 마일스Mike Miles는 자사 블로그에 게재한 칼럼 「회사의 재정과 피해자의 건강을 동시에 해치는 직장 내 괴롭힘」을 통해 직장에서 벌어지는 각종 무례한 행동들 때문에 잦은 이직과 생산성 저하 현상이

나타나고 있으며, 그 결과 매년 약 3600억 달러에 이르는 손실이 발생하고 있다고 말했다.[3]

이제 단순히 기업 차원에서 예의와 존중을 중시해야 한다고 부르짖는 것으로는 부족하다. 입으로는 경청의 중요성을 강조하면서 부하 직원의 의견은 무시하는 상사보다는 차라리 대놓고 남의 말을 듣지 않는 상사 밑에서 일하는 편이 나을지도 모른다.

무례함의 범주에는 사소한 예의를 무시하거나 배려가 부족한 태도부터 직접적으로 차별을 하거나 상대방을 괴롭히는 행위가 전부 포함된다. 이는 직급을 막론하고 조직 구성원들이 서로를 편파적으로 대하거나 은근히 압박하는 태도 속에, 잘못된 언행을 묵인하거나 피해 보고를 묵살하는 분위기 속에, 우려의 목소리를 낸 직원이 오히려 조직을 떠나게 만드는 관행 속에 녹아 있다. 고객 기만, 횡령, 약탈적 가격 결정 등의 불법행위를 서슴지 않는 비윤리적인 기업이나 그러한 행동을 조장하는 기업 문화 또한 사태를 악화시키는 주범이다. 인디애나 주립대학교의 교수이자 『학교 문화를 재설계하다』의 공동 저자인 토드 휘태커Todd Whitaker와 스티브 그루너트Steve Gruenert는 "조직문화는 그 조직의 리더가 용인하는 최악의 행동들이 모여 형성된다"고 말했다.[4]

직장 내 무례함은 '먼지차별Microaggression *' 같은 간접적인 형태

---

* 사소하고 일상적이지만 편견과 차별을 조장할 수 있는 표현을 이르는 신조어

로도 나타난다. 컬럼비아 대학교에서 상담심리학을 가르치는 데 럴드 윙 수Derald Wing Sue 교수는 먼지차별을 '자신의 한정적인 인간관계에서 얻은 정보만을 토대로 특정한 사람이 적대감이나 모멸감 등의 부정적인 기분을 느끼도록 행동하는 것이자 의도와 관계없이 일상생활 중에 무시, 거부, 모욕의 의미를 담은 언어적, 비언어적 행위를 하거나 이러한 분위기가 담긴 환경을 조성하는 것'이라고 정의했다.[5] 가령 아프리카계 미국인 동료에게 논리적인 모습이 인상적이라고 칭찬하거나 여성 임원에게 일과 가정생활을 양립하면서 책임감을 잃지 않는 모습에 감명받았다고 격려하는 것처럼, 무의식적인 편견이 담겨 있다면 '칭찬' 또한 얼마든지 먼지차별이 될 수 있다.

직장에서 당하는 무례한 행동은 구성원의 사기와 충성심, 생산성, 건강에 악영향을 미친다. 무례함에 고통받는 동료를 지켜봐야 하는 직원들 또한 스트레스와 고용 불안에 시달리기는 마찬가지다. 이러한 불안감이 확산되기 시작하면 결국 구성원 전체가 서로를 존중하지 않는 분위기가 조성될 확률이 높아진다. 존중받지 못한 직원이 그만두기로 결정한 순간, 회사는 퇴직금부터 해고수당, 구인 및 고용 비용, 교육 비용, 나아가 잠재적 소송 비용까지 떠안아야 한다. 딘 칼리지 경영학과의 로버트 쿠오모Robert J. Cuomo 학과장은 이렇게 말한다. "사람들은 직장을 떠나는 게 아니라 사람을 떠나는 겁니다." 무례함은 결국 기업의 평판을 떨어뜨리고 고객이 등을 돌리게 만들며 경영진의 귀중한 시간을 잡아먹는다.

반대로 서로를 존중하는 기업 문화는 팀워크나 신뢰도, 문제해결능력이 개선되는 것은 물론이고, 누구보다 경쟁력 있는 인력을 채용하고 유지할 발판을 마련해준다.

이를 꿰뚫어본 경영자라면 관용을 베푸는 데 엄격해야 한다. 회사의 내부 규정은 무례한 행동을 엄중히 처벌하고 피해자를 최대한 보호하는 방향으로 세워져야 한다. 이를 위해서는 경영진 차원에서 규정을 문서화하고 직원들이 회사의 방침을 정확히 이해할 수 있도록 교육에 충분히 투자해야 한다.

또한 근본적으로 채용 과정에서부터 면밀히 관리되어야 한다. 이미 고용한 직원이 일으킨 문제를 처리하는 데 낭비되는 시간과 비용, 노력을 생각하면 급하게 인력을 충원하기보다 지원자의 행동을 신중하게 파악해가면서 면접을 진행하는 편이 훨씬 경제적이다. 면접 도중에 전 직장 상사를 험담하거나 예의가 없고 남을 깔보는 태도를 보이는 사람이라면 채용된 후에도 더한 모습을 보일 가능성이 높다. 직원을 선발할 때 '경험에서 우러나온 태도'를 중시하는 포시즌스 호텔의 채용 원칙이나 리더십의 가장 중요한 덕목으로 예의와 가치를 꼽는 하워드 슐츠Howard Schultz 스타벅스 CEO의 신념을 참고하자.《포춘Fortune》이 선정한 '가장 일하기 좋은 100대 기업' 명단에 오른 회사들의 기업 문화도 좋은 본보기가 된다.

직원들이 보복에 대한 두려움 없이 상부에 보고할 수 있도록 익명의 다면평가제*를 도입하거나 내용이 유출되지 않도록 인사팀 책임자 혹은 독립적인 컨설턴트에게 직접 전달하는 시스템을 구축하는 것도 하나의 방법이다. 그리고 일단 피해가 접수되면, 정확한 상황 파악과 적절한 대처가 신속히 이루어져야 한다.

제대로 예의를 갖춰 행동하는 구성원에게 적절한 보상을 내림으로써 정적 강화**를 기대할 수도 있다. 세계 최대의 온라인 신발 판매 회사 자포스Zappos는 본받을 만한 행동을 한 직원에게 '잘러Zoller***'를 보너스로 지급하며, 동료들이 '와우상Wow Award'을 수여한다. 뒷사람을 위해 문을 잡아주거나 어려운 일을 도와주고 함께 쓰는 공간을 정리하는 등의 행동이 50달러의 보너스가 되어 돌아오는 것이다. 정기적으로 팀 점심을 함께하거나 기념일마다 파티를 열거나 여름 야유회를 떠나는 것도 서로 알아가는 데 도움이 된다. 상사는 부하 직원의 노력과 성취의 가치를 인정한다는 태도를 적극적으로 드러내야 하며, 창의성과 추진력을

---

* 한 사람을 다수의 평가자가 여러 방면에서 평가하는 제도
** 바람직한 행동에 대한 보상을 제공함으로써 그 행동의 발생률과 강도 등을 증가시키는 방법
*** 자포스Zappos와 달러Dollar의 합성어

보인 직원에게는 적절하게 보상해야 한다.

하지만 무엇보다 중요한 것은 상사가 부하 직원들에게 바라는 행동을 직접 실천하며 끊임없이 본보기를 보이는 것이다. 현명한 상사는 부하 직원을 대하는 정중한 태도야말로 유능한 인력을 끌어모으고 유지하는 원동력이라는 사실을 잘 알고 있다.

직원들도 서로의 다름을 인정하여 상대방의 말을 경청하고 자신과 다른 의견도 무시하지 않는 등 기본적인 예의를 지키려고 노력해야 한다. 결코 쉬운 일은 아니지만, 무례한 행동을 당하거나 목격했을 때 당당히 맞서는 용기 또한 필요하다. 만약 불친절하거나 배타적인 태도를 느꼈다면, 우선 자신이 그 상황을 제대로 판단했는지 신중하게 되짚어보아야 한다. 심각하지 않은 사안이라면 유머로 분위기를 풀거나 가벼운 말투로 "그냥 솔직히 얘기해도 괜찮아요"라며 대화를 유도할 수 있다. 때로는 이렇게 소통하려는 노력만으로 서로를 존중하는 분위기가 회복되기도 한다. 만약 이 정도로 해결할 수 없는 심각한 문제라면 조금 더 직접적인 접근이 필요하다. 가령 "뭔가 불만이 있는 것 같은데, 무슨 일이죠?"와 같은 구체적인 질문을 던지는 것이다.

상대방과의 관계를 개선하기 위해 "저는 당신과 즐겁게 일하고 싶어요. 그러려면 우리가 서로 어떤 노력을 해야 할까요?"라고 묻고, 사사건건 딴지를 거는 동료에게는 "잠깐만요. 저도 제 입장을 말할게요"라고 의사를 정확히 밝히고, 부적절한 언어를 사용하는 동료에게는 "조금만 자제해주세요. 여긴 직장이잖아요" 등의 말을 건네며 분위기를 바꿀 수도 있다. 그냥 넘어갈 수 없을 정도로 무례한 말을 들었을 때는 "지금 한 얘기가 무슨 뜻인지 당신은 잘 모르는 것 같군요"라고 짚어줘야 한다. 하지만 가끔씩은 이 모든 시도가 소용없을 때도 있다. 그 순간이 바로 상사나 인사담당자에게 면담을 신청할 때다.

존중을 표현하는 방법에 대해 회사와 직원 모두 어느 정도 이해했다면, 이제 현대의 직장 환경에서 일하는 다양한 구성원들에게 존중이 어떤 의미인지 본격적으로 확인할 시간이다.

[02]

경험의 차이를 받아들이는 방법

은행에서 업무 환경 관리 책임자로 일하는 65세 빌은 주간 직원회의가 열릴 회의실로 향하면서 숨을 깊이 들이마셨다. 그가 한 번도 직장을 옮기지 않은 채 일곱 차례의 직렬 이동과 네 차례의 지점 이동, 아홉 명의 직속 상사를 경험하며 42년 간 같은 은행에서 근무할 수 있었던 힘은 사내 정치에 부지런히 참여하는 동시에 자기주장을 강하게 내세우지 않는 것이었다. 덕분에 그는 순조롭게 관리직에 올라 넉넉한 연봉을 받을 수 있었다.

그는 최근 업무 환경이 크게 바뀌었으며, 이러한 변화의 흐름은 멈추지 않을 거라는 사실을 잘 알고 있었다. 그는 부단히 노력했음에도 젊은 직원들과 어울리기는 여전히 쉽지 않았다. 지난 회의에서 그가 새로운 마케팅 전략을 내놓자마자 신입 직원 조시는 의문을 제기하며 자기가 생각한 전략이 '훨씬 나은 아이디어' 같다고 말했다. 새 프로젝트에 대한 피드백을 요청하는 드류의 말투에서도 빌의 제안에 찬성하지 않는 느낌이 강하게 묻어났다. 그 와중에 입사한 지 3개월밖에 안 된 콜린은 언제쯤 승진할 수 있을지 물었고, 지나는 자신이 음성메시지나 이메일을 잘 확인하지 않는 성격이라 이번 회의 자료를 제대로 준비할 수 없었다며 다음부터는 회의 일정을 문자메시지로 알려달라고 부탁했다.

빌은 시대에 뒤처지고 싶지 않았다. 그는 인사와 데이터베이스 관리 교육을 수강하는 동시에 엑셀도 능숙해질 때까지 연습하고 또 연습했다. 링크드인LinkedIn을 포함하여 각종 소셜 네트워크 서비스 계정도 만들었다. 그는 직원들에게 공유할 만한 경험이 많았지만, 일부 젊은 직원들은 그를 '한물간 노인' 취급하며 당장이라도 은퇴할 사람처럼 대했다. 하지만 대학생인 자녀를 둔 빌은 아직 회사를 그만둘 수 없었다. 그는 최대한 어깨를 펴고 당당히 회의실로 걸어 들어갔다. 부하 직원들과 친근한 관계를 만들기 위해 최선을 다할 작정이었고, 사실 그것 외에는 방법이 없었다.

밀레니얼 세대는 오늘날 직장에서 가장 빠르게 성장 중인 동시에 가장 선호되는 인력이다. 2020년이 되면 직장인인 밀레니얼 세대 인구는 약 8600만 명에 이를 것으로 예상되며, 이는 전체 직장인의 약 40%에 해당하는 규모다.[6] 그렇다면 이제 밀레니얼 세대를 위한 맞춤 예의범절 가이드를 만들어야 하는 걸까?

결론부터 말하자면, 대답은 '아니요'다. 1980년에서 2000년대 초반 사이에 태어난 밀레니얼 세대의 수는 아직 베이비붐 세대와 X세대를 합친 숫자에 한참 못 미친다. 그리고 베이비붐 세대와 X세대야말로 현재 직장 내에서 가장 주도권이 센 인력이다. 통계 전문 사이트인 스태티스틱브레인statisticbrain.com에 따르면 현재 S&P* 500대 기업 CEO의 평균 나이는 55세다.[7] 워런 버핏Warren Buffett과 윌러드 메리어트 주니어Willard Marriott Jr.는 각각 80대와 90대이며, 그 외에도 저명한 CEO 중에는 60대와 70대가 셀 수 없이 많다. 직장인들의 은퇴 연령도 점점 올라가는 추세여서, 2014년 진행된 통계 조사에 따르면 예상 평균 은퇴 연령은 66세로 1991년 이후 가장 높은 연령대를 기록했다.[8] 지금 시점에서 새로 매뉴얼을 마련한다면, 채용 여부와 연봉 수준을 결정하는 경영진을 포함하여 모든 연령대의 관점과 그들이 추구하는 가치를 만족시켜야 할 것이다.

---

* Standard&Poor's, 미국의 신용평가기관

바야흐로 서로 다른 사회적, 정치적, 시대적 배경에서 살아온 다섯 개의 세대가 한 직장에서 일하는 시대가 도래했다. 게다가 디지털 기술이라는 장벽은 세대 간 갈등을 더욱 벌어지게 만들고 있다. 존중과 인정을 받고 싶다는 욕구는 어느 세대에나 존재한다. 다른 세대를 이해하기 위해 시간과 노력을 들인다면 그들이 가진 경험과 관점을 포용할 수 있게 된다. 젊은 세대가 기억해야 할 사실은 (운이 잘 따라준다면) 언젠가 그들 또한 윗 세대의 한 사람이 된다는 것이다. 좋든 싫든 그때에 가서 지금까지 쌓아온 업보를 책임져야 할 사람도 바로 그들 자신이다. 아래의 분류로 각 세대가 어떤 관점을 가지고 있는지 대략적으로 파악할 수 있을 것이다.

전통주의 세대Traditionalists

1946년 이전에 출생한 인구로, 이들이 직장인이 될 무렵에는 사회적 규범이 곧 직장 내 규범의 표본이었으며, 여성들은 대부분 지원 부서에서만 일했다. 남성들은 여성을 보호하고 지켜줘야 한다고 생각했고, 문을 열어주거나 의자를 빼주거나 식사 후에 계산을 하거나 과격한 말을 삼가는 등의 방법으로 예의를 표했다. 그러나 그 이면에는 여성들이 감수해야 했던 유리천장과 임금 차별이 존재했고, 이외에도 인종, 종교, 나이, 결혼 여부, 성 정체성 등을 놓고 거의 광적인 차별이 이루어졌다. 전통주의자 세대는 나이와 계급을 중요시하고 회사에 충성하며 규율을 엄격히 지키고 희생정신이 강하다. 이들에게는 라디오와 다이얼식 전화기, 텔레비전 등이 익숙하다.

베이비붐 세대 Baby Boomers*

1946년에서 1964년 사이에 태어나 1950~60년대에 벌어진 인권 운동을 목격하거나 직접 시위에 참여한 사람들이다. 기회평등법이 제정된 1972년은 초기 베이비붐 세대가 20대를 보내고 있을 무렵이었다. 같은 세대의 막바지에 태어난 인구가 직장에 들어선 1986년경에는 여성이 대졸자의 절반 이상을 차지했으며 법조계, 의료계, 기업계 등 전통적으로 남성의 전유물이라고 여겨지던 영역에도 여성이 진출하기 시작했다. 그때까지 통용되던 직장 내 규범은 크게 바뀌었고, 능력보다 성별을 중시하는 문화가 부적절하다는 인식이 퍼져나갔다. 계급에 대한 충성도가 이전 세대에 비해 많이 약해진 것은 사실이지만, 여전히 직장 내 서열을 중시하고 승진의 사다리를 오르는 것을 중요한 목표로 삼았다. 이때 대표적인 기술 혁신은 다이얼 대신 버튼으로 작동하는 전자식 전화기가 발명된 사건이었다.

---

* 전쟁 후 태어난 사람들로 나라에 따라 연령대가 다르다. 한국의 베이비붐 세대는 6·25 전쟁 이후인 1955년부터 1963년 사이에 출생한 사람들로, 고도 경제성장과 1997년 외환 위기를 겪었다.

X세대Generation X *

1965년부터 1980년 사이에 태어난 X세대는 1980년대 중반 무렵부터 직장에 유입되기 시작했다. 샐리 라이드Sally Ride와 기온 블루포드Guion Bluford가 각각 여성과 아프리카계 미국인으로서는 최초로 유인 우주선에 탑승한 것도 바로 이 무렵이다. X세대는 역사상 최초로 상당수가 맞벌이 부모 밑에서 유년기를 보냈으며, 많은 부모님들이 직장을 잃는 모습을 지켜보아야 했다. 이들이 이전 세대에 비해 계급이나 직책, 직업 안정성을 불신하게 된 것도 어찌 보면 당연한 현상이다. 의심이 많고 독립적이며 컴퓨터 활용에 능숙한 X세대는 가족과 함께 보내는 시간을 중시하며 '워크 앤드 라이프 밸런스Work and Life Balance', 즉 일과 삶의 균형을 무엇보다 소중히 여긴다. 모바일 통신 기술을 가장 먼저 경험한 것도 바로 이 세대였다.

밀레니얼 세대/Y세대Millennials/Generation Y

1981년부터 2000년 사이에 태어난 밀레니얼 세대 혹은 Y세대는 모바일 기술이 탄생하기 이전의 시대를 거의 경험하지 못했다. 이들은 디지털 기기를 능숙하게 사용하고 사업가 기질이 다

---

* 한국의 X세대는 1980년대 중반의 호황기에 유년기를 보내고 20대 초반에 문민정부 시대를 맞아 정치·경제적으로 풍요로운 시기에 성장했다.

분하며 소셜 미디어를 통해 전 세계의 사람들과 소통하는 데 익숙하다. 이들이 성장기이던 1993년에 가족 구성원을 돌보기 위한 휴가와 병가에 대한 법이, 2009년에 릴리 레드베터 공정임금법*이 제정되었고, 2004년에 메사추세츠주에서 최초로 동성 결혼이 합법화되었다. 밀레니얼 세대는 일반적으로 사회적 책임감이 강하고, 이전의 어떤 세대보다도 부모와 친밀한 유대감을 쌓으며 자랐다. 부에 대한 욕구가 없는 것은 아니지만 그보다 개성을 존중받고 싶다는 열망이 훨씬 강하다.

[03]

차별 없이 동등하게 존중을 표한다는 것

얼마 전부터 이벤트 플래너로 일하기 시작한 지니는 지난밤을 뜬눈으로 지새웠다. 지난주 뉴욕에서 열린 연례 협의회의 평가서를 놓고 상사와 마주해야 한다는 사실을 생각하니 도저히 잠이 오지 않았기 때문이다.

맨 처음 협의회 개최 사실을 알렸을 때 돌아온 뜨뜻미지근한 반응을 보며 참석률이 저조하리라고는 어느 정도 예상했지만, 정

＊　성별, 인종, 종교 등의 이유로 근로자 간 임금을 차별할 수 없도록 만드는 것이 골자인 법안. '평등임금법'으로도 불린다.

작 참석한 고객들이 그렇게까지 불평을 해댈 줄은 꿈에도 생각하지 못했다. 음식부터 장소, 교통수단, 연설자 명단까지 행사 전반에 불만이 쏟아졌다. 행사를 개최하기 전에 조금만 더 신경 써서 조사를 했다면 이렇게까지 곤경에 처하지는 않았을 것이라는 생각이 끊임없이 머리를 맴돌았지만, 이미 늦어버린 후였다.

예산 안에서 근사한 호텔 연회장을 예약했을 때까지만 해도 모든 것이 완벽해 보였다. 그러나 그녀는 연휴가 겹치면서 참석 인원이 줄어들 것은 미처 예상하지 못했다. 장소나 교통수단에 대해서도 고객들이 칵테일을 마실 테이블이나 휠체어를 탄 고객을 위한 버스까지는 준비하지 못했고, 게다가 다양한 경험을 가진 연설자 명단을 꾸렸다고 생각했지만 초청해놓고 보니 모두가 중년의 백인 남성이었다. 지니는 상사에게 보고를 올리면서 이것이 마지막 보고가 될지도 모른다는 불안감이 들었다.

현대 사회의 직장은 다양한 얼굴을 가지고 있다. 그리고 그 각각의 얼굴은 선배들이 맨 처음 입사했을 때와는 상당히 달라진 모습이다. 이제 직장에서 보여야 할 바람직한 태도는 특별히 관심을 기울이고 배려해야 할 예외적인 집단을 제외한 모든 구성원들에게 동등한 존중을 표하는 것이다. 다양성으로 존중받아야 할 가치에는 인종이나 국적뿐 아니라 성별, 성 정체성, 장애 여부, 군대 여부 등의 요소가 포함된다. 현재 전체 직장인 중 여성이 차지

하는 비율은 46.8%이지만[2] 1950년에는 그 비중이 고작 29.6%에
불과했다. 오늘날 동성애자 혹은 트랜스젠더가 차지하는 직장인
비중은 6.28%이며 장애인 비중은 5.5%, 전직 군인 출신의 비중
은 9%가 되었다.[10] 꼭 법으로 강제되어 있기 때문이 아니라, 경영
자들 스스로가 다양한 집단 출신으로 구성된 직장이 더 생산적이
고 유연하며 혁신적이고 경쟁력이 있다는 사실을 잘 알게 되었기
때문에 점차 다양성을 존중하는 방향으로 직원을 채용하고 있다.
하지만 극복해야 할 과제는 여전히 남아 있다.

아직도 성차별을 하는 사람이 있나요?

성차별은 아직 사라지지 않았을 뿐 아니라 점점 더 기승을 부
리고 있다. 보험회사에 다니는 어떤 남성은 젊은 여성 직원과 '정
면충돌'하는 게 너무 좋다고 공공연히 말하고 다닌다. 갓 대학을
졸업하고 명품 브랜드 회사에 입사한 한 여성은 최근 상사에게서
'제때 승진하고 싶다면 간식을 끊는 것이 좋을 것 같다'는 친절한
조언을 들었다. '뚱뚱한 여자'를 승진시켜줄 회사는 없기 때문이
라는 것이 그 이유였다. 기술 회사에서 일하는 여성은 추근거리
는 상사를 거부했다가 '팀워크가 부족하다'는 이유로 승진 명단
에서 제외되었다. 건장한 체격의 남성 신입 사원은 입사하자 여
성 상사가 다가와 자연스럽게 그의 복근을 만졌다. 나이가 많은
남성 직원은 팀끼리 점심을 먹을 때마다 당연하다는 듯 계산을

떠맡는다.

남성과 여성이 각각 직장인의 절반을 차지하고 있는 오늘날, 성희롱과 성차별적인 언행은 법으로 금지되고 사회적으로도 금기시되는 와중에도 여전히 사라질 기미를 보이지 않고 있다. 성차별의 주범으로 지목되는 것은 대부분 남성이지만, 여성이 다른 남성 혹은 여성을 대상으로 성차별적 언행을 보이는 경우도 적지 않다. 특정한 성별을 폄하하거나 배제하거나 무시하거나 공격하는 언어 및 행동, 편견을 보인다면 성별을 막론하고 성차별주의자로 분류할 수 있다.

직장 구성원들은 한데 뭉쳐 성차별에 맞서는 모습을 보여야 한다. 같은 행동을 두고 남성에게는 '적극적이다', 여성에게는 '드세다'는 표현을 사용하는 등 이중 잣대를 사용하는 것은 금물이다. 커피를 타거나 행사를 준비하거나 회의 전에 팀원들을 불러모으는 일이 여성의 의무가 아니듯이, 생수통을 갈거나 회의를 주도하거나 문을 열어주는 일도 남성의 의무가 아니다. 누군가가 성별 때문에 특정한 집단 또는 활동에서 배제되어서도 안 된다. 독서 동호회나 요리 동호회는 여성의 전유물이 아니며 여성들만 매니큐어를 바를 수 있는 것도 아니다. 마찬가지로 골프 모임이나 퇴근 후 간단한 음주 모임 또한 남성들만의 전유물이 아니다. 성차별적인 표현이나 농담을 삼가고, 성별을 기준으로 삼은 편견을 보여서도 안 된다. 마지막으로 상대방이 원하지 않는 칭찬을 하거나 추근거리지 않도록 주의하고, 부적절한 몸짓, 시선, 태도, 접촉을 하지 않도록 항상 신경 써야 한다.

벽장에 갇혀 있었던 사람들

2014년 애플의 CEO 팀 쿡Tim Cook이 동성애자라는 정체성을 스스로 밝힌 사건을 두고, GLADD*의 사라 케이트 엘리스Sara Kate Ellis 회장 겸 CEO는 이렇게 말했다. "앞으로 기업 문화를 지배하던 평등의 개념이 영원히 바뀔 것이다."[11] 실제로 '레즈비언Lesbian, 게이Gay, 양성애자Bisexual, 트렌스젠더Transgender'의 머리글자를 딴 성 소수자 'LGBT'는 현재 직장 내에서 역사상 유례없이 많은 비중을 차지하고 있으며 이런 현상에 힘입어 '유리 옷장**'을 깨고 나오는 사람들 또한 점점 늘어나고 있다.

LGBT에 속하는 동료나 사업상 파트너에게 존중하는 태도를 보이고 싶다면 우선 적절한 표현을 사용하는 법부터 배워나가야 한다. 상대방이 원하는 호칭으로 부르고, 어떻게 불러야 할지 감이 오지 않을 때는 솔직히 질문해라. 페이스북은 현재 프로필의 성 정체성 표기 란에 '중성' '양성' '성 정체성에 의문을 가지

---

* Gay & Lesbian Alliance Against Defamation, 동성애 차별을 반대하는 게이 및 레즈비언 연합
** 유명인들이 자신의 성 정체성을 공식적으로 인정한 적은 없지만 성 소수자라는 사실이 공공연하게 알려진 경우

고 있음' '성 정체성을 가지고 있지 않음'을 포함하여 총 56가지의 선택지를 제공하고 있다. 페이스북 대변인 윌 호지스Will Hodges는 이러한 결정을 두고 "대부분의 사람들에게는 별 의미 없는 변화일지도 모르지만, 새로 제공되는 분류에 해당하는 사람들에게는 엄청난 변화가 될 것입니다"라고 밝혔다.[12]

LGBT 동료에게 사적인 질문을 던지거나 종교적인 조언을 하거나 상담을 해주겠다고 나서거나 불쾌한 농담을 하거나 부적절한 단어를 사용해서는 안 된다. 말할 필요도 없는 일이지만, 그들을 놓고 쑥덕거리거나 좋지 못한 소문을 퍼뜨리거나 무례한 시선을 던지거나 조롱하거나 배제하는 행위 또한 절대 삼가야 한다.

섣부른 판단, 지나친 배려는 금물

장애를 가진 동료를 대할 때면 가끔씩 의도치 않은 실수를 저지르기가 쉽다. 실수의 범위는 가벼운 놀림부터 심각한 언어폭력까지 넓게 나타난다. 뇌성마비자연합은 장애인을 대하는 예절의 가이드라인을 발표하면서 "장애를 가진 사람에게 보여야 할 매너는 일반적으로 모든 사회 구성원들에게 적용되는 매너와 다르지 않다"라고 밝혔다.[13] 모든 사람들이 서로 다른 기준을 가지고 있는 것은 사실이지만, 이 가이드라인은 대부분의 사람에게 적합하다는 것이다.

간병인이 바로 옆에 있더라도 본인에게 직접 말을 거는 것이 좋으며, 가능하다면 악수를(오른손이 어렵다면 왼손으로라도) 청하는 것을 추천한다. 만약 상대방이 악수에 응하기 어려운 상황이라면 어깨나 팔을 가볍게 두드리는 정도의 신체 접촉으로 호의를 나타내도 좋다. 장애 여부를 떠나서 성인은 항상 성인으로 대접받아야 한다. 국립장애인인력지원센터는 '불구자Disabled'나 '신체부자유자Handicapped'와 같은 단어 대신 '장애를 가진 사람Person with Disability'처럼 사람 자체를 우선으로 두는 표현을 사용하라고 조언한다. 또한 지팡이나 목발, 휠체어, 안내견과 같이 장애를 가진 동료들의 거동을 돕는 보조기구 혹은 동물을 존중해야 하며 대화할 때는 항상 일반적인 목소리와 말투를 유지하는 것이 좋다.

시각 장애가 있는 사람과 이야기를 나눌 때는 자신을 포함하여 그 자리에 있는 사람들이 누구인지 정확히 소개해주어라. 귀가 들리지 않는 상대방과는 시선을 똑바로 마주하고 분명한 말투와 풍부한 몸짓을 동반하여 천천히 말하라. 휠체어를 탄 사람과는 눈높이를 맞추는 것이 좋다.

무엇보다 올바른 태도를 유지하는 것이 중요하다. 두려움이나 경계는 물론이고, 상대방이 불행할 것이라고 섣불리 판단하여 동정하는 태도는 금물이다. 신체적인 장애가 지능이나 이해력, 기억력, 유머 감각, 취미 등에 악영향을 미칠 것이라고 속단하는 것도 좋지 않다. 마지막으로 긴장을 풀어라! 일상적인 이야기를 나누다가 '다음에 봐요' 혹은 '전화할게요'처럼 무의식적으로 상대방의 장애를 배려하지 못한 표현을 사용했다고 해서 지나치게 당황할 필요는 없다. 그들 또한 그런 일상적 표현을 아무렇지 않게 사용하니까.

중간 관리 인력의 은퇴 행렬이 시작된다

많은 전통주의자 및 베이비붐 세대가 인력 감축, 이직 등을 이유로 직장을 떠나고 있다. 그들이 오랜 세월 쌓아온 노하우와 인맥은 그대로 사라져버릴 것이며, 이는 기업이 대응책을 찾아야 할 심각한 위험인 동시에 경영진 입장에서는 그들이 아직 회사에 다니고 있는 동안 예의를 갖춰 존중해야 할 결정적인 이유다.

현재 베이비붐 세대 중 약 8000만 명이 현역 직장인으로 활동하고 있으며, 젊은 직원의 멘토 역할을 하는 선배 중에서 가장 큰 비중을 차지하는 것 또한 이 세대다. 그들 중 상당수는 60대 후반이 될 때까지 은퇴할 생각이 없지만 경영자 입장에서 그들이 언제까지나 회사에 남아 지적 자본을 제공해주기만을 바라고 있을 수는 없다. 게다가 점점 더 많은 베이비붐 세대가 은퇴를 기다리는 대신 한평생 일하며 쌓아온 전문적인 노하우를 갖고 더 나은 기회나 경력, 사업 아이템을 찾아 회사를 떠나고 있다.

현재 회사에 다니는 베이비붐 세대 인구는 X세대의 약 두 배에 달한다. 따라서 베이비붐 세대의 은퇴 행렬이 시작되면 각 기업들은 중간 관리 인력을 채울 만한 적절한 대체 인력을 구하지 못해 애를 먹을 것이다. 자연스럽게 자격을 갖춘 인력의 수요가 치솟을 테고, 그들의 몸값 또한 껑충 뛸 가능성이 높다.

베이비붐 세대의 두뇌 유출Brain Drain을 최소화하고 싶다면 현재 근무 중인 50대 이상 직원들의 능력과 경험, 인간관계, 은퇴 계획 등을 정확히 파악해두어야 한다. 안식 휴가나 책임 분담, 유연 근무제, 근무 시간 단축과 같은 제도들(일과 삶의 균형을 중시하는 밀레니얼 세대에게는 가장 큰 유인이 될 바로 그 제도들)이 어쩌면 베이비붐 세대에게도 은퇴를 늦추는 해결책이 되어줄지 모른다. 필수적인 노하우나 인맥이 제대로 인수인계되도록 선배 세대와 후배 세대를 연결하여 멘토링 프로그램을 운영하는 것도 하나의 방법이다.

2장

사교의
기술

아주 짧은 시간 안에
호감을 주는 법

"만반의 준비를 갖추고 있으면 언젠가 반드시 기회가 온다."

에이브러햄 링컨 Abraham Lincoln, 미국의 제16대 대통령

이상적인 직원의 첫 번째 조건
'인성'

지난 20년 사이, 극적으로 변해온 면접장의 풍경 속에서도 고용주 입장에서 가장 높이 평가하는 지원자는 바로 사교의 기술을 능숙하게 활용하는 인재다. 매사추세츠 공과대학교 집단지성센터MIT Center for Collective Intelligence의 톰 멀론Tom Malone 교수는 이렇게 말한다. "사업이나 기관을 평가할 때 생산성이나 효율성뿐 아니라 그들이 보유한 지성의 수준을 함께 고려하는 것이 점점 중요해지고 있습니다."[1] 멀론 교수의 연구에 따르면 단순히 똑똑한 구성원들이 한 자리에 모였다고 해서 능력 있는 팀이 구성되는 것이 아니다. 결정적 요소는 오히려 각 구성원들의 평균적인 사회지각능력, 즉 인성이었다.

기업 경영자들 또한 이러한 의견에 동의한다. 「이상적인 직원의 15가지 특징」이라는 제목의 《포브스Forbes》 기사에는 "가장 지능적인 회사는 미래의 성공에 투자하며, 목표를 이루기 위해 가장 필요한 직원의 역량으로 '인성'을 꼽는다"라는 내용이 실렸다.[2] 물론 기술 역량의 중요성을 무시하는 것은 아니지만 모집하는 직군의 성격에 따라서 기술적 능력이 부족한 점이 치명적인 탈락 사유는 아닌 경우도 있다. 심지어 높은 수준의 기술 역량이 필요한 부서의 직원마저도 인성을 기준으로 채용한 뒤 기꺼이 기술 교육을 제공하는 기업들도 많아졌다. 기술 훈련은 얼마든지 가능하지만 그보다 훨씬 중요한 인내와 예의, 공감 능력을 가르치는 것은 불가능하다는 사실을 알게 되었기 때문이다.

채용 담당자들이 지원자들 중에서 합격자를 가르는 첫 번째 기준도 태도와 인성이다. 그들 중 상당수는 지원자를 만난 지 1~2분 안에 채용 여부를 결정한다. 약속 시간에 늦거나 부적절한 복장이거나 면접관과 시선을 마주치지 못하거나 휴대폰을 만지작거리는 지원자는 즉시 탈락이다. 일단 대화를 시작했어도, 지원한 회사의 기업 문화를 잘 모르거나 자기 자랑에만 집중하거나 이전 직장을 폄하하는 사람이 합격할 확률은 매우 낮다.

저널리스트 비비안 장Vivian Giang은 비즈니스 웹사이트 〈비즈니스인사이더Business Insider〉에 실린 「구직자가 저지를 수 있는 최악의 면접 실수」라는 제목의 기사에서 면접 중에 신경안정제를 너무 많이 먹었다고 털어놓은 지원자, 면접을 시작하기 전에 포옹을 해달라고 부탁한 지원자, 경쟁사에서 스카우트 제안 전화를 받는 척한 지원자 등의 사례를 소개했다. 첫눈에 반했다며 면접장 앞에

있는 접수 담당자에게 연락처를 물어본 사례 또한 최악의 실수 목록에 올랐다.[3]

직접 만나지 않고도
좋은 인상을 남길 수 있다

비즈니스 서비스 컨설턴트로 일하는 밥이 마지막으로 구직 시장에 뛰어든 지도 어느덧 30년이 지났다. 줄곧 첫 직장인 이동통신 회사에서만 경력을 쌓아온 그였지만 지난 30년 간 채용 과정이나 면접 방식이 엄청나게 달라졌다는 사실은 잘 알고 있었다. 하지만 변화가 직접적으로 와닿은 것은 첫 회사를 떠나 새로운 직장을 찾기 시작하면서부터였다.

새 직장을 찾기 위해 그는 가장 먼저 같은 지역에 위치한 경쟁사로 전화를 걸어 인사팀 담당자와 통화를 시도했다. 복잡한 ARS 안내를 뚫고 겨우 인사팀 직원과 연결되었지만, 수화기 너머 상대방은 채용 관련 질문은 받지 않는다고 단칼에 선을 그었다. 채용 정보와 지원서 양식은 홈페이지에 전부 올라와 있다는 것이 그의 설명이었다.

떠듬떠듬 홈페이지에 접속해 채용 정보를 확인한 밥은 머리가 새하얘졌다. 안내에 따르면 그는 먼저 홈페이지에 회원 가입을 하고 이력서와 추천서를 첨부해 지원서를 제출한 뒤 제한된 두 시간 안에 기술 역량과 문제 해결 능력, 인성을 검증하기 위한 온라인 적성 검사를 치러야 했다. 서류 전형과 적성 검사를 통과하면 1차로 전화 면접을 보고, 여기서 2차 면접 대상자로 선발된 후에야 비로소 채용 담당자를 처음으로 만날 수 있다. 그 후에도 다양한 부서의 책임자들과 각각 면접을 진행하고 프리젠테이션이나 역할극 등이 포함된 시험을 준비해야 했다. 이 모든 과정을 통과하여 채용이 결정된 다음에도 평판을 조회하는 과정이 남아 있었다.

밥은 한숨을 푹 내쉬었다. 새 직업을 구하는 일이 쉽지 않으리라고는 생각했지만, 면접에 이르는 과정이 이렇게까지 험난할 줄은 미처 예상하지 못했다.

채용 시장을 한동안 떠나 있다가 다시 돌아온 구직자들은 하나같이 밥과 같은 충격을 경험할 것이다. "우편으로 이력서를 제출하신 후 전화를 기다려주세요"라는 식의 지원 방식은 이미 오래 전에 온라인 지원으로 대체되었다. 디지털화에 반대하는 러다이트Luddite*들은 이력서조차 내지 못하는 시대가 온 것이다. 대부분 애초에 지원 자체를 온라인으로만 받으며, 지원자의 소셜 미디어를 확인하는 일도 아주 흔하다.

---

* 컴퓨터, 인터넷 등 20세기의 신기술에 대해 비판적인 시각을 가진 사람들 혹은 이념

지원자 입장에서 소셜 미디어는 양날의 검과 같다. 검증 과정에서 부적절한 과거가 조금이라도 발견되면 엄청난 불이익을 받을 수 있기 때문이다. 이러한 현상은 디지털 기기에 둘러싸여 자라며 숨 쉬듯 자연스럽게 온라인에 생각을 게시해왔던 디지털 원주민 세대에게 큰 딜레마를 안겨주고 있다.

회사는 지원자에 대한 조사를 게을리하지 않는다. 채용 담당자들은 우선 구글 검색을 통해 지원자의 배경을 검증한 뒤 그의 성격과 태도가 고스란히 드러나는 페이스북을 확인한다. 사진뿐 아니라 친구들과 주고받은 글 또한 그가 평소에 타인과 소통하는 방식을 알려주는 중요한 정보다. 이 지원자는 긍정적이고 열정이 넘치는 사람인가? 유머 감각이 뛰어난가? 지나치게 부정적인 글을 올린 적은 없는가? 맞춤법을 준수하는가? 그들은 구글과 페이스북 검증을 통해 지성과 판단력, 개인적인 성격을 포함하여 지원자에 대한 전반적인 인상을 미리 결정한다. 중요한 것은 이러한 판단이 지원자 본인을 만나기도 전에 이루어진다는 사실이다.

그다음은 트위터로 넘어간다. 여기서 확인할 부분은 지원자가 정보를 공유하는 방식이다. 이 사람은 유용한 정보를 활발하게 올리거나 리트윗하는가? 흥미로운 기사나 링크를 자주 공유하는가? 특정한 견해를 가진 비즈니스 리더를 '팔로우follow'하고 있는가? 전문적인 단체나 모임을 지지하는가? 아니면 매일같이 소소한 일상만 공유하는가? 트위터를 통해 이러한 질문에 대한 답을

얻으며 그가 얼마나 진지한 사람인지, 눈여겨볼 만한 다른 특성
은 없는지 살핀다.

최근 들어 겉보기에는 서로 전혀 연관이 없는 출처에서 나온
정보를 하나로 융합해주는 빅데이터 기술에 의존하는 기업들이
점점 많아지고 있다. 《포춘》에 기술 칼럼을 연재하는 질 프레스
Gill Press는 빅데이터가 '다양한 출처의 정보를 통합해줌으로써 기
업, 비영리 단체, 정부 기관, 개인이 더 나은 결정을 내리도록 도
와주는 기술'이라고 설명한다.[4] 블로거 오를레이스 피니건Orlaith
Finnegan 또한 사회 지능 소식을 연재하는 자신의 블로그 〈디지마
인드인사이트Digimind Insight〉를 통해 빅데이터가 '인사 담당자들
이 가장 능력 있고 전도유망한 인재를 골라내기 위해 사용하는
필수적인 수단으로 빠르게 자리 잡는 중'이라고 평가했다.[5]

그래서 우리는 막을 수 없는 소셜 미디어 평가에 대비하여 지
난 몇 년간 인터넷에 올린 모든 게시물을 다시 돌아볼 필요가 있
다. 다른 지원자들에 비해 지나치게 부정적인 게시글이 없는 것
만으로도 충분히 좋은 인상을 남길 수 있다. 그러기 위해서는 다
른 사람이 올린 당신의 사진이나 글도 그냥 넘어가서는 안 된다.
당신에게 불리하게 작용할 만한 게시물들은 삭제하고, 직접 삭
제가 어렵다면 게시한 사람에게 지워달라고 부탁하라. 신성 모
독 혹은 인종 차별이 담긴 시각이나 비윤리적인 행위를 암시하는
글, 그 외에도 정치, 종교, 사생활 등의 민감한 소재를 다룬 게시

물은 전부 정리하는 편이 좋다. 친구 목록도 주기적으로 정리할 필요가 있다. 인사 담당자가 보기에 의아할 인물을 '팔로우'했다거나 당신에게 부정적으로 작용할 수 있는 글을 올릴만한 사람을 그대로 남겨둬서는 안 된다.

[06]

모든 면접에 완벽히 대처하는 방법

진저는 갑작스러운 구조조정이 닥치면서 하루아침에 인사팀 관리자에서 55세의 실직자 신세가 되었다. 3개월에 걸친 구직 활동과 열세 번의 면접 끝에 그녀는 한 번 더 인사팀 관리자로 일할 기회를 얻었다!

진저가 얻어낸 성과는 사소한 부분도 소홀히 하지 않은 덕분에 가능했다. 그녀는 지원할 회사의 정보를 꼼꼼히 수집하고 면접 연습을 녹화해서 단점을 개선했고, 예상 질문 목록을 만들어 모든 가능성에 대비했다. 면접날에는 자신이 원하는 회사의 보수적인 기업 문화에 맞춰 딱 떨어지는 재킷과 단정한 스커트, 스타킹, 구두와 함께 튀지 않는 화장과 액세서리를 착용했다. 이력서는 검은색 가죽 폴더에 넣고 고급스러운 펜 두 개를 따로 챙기는 것도 잊지 않았다. 자기소개를 하고 면접이 시작된 후에도 그녀는 의자에 앉으라는 안내를 받을 때까지 자리에 서서 기다렸고 메모를 해도 될지 정중히 물어보았으며 면접관의 시선을 피하지 않고 이따금씩 차분한 목소리로 질문을 던졌다. 대화를 나눌 때는 상대방의 목소리 크기나 표정, 말투를 놓치지 않고 비슷한 톤을 유지하려 노력했다. 무엇보다 그녀는 지원한 회사에서 제시한 모든 면접 규칙을 제대로 준수했다. 면접 후에는 모든 면접관에게 개인적으로 감사 이메일을 보냈다.

지원 절차가 모두 끝난 후, 그녀는 일주일 정도 간격을 두고 이메일을 통해 자신이 여전히 해당 직군에 관심을 가지고 있다는 사실을 알렸다. 하지만 합격 통보를 받을 때까지 상여금이나 직원 복지, 휴가 등에 대해서는 일절 묻지 않았다. 그녀의 이 모든 노력은 이직 성공이라는 결과로 돌아왔다.

부동산 중개 사무소 보스턴파이낸셜앤드에퀴티Boston Financial and Equity의 대표 데비 모노슨Debbie Monosson은 회사 측에서 면접을 준비하는 과정을 공개했다. 새 인력을 뽑기로 결정한 순간 모노슨은 구인 광고를 걸고 각 대학의 취업지원센터에 채용 공고를 보낸다. 눈에 띄는 채용 후보가 생기면 우선 이메일로 간략한 지원 동기를 보내달라고 요청하고, 적합한 태도로 답장을 보낸 지원자에 한해 면접 일정을 잡는다. 가령 지원 동기를 요청한 이메일에 정확히 어떤 직군을 모집하고 있냐고 되묻는 후보는 결코 면접 기회를 얻을 수 없다.

면접 중에도 실수를 저지르는 사람들은 얼마든지 있다. 정장 대신 면바지에 티셔츠를 입고 온 지원자는 물론이고, 테이블 위에 휴대폰을 올려놓으면 물어볼 것도 없이 탈락이다. "면접 중에 진동이 울리더군요. 적어도 그 전화를 받지는 않았다는 사실에 감사해야 할까요?"라고 그녀는 말한다. 전화를 받았든 받지 않았든, 요란한 진동이 대화의 맥을 끊으면서 그 지원자는 다 잡은 취업 기회를 놓치고 말았다. 그녀는 면접 분위기가 아주 좋으면 그 자리에서 바로 채용을 결정하기도 한다고 덧붙였다.

오늘날 많은 회사가 온라인 지원서를 받는 데서부터 채용 과정을 시작한다. 그 뒤로 면접관이 한 명에서 열두 명까지 참석하는 일대일 면접이 이어진다. 때로는 새 직원이 일하게 될 팀의 구성원들이 직접 면접에 참여하기도 한다. 구직자는 지원한 직군에 따라서 특정한 분야에 도전했던 경험이나 중요한 결정을 내린 경험, 문제를 해결했던 경험 등 개인적인 성향을 확인하기 위한 질문을 받는다. 해당 회사나 직군에 대해 얼마나 잘 알고 있는지, 지원한 동기가 무엇인지, 어떤 기여를 할 수 있는지 등의 질문도 면접마다 빠지지 않고 등장한다. 학력이나 경력, 희망 연봉, 지원자 입장에서 묻고 싶은 사항이 있는지 여부 등도 단골 질문이다. 이외에 프레젠테이션이나 추가 과제를 요구하는 기업들도 있다.

합격 통보를 받고 채용 제안에 응한 후에도 아직 완전히 안심해서는 안 된다. 아직 지원자의 신용 정보, 재무 상태, 범죄 기록,

군필 여부, 의료 기록, 보험 기록, 운전 기록 등에 대한 확인 절차가 진행 중일 가능성이 남아 있기 때문이다. 학력과 자격증을 포함한 각종 자격 증명과 직업 경력, 과거의 연봉 정보 또한 마지막까지 검토된다. 회사에 따라서는 신체 검사를 진행하거나 이전 고용주에게서 받은 추천서를 요구하는 곳도 있다.

프로다운 이력서와 자기소개서

이력서의 내용은 직군에 관계없이 간결하고 깔끔하게 정리해야 하며, 철자법과 문법을 완벽하게 지켜 가독성 높은 문장을 기재해야 한다. 채용 담당자의 시선을 조금이라도 오래 머무르게 하려면 눈에 띄는 요소를 포함하려는 노력도 소홀히 해서는 안 된다. 일반적으로 채용 담당자들은 한 번에 수십 장의 이력서를 검토하며, 그중 대부분은 고작 몇 초의 눈길밖에 받지 못한다.

쓸 만한 이력서 및 자기소개서 양식을 구하는 것은 어렵지 않지만, 어떤 양식을 선택하더라도 지나치게 정형화되거나 회사 이름만 바꿔서 모든 채용 공고에 제출할 수 있을 만한 내용을 적는 것은 피해야 한다. 지원할 회사에 대해 철저히 조사한 후 그 회사의 채용 담당자가 찾고 있는 인재상에 맞추어 세부적인 내용을 조정하는 것도 중요하다.

이력서 데이터베이스를 구축하고 검색하는 기술을 갖춘 회사들이 나날이 늘어가고 있다. 채용 공고에 명시된 조건이 명확히 기재된 이력서는 키워드 검색에 걸려 채용 담당자의 눈에 띌 확률이 높다. 완벽하게 프로다운 이력서를 작성하기 위해 커리어 코치에게 상담을 받는 것은 미래를 위한 훌륭한 투자가 될 수 있다.

당신이 어떤 사람인지 보여주는 첫 번째 단서, 말투

최근 취업 경쟁이 치열해지면서 전화 면접을 치르는 회사도 늘어나고 있다. 우선 전화 면접 일정을 통보받았다는 것은 당신이 이전 단계인 서류 전형에서 합격했다는 뜻이다. 전화 면접은 일반적으로 인사팀 직원이 담당하며, 진짜 채용 권한을 가진 담당자와 정식 면접을 할 지원자를 골라내기 위해 치르는 일종의 자격 심사 역할을 한다.

일반적으로 30분 정도 소요되는 전화 면접에서는 당신의 태도와 자신감, 대화 진행 능력 등이 기록되고 평가된다. 면접관의 목표는 당신을 정식 면접 대상자로 추천하는 데 필요한 기본 정보들을 확인하는 것이다. 전체 면접 과정에서 가장 중요한 단계에 도전한다는 마음가짐으로 전화 면접에 임하라. 뒤 이을 면접의 성패가 바로 이 첫 번째 단추에 달려 있다.

일정을 통보받았다면 가장 먼저 실무적인 대화를 나누기에 적합한 장소를 물색하라. 가족이나 룸메이트, 반려동물은 물론이고 처음부터 끝까지 혼자 있을 수 있는 조용한 공간을 선택해야 하며, 걷거나 운전을 하면서 통화하는 것은 금물이다. 당신의 집중력과 자신감에도 악영향을 미칠 가능성이 높기 때문이다.

지원한 회사에 대해 철저히 공부하고 실무 능력을 증명할 수 있는 질문들을 준비하는 동시에 당신이 그 회사에 어떤 도움을 줄 수 있는지 미리 생각해두어라. 대화를 주도하는 역할은 면접관에게 맡겨두면 된다. 당신의 몫은 이력서 내용과 관련된 질문을 받았을 때 막힘없이 대답할 수 있도록 사전에 제대로 준비를 갖추는 것이다. 경력 단절이나 지나치게 잦은 이직의 사유처럼 다소 민감한 주제에 대한 질문이라도 정직하게 답하는 것이 좋다. 연봉이나 휴가, 첫 출근 날짜 등에 대한 이야기를 나누기엔 아직 이르다.

말투와 목소리는 당신이 수화기 너머로 전달하려는 메시지의 70%를 설명해준다. 아주 엄격한 분위기에서 진행되는 통화가 아니라면 힘차고 유머러스한 톤을 유지하는 편이 좋다. 더불어, 미소를 잃어서는 안 된다. 표정은 상대방이 당신을 볼 수 없는 상황에서도 목소리에 묻어난다. 질문 하나하나에 시간을 들여 신중하게 대답하되, 준비한 내용을 모두 전달하지 못할까 봐 초조해할 필요는 없다. 전화 면접을 성공적으로 마친다면 곧 진짜 채용 담당자를 직접 만나 못다 한 이야기를 나눌 수 있을 것이다.

통화 말미에는 귀중한 시간을 내주어 감사하다는 인사를 잊지 말라. 이 기회를 절대 놓치고 싶지 않다면, 해당 회사가 요구하는 자격 증명 등을 첨부하여 이메일을 보내는 것도 좋다. 이로써 전화 면접이 끝난 후에도 당신이 이번 채용에 지속적인 관심을 가지고 있다는 사실을 보여주는 것이다.

언제나 좋은 모습만을 보이는 시간

면접관과 직접 마주하고 대화를 나누는 대면 면접은 지금까지와 전혀 다른 평가 기준을 가지고 진행된다. 대면 면접의 목표는 학업 성취도나 기술 역량과 같은 단편적인 능력이 아니라 지원자에 대한 전반적인 사항을 파악하는 것이다. 면접관은 당신이 도착한 순간 복장과 시간 준수 여부(단 1분이라도 늦었는지, 혹은 지나치게 빨리 도착했는지)를 체크한다. 그리고 악수를 나누는 태도나 목소리, 표정과 시선, 앉거나 서 있는 자세 등을 통해 얼마나 예의를 갖춘 사람인지 평가한다.

일단 대화가 시작되면 열정과 성실함, 진지함, 준비성을 포함해 당신의 모든 태도가 시험대에 오른다. 상대방의 말을 어떤 태도로 듣는가? 어떤 질문을 던지는가? 자기 자신의 이익만을 좇는 대신 회사에 가치를 더할 의지가 있는가? 이 세상에 똑같은 성향을 가진 면접관은 없으며, 그들이 던지는 질문 또한 각각 다르다. 그러나 예의 바르고 자신감 넘치며 면접 준비를 철저히 해온 지원자라면 누구의 눈에라도 띄기 마련이다. 준비된 모습을 보이고 싶다면 인터넷 사이트에서 특정 회사의 면접 과정을 미리 확인하거나 해당 직군의 면접에서 나오는 전반적인 질문들을 예습하는 것이 좋다.

예상치 못한 질문이 나올 경우도 미리 대비해야 한다. 사실 나는 개인적으로 지원자의 순발력이나 창의력, 빠른 결정 능력을 확인한다는 이유로 지나치게 어렵거나 대답하기 힘든 질문을 던지는 '압박 면접'이 효과적이라고 생각하지 않는다. 하지만 지원자 입장에서 이러한 질문을 받았을 때 취할 수 있는 최선의 전략은 침착함을 잃지 않는 동시에 유머 감각을 발휘해 상황을 모면하는 것이다. 실제로 직장 평가 사이트인 〈글래스도어Glassdoor〉에는 아래와 같은 실제 면접 질문들이 올라왔다.

"본인이 얼마나 이상한 사람인지 10점 만점으로 평가해보세요."
(캐피털원Capital One)

"상하이의 건물에 들어간 벽돌을 전부 합치면 몇 개일까요?
주거용 건물만 놓고 추측해보세요."
(딜로이트컨설팅Deloitte Consulting)

"당신이 직원 20명을 관리하는 팀장이라고 가정해봅시다. 작년 한 해 동안 이 지역에서 판매된 자전거가 총 몇 대인지 확인하는 프로젝트를 맡았다면, 업무를 어떻게 분배할 건가요?"
(슐룸베르거Schlumberger)

"직구로 시속 몇 킬로미터까지 던질 수 있나요?"
(언스트앤드영Ernst & Young)[6]

면접이 끝난 후에도 그 회사에서 일하고 싶은 마음이 변하지

태도의 품격

않았다면, 그날 중으로 면접관에게 감사 이메일을 보내 자신이 얼마나 적합한 후보자인지 다시 한번 알려라. 하지만 면접관이 특별히 자료를 요청한 경우가 아니라면 이메일은 1주일에 1회 이하가 적당하다. 면접 과정에서 보여야 할 가장 중요하면서, 동시에 가장 어려운 자질 중 하나가 바로 인내심이다. 일에 대한 흥미와 열정은 가산점을 받을 수 있지만, 지나치게 절박하다는 인상은 오히려 기껏 쌓은 점수를 깎아먹을 수도 있다.

이 모든 노력 끝에 드디어 원하던 직업을 얻었다면, 합격 사실을 알게 된 순간 가장 먼저 취해야 할 행동은 무엇일까? 당신은 무엇보다 먼저 그동안 도움을 준 많은 사람들에게 감사 인사를 전해야 한다. 그동안 조언과 안내와 격려와 지지를 보여준 모든 사람들에게 얼마나 깊이 감사하는지 전하고, 언젠가 당신 또한 기꺼이 도움을 제공하겠다는 약속도 잊지 말라.

이 시점에서 면접을 보았던 다른 회사들에 메일을 보내 당신의 취업 사실을 알리는 것은 좋은 태도인 동시에 현명한 전략이다. 그동안 당신에게 보여준 관심에 감사하고, 면접 과정 내내 즐거운 대화를 나눌 수 있어 기뻤으며, 그 회사의 기업 문화에 깊은 인상을 받았다고 전하라. 메일을 받은 회사 입장에서는 당신의 연락 덕분에 지원자 명단을 최신으로 업데이트할 수 있는 동시에 사려 깊은 잠재적 채용 후보 한 명을 발견했다고 여길 것이다.

가끔씩은 받아들일 의사가 없는 채용 제안이 들어올 때도 있다. 그런 제안에도 예의와 품격을 잃지 않으며 요령껏 대처해야 한다. 거절 사유를 지나치게 솔직히 설명할 필요는 없으며, 상대방이 이유를 말해달라고 강하게 요청할 때에도 "저는 그 회사와 맞지 않는 것 같습니다" 정도의 대답이면 충분하다. 때로는 멀리 내다볼 줄 알아야 한다. 2015년 〈비즈니스인사이더〉에 실린 기사에서 재클린 스미스Jacquelyn Smith는 이렇게 말했다. "비즈니스 세계에서 업계와 시장은 매우 좁기 때문에 이번에 만난 채용 담당자를 다음에 또 만날 가능성은 언제나 존재한다. 따라서 언제나 좋은 모습을 보이려고 노력해야 하며, 채용 제안을 거절할 때는 특히 신중을 기해야 한다."[7]

반면, 최선을 다했음에도 불구하고 원하는 자리를 얻지 못할 가능성 또한 언제든 존재한다. 특히 최종 면접까지 치른 상태에서 불합격 소식을 듣는 것은 누구에게나 괴로운 일이다. 그러나 불합격 통보에 대처하는 자세는 언젠가 당신에게 긍정적인 영향을 미칠 수 있다. 면접 과정을 거치는 동안 얻은 것들을 떠올려 보아라. 당신은 새로운 사람들을 만났고, 한층 나아진 면접 기술을 손에 넣었으며, 원하는 자리를 얻기 위해 어떤 역량이 필요한지 더 자세히 알게 되었다. 당신이 관문을 하나씩 통과했다는 것은 그때마다 여러 사람에게 깊은 인상을 남겼다는 뜻이다. 이제는 그들이 받은 좋은 인상을 단단히 굳힐 시간이다.

가장 먼저 지금까지 면접 과정을 거치며 만난 사람들 모두에게 감사를 전해라. 당신이 여전히 그 조직의 일원이 되는 데 관심이 있으며, 언젠가 다음 기회가 찾아오길 희망한다는 뜻을 알리는 것이다. 다른 후보자를 선택하게 된 이유가 있는지, 당신이 더 보완해야 할 기술 혹은 면접 역량이 있는지 피드백을 요청해도 좋다. 솔직한 피드백이 돌아올 확률은 높지 않지만, 기꺼이 의견을 들려줄 면접관이 한 명이라도 있을지 모른다.

이 모든 노력은 당신이 생각하는 것보다 빠른 시일 내에 도움이 되어 돌아올 수 있다. 만약 최종 합격자가 입사를 거절하거나 피치 못할 사정으로 받아들일 수 없게 된다면 당신은 가장 먼저 연락을 받는 사람이 될 것이다. 면접관 입장에서는 불합격 통보를 받았을 때 부루퉁한 태도를 보이거나 심지어 좋지 못한 말을 입에 담는 후보자보다 품격 있는 후보자를 선호할 수밖에 없다. 당신의 브랜드는 언제나 전시된 상태라는 사실을 잊어서는 안 된다. 실망에 대처하는 태도야말로 다른 사람들이 당신의 기본적인 성격과 유연함, 성숙함, 프로다움을 평가하는 척도가 된다.

[07]

'옛날 사람'과 '요즘 것들'

원하는 직업을 얻기 위한 도전 과제는 대부분 지원자의 세대와 관계없이 동등하게 적용된다. 하지만 개중에는 특정한 세대에 속한다는 이유로 주어지는 과제들이 있으며, 그중 상당수는 고정관념 때문에 생겨난다. 예를 들어 밀레니얼 세대는 '건방지다'는 편견을 베이비붐 세대는 '한물갔다'는 선입견을 극복해야 한다. 지금부터 소개할 내용은 각 세대가 나이 때문에 맞닥뜨리게 될 고정관념이나 제약을 극복하는 방법에 대한 조언이다.

사회적으로 이해할 수 없는 집단, 디지털 원주민

대부분의 밀레니얼 세대는 아직 책임자 위치에 오르지 않았지만, 조만간 오르게 될 것이다. 만약 성공을 위해 필요한 조건이 기술뿐이라면 밀레니얼 세대는 걱정할 필요가 없겠지만 지금은 물론이고 앞으로도 그런 시대는 영원히 오지 않을 것이다. 그리고 만에 하나 기술이 전부인 시대가 찾아온다고 해도, 밀레니얼 세대가 기술적 우위에 서 있을 기간은 그리 길지 않을 전망이다. Z세대Generation Z(1995년 이후 태어난 세대)가 빠르게 성장하고 있기 때문이다. 디지털 시대에 태어나 밀레니얼 세대를 능가하는 '디지털 원주민Digital Native'이라고 부를 수 있는 Z세대에서 가장 나이가 많은 인구는 현재 스물다섯 살 언저리에 있다. 그들이 회사에 들어오는 순간, 밀레니얼 세대는 기술적 우위라는 강점을 빼앗기고 다시 한번 사교 기술로 승부를 내야 할 것이다.

밀레니얼 세대는 사회적으로 이해할 수 없는 집단으로 평가받

고 있다. 존 로스하임John Rossheim은 웹사이트 〈몬스터Monster.com〉
에 올린 칼럼 「밀레니얼 세대가 소프트스킬을 익히도록 돕는 법」
에서 이렇게 말했다. "밀레니얼 세대는 하드스킬Hard Skill*을 쌓는
데 너무 치중한 나머지 소프트스킬Soft Skill**이 한참 모자란 경우
가 많다. 소프트스킬이 부족하면 서면이나 구두로 하는 의사소통
에서 실수를 저지르기 쉽고 성실성이나 적극성, 비즈니스 매너,
프로다운 태도 면에서 좋은 평가를 받기 어렵다."[8] 《월스트리트
저널Wall Street Journal》의 수 셸런바거Sue Shellenbarger 기자처럼 보다
구체적인 문제점을 짚어내는 사람도 있다. 그녀는 「내 눈을 바라
봐」라는 기사를 통해 "이전의 모든 세대는 존중을 표현하기 위해
반드시 상대방과 눈을 맞춰야 한다고 생각했다. 그러나 밀레니얼
세대 중에는 눈을 맞추려 하지 않는 사람이 눈에 띄게 많다"라고
지적했다.[9]

면접관이 이러한 고정관념을 갖고 평가에 들어간다는 사실을
미리 안다면 대비책을 세우기도 한결 수월할 것이다. 밀레니얼
세대 지원자라는 이유만으로 추가 과제를 부여받기도 한다. 기업
은 그들이 집단적 사회의식을 중요시하고 유연한 일과 삶의 균형
과 구체적인 피드백을 갈망하며 효율적인 절차와 지속적인 발전

---

* 마케팅, 재무, 회계와 같은 전문 지식
** 팀워크, 협상, 의사소통 등의 사교 기술

을 추구한다는 사실을 알고 있다. 친근한 기업 문화를 선호하며 음식에 엄청난 우선순위를 둔다는 사실 또한 너무나 잘 알고 있다. 비슷한 또래의 경쟁자들은 면접관에게 야근 수당이나 식대에 대해 묻고 책상을 얼마나 자유롭게 꾸며도 되는지, 일터에 반려견을 데려와도 되는지, 회사 컴퓨터를 가지고 개인적인 일을 해도 되는지 물을지도 모른다. 하지만 당신은 그들과 다른 모습을 보여야 한다.

당신의 잠재적 고용주가 당신이라는 인재를 반드시 영입해야겠다고 생각한 순간, 그는 자신의 회사에서 제공하는 혜택들을 기꺼이 알려주는 수준을 넘어서 확성기에 대고 큰 소리로 떠들어댈 것이다. 그렇게 되기 위해서는 우선 잠재적인 고용주의 마음에 들기 위해 최선을 다해야 한다. 이런 법칙은 지원자의 연령에 관계없이 동일하게 적용된다. 당신에게 무언가를 요구할 권리가 조금이라도 생기는 것은 채용이 확정된 다음이다.

수많은 편견을 이겨내야 하는 디지털 이민자

업무 환경의 변화에 따라 디지털 시대로 유입되기 시작한 '디지털 이민자Ditigal Immigrants' 또한 면접을 준비하면서 나름의 고충을 겪게 되는데, 이는 일단 '누구에게 면접을 받느냐' 하는 문제에서부터 시작된다. 채용 시장에 뛰어든 사람 중에서 밀레니얼 세대가 아닌 사람은 대부분의 경우 밀레니얼 세대에게 면접을 받는 경험을 하게 된다. 다시 말해, 자기보다 20~30살 어린 잠재적 상사에게 점수를 따기 위해 노력해야 한다는 뜻이다.

젊은 채용 담당자와 면접 일정을 잡았다면 우선 그들 세대의 전반적인 특성을 파악해야 한다. 당신이 디지털 이민자에 해당하는 지원자라면, 밀레니얼 세대가 가장 중시하는 가치인 일과 삶의 균형, 팀워크, 배움에 대한 의지 등을 강조할 필요가 있다. 더불어 면접관이 제시하는 시각에 긍정적인 피드백을 주고, 과거보다는 현재와 미래에 집중한 대답을 내놓는 것이 좋다.

빛보다 빠른 기술 발전 속도를 따라가기 위해서 어떤 식으로든 배움의 끈을 놓지 말아야 한다. 알베르트 아인슈타인Albert Einstein은 이렇게 말했다. "배움은 학교에서 얻는 것이 아니라 평생에 걸친 노력으로 얻는 것이다." 그러니 지역 사회 대학이나 인터넷 강의, 유튜브 동영상, 유료 세미나, 무료 강좌 등을 적극 활용하라. 어린 동료들이나 자녀, 이웃, 손주들에게 도움을 받는 것 또한 비용을 거의 들이지 않고 최신 기술을 습득할 수 있는 좋은 방법이다. 대학 추천서부터 어려움을 겪고 있을 때 필요한 조언, 편안한 방에서 제공하는 맛있는 식사까지, 인생 선배로서 돌려줄 수 있는 보답은 얼마든지 있으니 까마득한 후배라고 해서 도움을 요청하는 데 망설일 필요는 없다.

하지만 이 모든 노력에도 불구하고 디지털 이민자들은 체력이나 열정, 생산성, 적응력 등이 떨어진다는 편견을 극복하기가 쉽지 않다. 하버드 대학교와 세인트존스 대학교에서 조직행동 및 조직관리를 가르치는 카민 기발디Carmine P. Gibaldi 교수는 이 세대가 편견에 맞서는 방법으로 일주일에 1~2회는 퇴근 시간 후에도 남아 있는 모습 보이기, 팀원들에게 규칙적으로 운동을 하고 있다는 사실을 알리기, 세련된 옷차림과 긍정적인 태도를 잃지 않기 등의 조언을 제공한다. 그는 또한 과거의 일처리 방식을 들먹이거나 최신 기술을 두려워하는 기색을 내비치지 말라고 강조했다.[10] 지원자들은 최신 기술이나 관련 용어가 젊은이들만의 전유물이 아니라는 사실을 적극적으로 증명해야 한다.

기업들은 이제야 밀레니얼 세대에 대한 대처 방안을 구상하기 시작했는데, 실제로는 벌써 Z세대가 비즈니스 사회로 유입되고 있는 상황이다. 그렇다면 이 'Z세대'란 어떤 세대이며 그들은 지금의 업무 환경에 어떤 모습으로 적응하게 될까? 이 Z세대에 대해 좀 더 자세히 알아보겠다.

[08]

완전히 새로운 세대가 온다

채용 담당자로 일하는 댄은 특히 피곤한 한 주를 보내고 완전히 녹초가 되어 있었다. 바로 그때, 인사 책임자인 부사장에게서 이메일이 도착했다. 그 길고 긴 이메일은 이런 문장으로 끝이 났

다. "Z세대가 어떤 친구들인지, 그들을 데려오려면 어떻게 유인
하면 좋을지 다음 주까지 보고서와 제안서를 올리게."

댄은 37년 간 보험 회사에 근무하면서 자신과 동세대인 베이
비붐 세대를 비롯하여 총 세 개 세대의 사람들과 함께 일했다. 다
시 말해 그는 76세의 창립자 겸 회장에게서 창립 초창기의 모험
담을 귀에 못이 박이게 듣고, 40대 언저리의 동료들과 은퇴 이후
의 삶을 걱정하며 아직은 디지털 기술에 능숙한 밀레니얼 세대
에게 자리를 빼앗기지는 않을 거라고 서로를 위로하며, 끊임없이
긍정적인 피드백을 기대하는 젊은 직원들을 어르고 달래며 회사
생활을 하고 있었다. 댄은 최대 50살까지 차이가 나는 직원들의
서로 다른 요구 사항을 일일이 들어주느라 하루하루를 겨우 버티
는 중이었다. 그런데 방금 그의 상사가 완전히 새로운 인류인 Z세
대를 영입할 준비를 하라고 지시한 것이다.

게다가 아직도 20세기에 머물러 있는 회사의 기업 문화를 고
려했을 때, 젊은 인력을 끌어들이려는 부사장의 바람은 쉽게 이
루어지지 않을 게 분명했다. 듣기만 해도 식상한 기업 가치부터
철저한 위계질서, '승진을 하고 싶다면 월급 받은 만큼 일하라'라
는 식의 구태의연한 사고방식은 회사가 세워진 이후로 한 걸음도
발전하지 않았다.

지금까지는 테이블 축구 세트나 간식 정도로 밀레니얼 세대
의 불만을 어떻게든 억눌러왔지만, 당연히 근본적인 해결책은

되지 못했다. 그런 와중에 그보다 더 젊은 세대를, 심지어 그중에서도 가장 유망한 인재들을 끌어들이려면 대대적인 개선이 필요할 터였다. Z세대를 유혹하기 위해 바꿔나가야 할 부분과 그들이 필요로 할 값비싼 복지며 혜택들을 나열하면서, 그는 이 보고서의 내용 때문에 괜히 엉뚱한 사람에게 불똥이 튀지 않길 간절히 바랐다.

새로운 세대가 채용 시장의 문을 두드리기 시작하면 미래의 업무 환경은 또 한번 엄청난 변화를 겪을 것이다. 앞에서 말했듯이 Z세대는 최초의 진정한 디지털 원주민이며 이제 막 채용시장에 나왔을 정도로 나이가 적은 데다가 그 수도 미래의 직장 풍경을 뒤바꿔 놓기에 충분하다.

Z세대는 대체 어떤 사람들일까? 앤 킹스턴Anne Kingston은 《매클린스Maclean's》에 실린 기고문 「Z세대를 맞이할 준비를 하라」를 통해 그들을 이렇게 정의하고 있다. "Z세대는 베이비붐 세대보다 똑똑하고 밀레니얼 세대보다 야심이 넘치며 …(중략)… 교육 수준이 높고 근면할 뿐 아니라 협동심이 강하고 지구를 살기 좋은 환경으로 만드는 데 관심이 많다."[11] 또한 그들은 밀레니얼 세대인 형제, 자매들에 비해 실용적이고 사생활을 중시한다. 그들은 대부분 X세대의 자녀로, 부모님 세대가 초창기 소셜 미디어를 이용하다가 겪은 부작용들을 곁에서 지켜보았고, 자연히 공개적인

페이스북보다는 스냅챗Snapchat이나 위스퍼Whisper 같은 서비스를 선호하게 되었다. 더불어 각종 국제 분쟁과 대침체Great Recession* 를 겪으며 매사에 진지하고 조심스러우며 걱정이 많은 성향이다.

뉴욕의 광고회사 스팍스앤드허니Sparks & Honey에서 제작한 프레젠테이션 「Z세대를 맞이하라: 지금까지 배웠던 밀레니얼 세대에 대해서는 모두 잊어버려라」는 Z세대를 성숙하고 미래지향적이며 겸손하고 성숙한 동시에 기업가 정신이 넘치는 사회 구성원들로 묘사하고 있다. 그들은 사회적 의식을 포용하고 교육의 가치를 중시하며 성공을 위해 노력을 아끼지 않는다. 트위치Twitch나 유스트림Ustream 같은 인터넷 개인 방송 서비스가 그들의 주된 오락 수단이며, 페이스타임이나 스카이프 등의 영상통화 애플리케이션으로 소통한다.[12]

그리고 종일 디지털 기기를 사용하는 데 익숙하기 때문에 집중할 수 있는 시간이 짧고 부정확한 의사소통을 하는 경향이 있다.

말하는 방식부터 같은 정보에도 이해하는 범위가 다른 이 신종 세대가 회사에 적응하기 위해 또 반대로 이 세대와 같은 회사에서 공존해야 할 다른 세대를 위해서, 우리에겐 점점 더 프로다운 태도의 필요성이 커지고 있다.

---

* 2009년 발생한 서브프라임 모기지 사건 이후 발생한 국제적인 경기 침체

3장

프로다운
자세

어디서나 누군가는
반드시 나를 판단하고 있다

"당신의 매너는 언제나 평가받고 있다.
생각지도 못한 순간에 예상치도 못한 심사위원에게
큰 보상을 받거나 인정받지 못하는 기준이 된다."

랠프 월도 에머슨Ralph Waldo Emerson, 사상가이자 시인

X세대인 조는 두 번째 알람이 울릴 때까지만 해도 그날 아침이 채 지나기 전에 자신이 얼마나 위태로운 상황에 놓이게 될지 상상도 하지 못했다. 일단 그는 터질 듯 뛰는 심장을 느끼며 허둥대며 출근 준비를 시작했다. 오늘은 새로 부임한 관리자가 사무실에 방문하여 사내에 떠돌던 인원 감축 루머에 대해 설명해주기로 한 날이었다.

그는 어제 입었다 벗어둔, 그대로 바닥에 널브러져 있던 옷가지들을 집어 대충 냄새만 확인한 후 허둥지둥 주워 입었고 현관을 나서기 직전에 겨우 머리를 빗었다. 이미 많은 시간을 지체한 조는 액셀러레이터를 밟아 한껏 속도를 냈다. 그리고 차선을 이리저리 빠져나가며 달리다가 교통 경찰의 제지를 받고 차를 세웠다. 그는 속도위반 딱지를 받아들면서도 빨리 사무실에 도착해야 한다는 생각에 마음이 급했다. 회사 주차장에 도착한 순간, 그는 정문 앞에 서 있던 차를 거의 들이받을 뻔했다. 그는 앞차에서 내려 입구를 향해 유유히 걸어가는 사람을 향해 요란하게 경적을 울렸다. 마침내 주차에 성공한 그는 회사 건물로 뛰어 들어갔다. 그리고 계단을 뛰어 올라가 산발한 머리와 헐떡이는 호흡, 땀에 젖은 얼굴로 2분 늦게 회의실에 도착했다.

상사와 동료들은 한심하다는 눈빛으로 그를 바라보았다. 그때 회의실 테이블 맨 끝에 앉아 있던 남성이 자리에서 일어났고, 조와 신임 관리자는 서로 시선을 마주쳤다. 조의 눈앞에는 회사 정문에 세워져 있던, 그가 요란한 경적 세례를 퍼부었던 바로 그 차에서 내린 사람이 서 있었다. 그것도 아주 심기가 불편한 표정으로. 조는 고개를 푹 숙이고 가장 가까운 의자에 무너지듯 앉으며 최악의 사태를 예감했다.

당신에게 '퍼스널 브랜드Personal Brand'가 있는지 한 번이라도 고민해본 적이 있다면, 이제 그럴 필요가 없다. 당신은 확실히 퍼스널 브랜드를 갖고 있다. 그리고 인간이라면 누구나 그렇다. 어디에 사는지, 어떤 차를 타는지, 어떤 사람과 어울리는지, 어떤 옷을 입는지, 몇 시에 출근하는지, 메일을 어떻게 쓰는지, 어떤 취미를 갖고 있는지 등의 요소들이 한데 모여 강렬한 이미지와 효과적인 메시지를 만들어낸다. 퍼스널 브랜드는 결국 우리가 누구인지, 우리가 중요하게 여기는 요소가 무엇인지에 따라 결정된다. 당신의 퍼스널 브랜드는 당신의 존재 자체보다 중요하고, 당신이 떠난 뒤에도 오랫동안 자리에 남는다. 아마존Amazon의 CEO 제프 베조스Jeff Bezos는 이렇게 말한다. "당신의 브랜드는 당신이 자리를 비웠을 때 사람들이 당신을 두고 하는 말입니다."

[09]

적극적이고 지속적으로 알려야 할
당신의 '퍼스널 브랜드'

———————

대형 회계 법인에서 공인 회계사로 근무하는 33세 캐런이 비
즈니스 태도를 훈련하는 교육에 '자발적으로' 참가한 지도 어느
덧 한 달이 되어가고 있다. 그녀는 누구도 이의를 제기할 수 없을
만큼 뛰어난 업무 능력으로 말단 감사에서 조세 담당 관리자로
빠르게 승진했고, 이제는 법인의 최연소 파트너* 자리를 향해 달
리고 있었다. 하지만 그전에 그녀는 기존의 파트너들에게 그녀야
말로 그들이 지금껏 공들여 쌓아온 회사 이미지를 대표할 수 있
는 사람이라는 사실을 납득시켜야 했다.

캐런은 자신이 아직 완벽하지 않다는 사실을 알고 있었다. 그
녀는 성격이 급하고 사람들에게 많은 것을 요구하는 완벽주의자
였다. 어쨌든 시간은 돈이었고, 그녀는 고객의 시간이나 회사의
시간을 아주 조금이라도 낭비하는 것을 용납할 수 없었다. 그러
나 그녀의 신랄한 말투와 칙칙한 옷차림, 딱딱한 표정은 부하 직

———————

* 임원급 회계사

원들에게 겁을 주었고 심지어 일부 파트너들까지 그녀를 멀리하게 만들었다. 하지만 인상을 바꾼답시고 립스틱을 바르는 식의 접근으로는 문제가 해결될 것 같지도 않았다. 파트너가 되고 싶다면 (캐런은 정말로 간절히 그 자리를 원했다) 교육을 듣는 수밖에 다른 도리가 없었다. 하지만 그녀는 처음에는 작은 부분만 고쳐도 큰 변화가 생길 거라는 컨설턴트의 말을 믿지 않았다. 두 사람은 한 달 후 다시 만나서 캐런이 거둔 성과를 평가하기로 했다.

캐런은 잃을 것이 없다고 판단했다. 그녀는 퍼스널 쇼퍼*의 도움을 받아 세련된 스타일로 옷장을 채우고 머리 모양을 바꾸기 위해 미용실을 예약했다. 화장품 매장에 방문했을 때, 그녀는 메이크업을 조금만 더해도 인상이 얼마나 달라지는지 깨닫고 깜짝 놀랐다. 직장에서는 지나가는 동료들에게 인사를 건네기 시작했고, 그때마다 예외 없이 화답이 돌아온다는 사실에 가벼운 충격을 받았다. 늘 사무적으로만 대했던 직원들과도 주말 계획이나 취미생활 등을 주제로 가벼운 대화를 나누었으며, 그때마다 상대방의 대답을 성의 있게 경청했다. 심지어 몇몇 동료들에게는 커피를 마시자고 먼저 청하면서 (예전 같았으면 어림도 없는 일이었다) 새로운 인간관계를 만들어나가기 시작했다. 그녀는 사람들이 자신의 변화를 선뜻 받아들인다는 사실이 놀라웠다. 하지만 무엇보

---

* VIP 고객이 보다 편하게 쇼핑할 수 있도록 백화점에서 마련한 전문 쇼핑 도우미

다 충격적인 부분은 그녀가 달라진 외모와 태도에 대해 칭찬을 듣기 시작했다는 사실이었다. 그런 칭찬은 태어나서 처음이었다.

자신감이 하늘을 찌르게 된 동시에, 캐런은 이러한 접근이 팀의 생산성을 해치지 않는다는 사실을 인정할 수밖에 없었다. 사실 생산성은 오히려 향상되었다고 볼 수 있었다. 그녀는 하루빨리 자신이 얻은 성과를 공유하고 새로운 조언을 얻고 싶은 마음에 컨설턴트와의 다음 약속을 손꼽아 기다렸다. 파트너가 되고 싶다는 그녀의 목표가 갑자기 손에 잡힐 만큼 가깝게 느껴졌다.

브랜드의 개념은 새로운 것이 아니다. 1937년 나폴레온 힐Napoleon Hill의 저서 『부의 비밀』[1]에 처음으로 소개된 '퍼스널 브랜드' 개념은 1997년 《패스트컴퍼니Fast Company》에 실린 경영 전문가 톰 피터스Tom Peters의 칼럼 「당신이라는 브랜드」[2]를 통해서 대중적으로 알려졌다.

사실 비즈니스 이미지와 평판은 언제나 중요했지만 소셜 미디어가 확산되면서 전에 없이 시급한 문제가 되었다. 과거에는 긍정적이든 부정적이든 한 사람의 브랜드가 미치는 영향력이 상당히 제한적이었고, 가족이나 가까운 친구 혹은 직장 동료를 제외하면 알기도 어려웠다. 그러나 소셜 미디어를 통해 아주 세세한 정보도 온 세상에 공개되는 오늘날에는 부정적인 브랜드가 미치는 파급력이 그야말로 엄청나게 커졌다.

자기 홍보가 거짓된 내용으로 밝혀진 순간, 당신의 브랜드 이미지는 나락으로 떨어질 것이다. 솔직한 성격은 기본적으로 브랜드에 가치를 더하지만, 지나치게 많은 정보를 노출하는 것은 감점 요소다. 현대 사회의 일터에서는 사방에서 '진정성과 투명성'의 중요성을 외치고 있지만 진정한 예의는 공개할 정보의 범위를 현명하게 판단하여 적절히 조절하는 능력에서 나온다.

『퍼스널 브랜딩 북』의 저자인 댄 쇼벨Dan Schawbel은 퍼스널 브랜드의 정의를 이렇게 내린다. "한 개인이 직업적으로든 개인적으로든 자신만의 독특한 가치를 드러냄으로써 남들과 자신을 차별화하고, 이렇게 얻은 차별성에 일관된 메시지를 더해 목표를 이루는 수단으로 이용하는 과정이다." [3] 그는 강력한 퍼스널 브랜드가 더 높은 연봉과 차별성뿐 아니라 전문가들로 구성된 집단 속에서 독보적인 입지를 가져다준다고 주장한다.

하지만 우리는 생각보다 쉽게 퍼스널 브랜드에 치명적인 손상을 입힐 만한 실수를 저지른다. 온라인에서는 지나치게 개인적인 사진, 순간적인 화를 분출하거나 지나친 허세가 담긴 글, 과도한 공유 등이 당신의 브랜드에 흠집을 낼 수 있다. 오프라인에서도 직장부터 대중교통, 식당, 엘리베이터에서 보인 태도나 줄을 설 때, 거리를 걸으면서, 건물 안으로 들어가면서 보인 행동 하나하나가 당신의 평판을 깎아먹을 수 있다. 보는 눈이나 듣는 귀가 존재하는 한 이 세상에 안심할 수 있는 장소란 없다. 이러한 비극을 막고 싶다면 인도의 성인 사이 바바Sai Baba의 조언을 따르자. "입을 열기 전에 스스로에게 질문을 던져라. 지금 하려는 말은 친절한가? 꼭 필요한가? 진실한가? 침묵보다 가치 있는가?" 이 기준에 미치지 못하는 말이라면 차라리 하지 않는 편이 낫다.

사람들의 시각은 때로 고정관념에 의해 왜곡되기도 한다. 만약 당신이 '밀레니얼 세대는 촐싹대는 허영덩어리들이야' 혹은 '베이비붐 세대는 성질만 더러운 퇴물이야'라는 편견을 극복하고 싶다면, 이러한 고정관념을 보란 듯이 뛰어넘는 퍼스널 브랜드를 구축하면 된다. 강력한 퍼스널 브랜드를 원한다면 무엇보다 먼저 자아성찰을 통해 제대로 된 방향을 잡을 필요가 있다. 세인트루이스 대학교의 경력 개발 전문가 브라이언 로렌스Brian Lawrence는 퍼스널 브랜드를 위해서는 무엇보다 자신을 드러내야 한다고 말한다. "당신의 브랜드는 꾸며낸 모습이 아니라 당신을 채용했을 때 기대할 수 있는 모습을 미리 보여주는 것이라야 합니다."[4] 당신이 어떤 사람이며 어떤 메시지를 전달하고 싶은지 확실히 결정했다면, 이제 직업적인 가치와 개인적인 가치를 한데 묶어 만든 당신의 브랜드를 적극적이고 지속적으로 알려야 한다.

때로는 잘못 쌓은 브랜드를 쇄신해야 할 때도 있다. 퍼스널 브랜드의 노선을 바꾼 것으로 가장 유명한 사람은 애플Apple의 창업자 스티브 잡스Steve Jobs다. 그는 1976년 애플을 창업했으나 1985년 회사를 떠났다가 12년 후에 다시 돌아왔다. 〈비즈니스인사이더〉의 공동 창업자이자 전 CEO인 헨리 블로짓Henry Blodget은 잡스의 변화를 이렇게 평가했다. "그는 평생 일터가 될 회사를 떠나 지냈던 12년간 애플을 부활시키기 위해 필요한 지식과 기술을 익혔습니다. 잡스는 그런 기술들을 타고난 것이 아니라 계발한 거예요."⁵ 빌 게이츠Bill Gates나 리처드 브랜슨Richard Branson 또한 경력을 쌓는 도중에 위기를 겪은 대표적인 인물로 꼽힌다. 비록 상당한 시간과 노력이 들지라도 브랜드를 바꾸는 것은 결코 불가능한 목표가 아닐뿐더러 일단 성공한 후에는 당신을 전보다 더 높은 곳으로 올려다줄 것이다.

[10]
때때로 태도는 사실
그 자체보다 중요하다

지역 사무소에서 판매 담당 사원으로 일하는 헬렌은 얼마 전 매니저로 부임한 톰의 개인 사무실을 찾아갔다. "잠깐 시간 괜찮으세요?" 그녀가 물었고 톰은 흔쾌히 그녀를 맞이했다. 그녀는 걱정스러운 표정으로 조심스레 운을 뗐다. "얘기를 드릴까 말까 망설였지만, 이제 저희 지점을 담당하게 되셨으니 매니저님도 아셔야 할 것 같아서요." 톰은 상대방의 말에 자세를 고쳐 앉았다.

"사실은 저희 팀원들에게 문제가 좀 있거든요." 헬렌은 진지한 목소리로 티나가 가정 문제 때문에 일에 집중하지 못하고, 브렛은 술을 끊지 못해 날마다 지각을 하며, 제프는 심각한 빚에 시달리는 중이고, 수잔은 고객 응대를 제대로 할 줄 몰라 성과를 내지 못한다고 말했다. "하지만 리치에 비하면 이 정도는 아무것도 아니에요." 그녀의 목소리는 점차 격앙되었다. "최근 결혼 생활이 파경 직전인 모양인데, 그 때문인지 젊은 여성 인턴들에게 전부 수작을 걸고 다니거든요."

지점의 모든 직원을 부정적인 동시에 개인적인 잣대로 품평한 뒤 한숨을 푹 내쉬는 그녀의 얼굴에서는 살짝 우쭐한 표정이 비쳤다. 그 모습을 본 톰이 대답했다. "잘 알겠어요, 헬렌. 우리 팀에 큰 문제가 있군요. 그건 바로 당신의 태도예요. 이 문제는 어떻게 해결할 거죠?"

긍정적인 태도는 말로 표현하기가 어려울 만큼 중요하다. 작가 짐 론Jim Rohn은 「당신의 성공을 결정하는 단 한 가지」라는 제목의 글을 통해 태도의 중요성을 강조했다. "태도는 잠재력의 수준과 행동의 파급력을 결정한다. 태도를 보면 그 사람이 어떤 결과를 얻을 것인지 예측할 수 있다."[6] 목사이자 작가인 찰스 스윈들Charles Swindoll은 태도가 배경이나 교육 수준, 경제력, 사회적 위치, 평판을 넘어서는 성공의 디딤돌이라고 말한다. 그의 주장에

따르면 태도는 과거나 미래, 심지어 사실 자체보다 더 중요하다.[7]

하지만 직장에서는 여전히 부적절한 태도를 지닌 사람들을 쉽게 볼 수 있고, 그 종류 또한 가지각색이다. 온갖 것에 불평을 해대는 사람, 사사건건 피해망상에 사로잡히는 사람, 아무도 시키지 않은 야근을 하며 생색을 내는 사람, 월급이 적다고 노상 투덜대는 사람, 작은 일에도 엄청나게 티를 내는 사람 등등. 이런 사람들은 모든 일에 자신의 감정을 지나치게 드러낸다. 인간관계부터 정치, 건강, 날씨, 상사, 동료, 업무량, 업무 환경, 임금, 늘어선 줄, 무례한 운전자들까지 그들의 화제에 오르지 않는 사건이란 없다. 이외에도 직장에서 보여서는 안 될 부적절한 태도에는 지각, 험담, 단정하지 못한 옷차림, 불친절한 목소리 등이 있다. 눈알을 굴리는 행동, 비웃는 표정, 대화 중에 휴대폰을 사용하는 습관 등 상대방을 존중하지 않는 행동도 삼가야 한다.

사람들이 부적절한 태도를 보이는 데는 여러 가지 이유가 있다. 관심을 끌기 위해, 책임을 피하기 위해, 상대방과 공통점을 갖기 위해, 자신의 행동을 정당화하기 위해 이런 태도를 취한다. 두려움이나 불안, 질투, 나쁜 습관 또한 중요한 원인이 된다. 그리고 그 피해를 고스란히 떠안는 것은 죄 없는 직장 동료나 동업자, 아무것도 모르는 고객들이다.

물론 심각한 가족 문제나 건강, 금전 문제처럼 주변 사람도 충분히 이해할 만한 이유인 경우도 있지만, 그중에는 특정 세대와 관계된 원인들도 있다. 최근 발표된 통계에 따르면 미국의 실업률은 5% 가량으로 낮은 편이지만, 그중 상당수는 학자금 대출로만 평균 3만 7000달러(한화 약 3900만 원)에 달하는 빚을 떠안고 있다.[8] 게다가 20세에서 34세에 이르는 성인 중 30%가 독립하지 못한 채 부모님 집에 살면서 '꽉 찬 둥지Full Nest' 현상을 유발하고 있다고 한다.[9] 옛날 같았으면 독립하여 집을 사거나 가정을 꾸렸을 나이지만, 오늘날 밀레니얼 세대는 그럴 엄두조차 내지 못하고 있다. 이겨내기 어려운 스트레스가 매일 나를 짓누른다면, 분명 긍정적인 태도를 빈틈없이 유지하기란 상대적으로 훨씬 어려운 일일 것이다.

그럼에도 불구하고 그들이 최대한 올바른 태도를 보여야 하는 이유는, 그 대신 치러야 할 대가가 너무 비싸기 때문이다. 우선 부정적인 태도는 의욕을 빼앗고 면역력을 약화시키며 우울증을 유발하고 회복을 더디게 만든다. 직장에서도 사람들의 생산성을 떨어지게 만들고 인간관계를 악화시키면서 기업 문화 전반에 영향을 미친다.

반면 서로 존중하는 사내 분위기를 만들고 자신감과 리더십을 높이는 것은 물론 최고의 생산성과 직업 만족도, 끈끈한 유대감을 갖게 하는 만능 열쇠는 올바른 태도다. 몇 가지 간단한 노력을 기울인다면 당신도 '긍정적인 태도 클럽'의 일원이 될 수 있다. 우선 지금 당신이 어떤 감정을 느끼고 있는지, 그 감정을 얼마나

겉으로 드러내고 있는지 찬찬히 되짚어보는 시간을 가져라. 다음
으로는 지금 그 감정이 내일도, 다음 달에도, 5년 후에도 여전히
남아 있을지 스스로에게 질문을 해보라. 만약 '아니요'라는 대답
이 나왔다면 이제 그만 그 감정을 놓아줄 때다. 만약 상황을 개선
할 방법이 있다면 최선을 다해서 노력하되, 그렇지 않다면 신경
을 끄는 것이 훨씬 건강한 해결책이다.

모든 동료를 똑같이 존중하고 친절하게 대하며 늘 올바른 태
도를 보여라. 항상 긍정적인 표현을 사용하고, '불가능'이나 '문
제'와 같은 단어는 머릿속에서 아예 지워버려라. 칭찬과 격려, 축
하, 사과를 아껴서는 안 된다. 매사에 감사하고 긍정적인 모습을
보여라. 남들이 알아주지 않더라도 기꺼이 도움을 베풀 줄 알아
야 한다. 긍정적인 직장 환경을 만드는 데 최선을 다한다면 언젠
가 자신에게도 보상이 뒤따를 것이다.

[11]

우선 포장으로
관심을 끌어야 할 때도 있다

옷차림은 퍼스널 브랜드에 중요한 영향을 미친다. 한 사람이
착용한 의복은 그가 자기 자신과 타인을 어떻게 생각하는지 보여
주는 역할을 한다. 옷차림을 보면 그 사람이 현명한 판단력을 가

지고 있는지 아닌지를 한눈에 알 수 있으며, 신뢰와 자신감의 근원인 동시에 불신과 불안감의 원천이 된다. 옷차림은 정말 중요한 요소다. 원하던 직업이나 프로젝트, 승진에 성공한 사람과 꿈의 문턱에서 좌절한 사람의 결정적 차이가 바로 차림새인 경우도 많다. 지나치게 유행을 좇거나 편안함만 치중하는 것은 프로다운 옷차림이 아니다. 진정한 프로는 특정한 직장의 문화나 업계의 규칙을 존중하고 지지한다. 차림새란 그저 '포장'에 불과하며, 따라서 진짜 중요한 요소가 아니라고 주장하는 사람들도 있다. 하지만 타인이 자신의 내면을 들여다보게 하고 싶다면 우선 포장으로 관심을 끌어야 (적어도 외면하지는 않도록 만들어야) 한다.

나는 11년간 '작고 파란 상자Little Blue Box'로 유명한 보석 브랜드 티파니앤코Tiffany & Co의 영업팀에서 근무했고, 포장의 힘을 정확히 꿰뚫고 있던 그 회사가 브랜드를 침해당하지 않기 위해 얼마나 많은 노력을 기울이는지 지켜보면서 겉모습의 중요성을 절실히 깨달았다. 주변 사람들에게서 티파니앤코 상자 하나만 얻어달라는 부탁을 받을 때마다, 그 상자를 얻는 방법은 제품을 구입하는 것뿐이라고 대답해야 했다. 나는 티파니앤코의 상자가 지닌 의미를 이해하고 있었다. 작고 파란 상자는 그 자체로 범접할 수 없을 만큼 아름답고 품격 있는 보석이 들어 있다는 약속이자 보증이었다. 프로의 옷차림 또한 같은 의미를 지닌다.

디지털 이민자들은 직장에서 어떤 복장을 갖추어야 할지 생각할 필요도 없었던 시절을 지나왔다. 남성들은 정장에 넥타이를 매야 했고 여성들은 원피스(혹은 블라우스와 스커트)에 스타킹을 신어야 했다. 오늘날에는 가장 보수적인 직장에서조차 이보다 한참 느슨한 기준을 적용한다. 이러한 변화가 긍정적인지에 대해서는 의견이 분분하다. 로버트 암스트롱Robert Armstrong은《파이낸셜타임스Financial Times》에서 직원들에게 비즈니스 캐주얼을 권장하는 전 세계 은행들을 향해 이렇게 말한다. "이봐요, 엘리트 양반들. 정장을 갖춰 입어요. 당신들은 지금 남의 돈을 만지고 있잖아요"[10]

직장에 어울리는 옷차림은 그 회사의 기업 문화에 따라 달라진다. 모든 회사에 적용할 수 있는 만능 복장은 없다. 심지어 한 직장 내에서도 직군이나 사무실의 위치 등에 따라 권장하는 옷차림이 다르다. 최고위 경영진과 중요한 고객이 출입하는 기업 본사에서는 일반 지역 사무소보다 엄격한 복장을 요구하기도 하고, 더운 지방으로 발령을 받으면 한층 가벼운 소재로 된 옷과 액세서리를 거의 착용하지 않는 습관에 익숙해질 수도 있다. 가령 보수적인 미국 북동부 지역의 사무실과 한층 자유로운 미국 서부 해안 지역의 사무실에서 권장하는 복장은 상당히 다를 것이다.

우리가 복장을 갖추는 이유는 상대방의 기대에 부응하고 혼란이나 불안을 안기지 않기 위해서다. 유니폼을 입고 현장에서 뛰어다니는 경찰관이나 소방관, 간호사의 모습은 프로다운 느낌을 준다. 안전모를 쓴 건설 현장 노동자나 흰 가운을 입은 과학자의 모습은 직업 규칙을 준수하고 일할 준비를 제대로 갖추었다는 인상을 준다. 버튼다운 정장을 한 회계사나 은행원은 고객이 맡긴 돈을 전문가답게 처리해줄 것이라는 신뢰를 준다. 우리는 수술실에서 환자를 수술할 의사가 초록색 수술복을 입길 바라며, 재판정에서 판결을 내릴 판사가 검은색 법복을 입길 바란다.

올바른 차림새는 당신이 어디에서 어떤 일을 하는지에 따라 다르다. 법조계나 금융계 같은 보수적인 분야에서 일한다면 옷차림 또한 보수적이어야 한다. 하지만 마케팅이나 광고계 같은 창의적인 분야에서 일한다면 한층 자유로운 복장도 얼마든지 허용된다. IT 업계에서는 후드티를 입고 출근하는 직원들을 흔히 볼 수 있으며, 패션계에서는 최신 유행 의상을 착용하는 것이 무엇보다 중요하다.

구직자들은 본인이 지원하는 직업에 맞는 차림새가 무엇인지 정확히 이해해야 한다. 어떤 사람은 면접 예정인 회사의 직원들이 어떤 옷을 입고 다니는지 직접 관찰하기 위해 회사 주차장에 차를 세워두고 '잠복근무'까지 했다고 한다. 물론 정식으로 채용된 다음에도 회사의 복장 규정을 준수하는 것이 좋다. 헷갈릴 때는 기본적으로 상사가 입고 다니는 스타일을 따라 입으면 된다.

적절한 차림새를 검색하다 보면 비즈니스 복장의 범위가 생각보다 훨씬 넓고 깊어서 깜짝 놀랄 것이다. 비즈니스 포멀부터 비즈니스 프로페셔널, 트래디셔널 비즈니스, 제너럴 비즈니스 등은 서로 다른 스타일이며, 면접에 어울리는 복장은 또 따로 있다. 비즈니스 캐주얼 또한 캠퍼스 캐주얼, 스포티 캐주얼, 스마트 캐주얼, 스몰 비즈니스 캐주얼 등의 하위 분야로 나뉜다. 물론 공식적인 행사에 참여할 때는 그에 맞는 정장 혹은 세미 정장 스타일을 갖춰 입어야 한다. 각 업계나 기업이 요구하는 기준이 너무 다른 만큼 완벽하게 적절한 차림새를 맞추기란 결코 쉽지 않다. 격식에 어긋나는 옷으로 주목을 받고 싶지 않다면 사전 조사를 철저히 하는 노력이 필요하다.

채용 담당자 중에는 신입 사원이 면접 때와 전혀 다른 차림새를 하고 나타나 당황했다는 사람들이 많다. 일단 취직에 성공했으니 더 이상 차림새에 신경 쓸 필요가 없다고 생각하는 태도는 그를 선택한 사람을 실망시킬 것이다. 경력자라고 해서 꼭 제대로 된 옷차림을 하고 다니는 것도 아니다. 일부 직장인들은 30년, 40년, 심지어 50년 이상 스타일을 바꿀 필요가 없다고 생각하기도 한다. 첫 취업 때 구매한 정장이 언젠가 다시 유행할 거라는 희망을 버리지 못하는 사람들도 있다. 하지만 다른 모든 분야와 마찬가지로 옷차림 또한 시대와 함께 진화해나가며, 중요한 것은 그 흐름을 놓치지 않고 따라가는 것이다.

[12]

집을 나서는 순간,
우리는 쇼윈도에 전시된다

―――――――

"지나갈게요!" 커다란 외침이 들렸다. 걸어서 출근 중이던 리즈는 뒤에서 갑자기 튀어나온 자전거에 치어 넘어질 뻔했다. 출근할 때마다 흔히 겪는 일이었다. 기분상으로는 백 번도 넘게 당한 것 같았다. 그녀는 보행자가 놀라든 말든 귀가 터지도록 소리를 지르며 고작 몇 센티미터 간격을 두고 총알처럼 지나가는 시속 50킬로미터의 자전거 운전자에게 도무지 이해심을 가질 수 없었다. "뭐 저런 사람이 다 있어!" 그녀가 넘어진 충격과 분노를 담아 외쳤지만, 이미 자전거는 한참 멀어진 뒤였다. 그녀가 출퇴근 때마다 걷는 보스턴의 찰스강 주변은 가로수와 잘 포장된 도로가 30킬로미터 이상 이어져 아름답기로 유명한 길이었다. 하루에도 수천 명 이상이 걷거나 달리고, 유모차를 끄는 엄마나 개를 산책시키는 사람들도 곳곳에서 눈에 띄었다. 그러나 최근 들어서는 큰 소리로 서로의 배려가 부족하다고 비난하며 스쳐 지나가는 보행자와 자전거족 사이의 갈등이 점점 깊어지고 있었다.

그녀에게 모든 사람들의 태도를 변화시킬 힘은 없었지만, 적어도 자기 자신의 행동은 바꿀 수 있었다. 그녀는 저 앞에서 달려오는 자전거를 발견하고는 충분한 공간을 두고 옆으로 비키며 운전자를 향해 미소 지었다. 그러자 놀랍게도 자전거 운전자는 미소로 화답하며 감사하다는 인사를 남기고 지나갔다. 길을 걸으며 만나는 사람들에게 작은 배려를 한다면 적어도 그녀 자신의 출근길은 분명히 좀 더 행복해질 테고, 그 정도면 훌륭한 시작이었다.

당신은 출근 혹은 퇴근을 하면서 얼마나 많은 사람들과 스트레스를 주고받는가? 걷거나 말을 타거나 (분명 아직 이런 방식으로 출근하는 사람들이 존재한다) 자동차, 버스, 보트, 전기자전거, 스케이트보드, 비행기, 기차를 이용해서 일터로 오고가는 직장인들은 저마다 다른 사람들 때문에 매일같이 불편을 겪는다. 이런 현상의 가장 큰 원인이 타인을 괴롭히려는 악의적인 마음보다 단순한 무신경에 가깝다는 사실을 감안하면, 우리는 출퇴근길 문제를 보다 넓은 관점에서 바라볼 필요가 있다.

직장인의 퍼스널 브랜드는 집을 나서는 순간 쇼윈도에 전시된다. 젖은 머리에 넥타이도 제대로 매지 않은 채 행인들 사이를 헤집으며 버스나 전철을 향해 달려가는 사람이 있는가 하면, 대중교통의 빈 좌석을 차지하기 위해 다른 사람들을 거의, 혹은 전혀 배려하지 않는 사람도 있다. 마음이 급한 나머지 이리저리 차선을 변경하거나 상대방의 조그만 실수에도 거친 손짓과 함께 경적을 울리는 운전자 또한 쉽게 찾아볼 수 있다. 이 순간만 지나가면 아무도 당신을 기억하지 못하리라는 건 당신만의 착각이다.

미국에서는 약 1억 2800만여 명이 날마다 통근을 하고, 그중 76%는 출퇴근 수단으로 자가용을 이용한다. 카풀을 활용하는 사람은 12% 가량이며 버스, 지하철, 자전거, 도보를 이용하는 사람은 합쳐서 8% 정도가 된다. 나머지는 지금까지 언급되지 않은 제 3의 교통수단을 이용한다(아마도 말을 타지 않을까?).[11] 이들 모두에게 러시아워의 출퇴근길은 고된 일상일 것이다. 이 길 끝에 고객과의 미팅이나 팀 회의, 프로젝트 마감, 동료와의 약속 등이 기다리고 있다면 더욱 마음이 급해진다. 그러나 날씨, 교통 사고, 차량 고장 등의 예측할 수 없는 상황마다 일일이 분통을 터뜨리다 보면 스트레스만 더욱 커질 뿐이다. 조금 더 품격 있는 태도를 유지하기 위해서, 만약 동료들과 카풀을 사용한다면 구성원끼리 세운 규칙을 준수하고 신뢰할 수 있는 사람이 되어라. 운전할 차례에 건강 등의 이유로 약속을 지킬 수 없게 되었다면 다른 사람들에게 최대한 빠르고 자세하게 사정을 알려야 한다. 또한 교통 정체나 사고, 날씨, 공사 등 예측하지 못한 변수가 생길 때를 감안하여 여유 있게 출발하는 습관을 들이는 것이 좋다.

지금까지 출퇴근길에도 프로다운 태도를 제대로 배운 당신은 이제 일터에서 최고의 기량을 발휘할 준비를 마친 셈이다.

4장

매너 있는 행동

모든 회사생활은 매너에서 시작된다

"평판을 쌓는 데는 20년이 걸리지만
무너뜨리는 데는 5분이면 충분하다."
워런 버핏Warren Buffett, 사업가이자 투자가 이제 당신은 반짝이게 갈고닦은 퍼스널 브랜드와 지극히 프로다운 태도와 완벽하게 적절한 차림새를 갖추었다. 심지어 몸과 마음에 상처 하나 입지 않은 채 험난한 출근길을 거쳐 회사에 도착했다. 당신은 새로운 업무를 시작하는 데 성공한 사람이며, 세상 그 무엇도 당신의 기념비적인 첫 출근을 망칠 수는 없다. 이제 남은 걱정거리는 단 하나뿐이다. 이 기업 문화는 어쩐 일인지 외부에 거의 알려지지 않았다. 물론 당신은 나름대로 상당한 주의를 기울여 사전 조사를 했고, 그 회사의 문화에 대해 남들만큼은 알고 있지만 이 유리문 너머에 상상한 것과 전혀 다른 환경이 펼쳐져 있다면 꽤 충격을 받게 될 것이다.

[13]

당신의 출근 첫날을 위한
현실적인 가이드

23세의 제이크는 입사 8개월이 된 이 시점에 알게 된 것들을 입사 전에 알았다면 얼마나 좋았을지 매일같이 후회했다. 채용 설명에 따르면 제이크가 지원한 콜센터 안내원은 단순하고 부담도 적은 직업이었다. 그의 업무는 상품에 대해 묻는 고객의 질문에 대답하고 혹시 상대방이 구매에 관심을 보일 경우 전화를 판매부서 담당자에게 연결해주는 것이었다. 첫 2개월은 상품의 특징을 배우고 다른 신입 안내원들과 친분을 쌓으며 즐겁게 보냈다. 하지만 안내 업무에 투입된 첫날, 압박감을 느낄 필요가 없다던 직업은 순식간에 압박감 외에 아무것도 느낄 수 없는 직업으로 바뀌었다.

업무를 시작한 지 얼마 되지 않아 제이크는 자신이 판매 부서로 연결한 고객 중 대부분에게 실제 구매 의사가 없으며, 결과적으로 시간만 낭비했다는 사실을 알게 되었다. 전화 응대 한 통에 소요된 시간은 물론이고 고객과 나눈 대화 내용, 주고받은 이메일, 소셜 미디어에 접속한 시간 등은 일일이 기록되었고, 이 모든 수치가 통계로 환산되어 향후 연봉 인상이나 승진을 위한 업무 평가 기준으로 활용되었다.

정식 입사를 하기 전까지만 해도, 그는 면접에서 듣게 된 이 회사의 휴가 일수 무제한 정책이나 유연 근무제, 상사들과 격의 없이 어울리는 평등한 조직 구조가 마음에 쏙 들었다. 낮잠용 휴게실이 있다는 이야기를 들었을 때는 감격에 겨워 환호성이 절로 나왔다. 하지만 막상 입사한 후에는 이러한 제도나 시설을 이용하는 직원을 한 사람도 보지 못했다. 마치 보이지 않는 금지 규칙이라도 있는 것 같았다. 부하 직원이 상사의 일정표에 접속하여 회의 일정을 잡을 수 있는 시스템이 갖춰져 있었지만 실제로 이런 식으로 회의를 잡는 사람은 없었다. 정시에 퇴근하거나 휴가를 신청하면 눈치가 보였고, 업무 아이디어든 사적인 고민이든 개인적인 의견은 입 밖에 내지 않는 분위기였다. 제이크도 회사 생활이 현실이라는 것은 알고 있었지만 그 현실이 이렇게 빨리, 가혹한 모습으로 찾아올 줄은 몰랐다.

회사에 들어간 디지털 원주민들을 당황시키는 가장 큰 요소 중 하나는 그들이 상상한 평등한 기업 구조가 실제로는 전혀 평등하지 않다는 사실이다. 특히 아이디어를 중시하는 밀레니얼 세대는 불필요한 업무 과정을 줄이고 효율적으로 의사 결정을 내리고 창의적인 의견을 교환할 수 있다는 점에서 평등한 구조를 선호한다. 직원이 많지 않아 평등한 구조를 유지하기가 용이한 소규모 스타트업이나 일부 인터넷상거래 회사들이 평등한 기업구조를 채택했으며, 제너럴모터스General Motors처럼 고루한 대기업들 또한 동참하기 시작했다. 팀 카스텔레Tim Kastelle는《하버드비즈니스리뷰Harvard Business Review》를 통해 이렇게 말했다. "평등한 기업 문화를 지닌 조직이 대부분의 분야에서 전통적인 위계질서를 유지하는 조직보다 좋은 성과를 낸다는 증거가 여기저기서 나타나고 있다."[1]

그러나 평등한 구조의 효과가 입증된 것과 별개로, 현실에서 이러한 구조를 찾아보기란 쉽지 않다. 그리고 직원들을 동등하게 대우한다고 주장하는 기업들 또한 실상을 파헤쳐보면 위계질서를 버리지 못한 경우가 많다. 구글Google은 2002년 엔지니어 직군에서 관리직을 아예 없앴으나 불과 몇 달을 버티지 못하고 이전 체제로 돌아갔다. 평등함의 기준은 회사마다 다르며, 이런 현상은 앞으로도 계속될 것이다. 따라서 신중한 구직자라면 지원할 회사의 문화를 막연히 상상하는 대신 미리 구체적으로 확인해야 한다.

하지만 《포춘》 선정 500대 기업 중 하나인 에버소스Eversource의 부사장 페니 코너Penni Connor는 조금 다른 의견을 갖고 있다. "밀레니얼 세대는 원하는 답을 즉시 얻는 데 익숙하기 때문에 궁금한 사항이 생기면 상사에게 질문을 던지는 데도 주저함이 없지요. 하지만 개중에는 상사에게 질문을 하는 것이 최선의 선택지가 아닌 상황도 있습니다. 젊은 직원들은 우선 직장 내 위계질서에 적응하는 시간을 가질 필요가 있어요."

위계질서를 중시하는 구조에 익숙한 선배 세대 또한 실수를 저지르기는 마찬가지다. 회사의 문화가 구성원들의 활발한 의견 교환을 기대하고 장려하는 방향으로 바뀌었다면, 이전처럼 머리를 숙이고 침묵하는 전략은 전혀 도움이 되지 않는다. 새로운 문

화에 최대한 빨리 적응하려고 노력하되, 행동을 실행에 옮길 때
는 신중을 기해야 한다. 당신의 CEO가 주말에도 직원들의 문자
메시지를 환영하는 사람이라면 상관없지만 그의 골프 라운딩이
나 가족 행사, 낮잠을 방해하기 전에 그 정보가 사실인지를 정확
히 확인해야 한다.

출근 첫날 당신을 기다리는 것은 신입이 어떤 사람인지 판단
하고 널리 알릴 생각에 신이 나서 몰려든 군중들이다. 그들은 모
두 당신에게 호기심을 느끼고 있으며 그중 일부는 경쟁심을, 그
보다 더 많은 사람들은 동료의식을 느낀다. 당신의 태도나 복장,
행동, 자신감, 판단력, 우아함 그리고 전반적인 프로다움은 "안녕
하세요?"라는 인사를 채 건네기도 전에 당신에 대해 많은 것을
말해준다. 이 모든 요소를 만족시키는 동시에 상대방을 정중하게
배려하고 대화를 예의 바르게 이끄는 모습까지 보인다면 오직 한
번의 기회뿐인 당신의 첫인상은 긍정적으로 자리 잡을 것이다.
성공적인 출근 첫날은 앞으로 펼쳐질 회사생활을 모두 합친 것보
다 당신의 미래에 큰 영향을 미칠 수 있다.

출근 첫날 기억해야 할 주의 사항

출근 시간보다 일찍 도착해야 한다. 전날 충분히 휴식을 취한
뒤 제대로 된 복장을 갖추고 지체 없이 집을 나서라. 새로 만난 동
료들에게 자기소개를 하고 그들의 이름을 기억하려고 노력하라.

그리고 모두에게 감사 인사를 하자. 팀에 당신의 도착을 알린 사람, 새 자리까지 안내해준 사람, 사원증을 신청해준 사람, 컴퓨터에 프로그램을 설치해준 사람, 작성할 서류를 가져다준 사람, 탕비실과 화장실 위치를 알려준 사람, 점심 식사에 초대해준 사람, 그 외에 각종 정보를 제공해준 사람에게 일일이 고맙다고 말하라. 감사할 줄 아는 당신의 태도는 모두에게 기억될 것이다.

자리에 앉아서는 사무실의 전반적인 분위기를 주의 깊게 관찰하라. 구성원들은 보통 몇 시쯤 출근하는지, 출근한 뒤 얼마나 빨리 업무를 시작하는지, 서로와 소통하는 방식은 어떤지, 업무시간에 소음이 많은 편인지, 평균 퇴근 시간은 언제인지 파악해보자. 사내 문화를 이해했다면 선배들의 행동을 모방하라.

중요한 정보를 들으면 즉시 노트나 휴대폰에 메모해두어라. 사내 규칙이나 구성원들의 이름, 전화번호, 이메일 등을 기록해두면 빨리 적응하는 데 도움이 된다.

[14]

사소하지만 꼭 피해야 할
매너 없는 행동

제조업체 영업팀에 경력직으로 지원한 코니는 자신감을 무기로 전화 면접과 화상 면접을 순조롭게 통과했다. 오늘 예정된 면접만 잘 치른다면 원하던 자리를 손에 넣을 수 있었다. 34세의 그녀는 그동안 영업 담당자로 쌓아온 경력이 이번 면접을 통과하기에 충분하다고 확신했다. 하지만 끝까지 긴장의 끈을 놓을 수는 없었다. 회사까지는 차로 약 두 시간 거리였지만 그녀는 세 시간 전에 집을 나섰고, 덕분에 주차장에 도착했을 때는 면접까지 시간이 넉넉히 남아 있었다. 조금이라도 더 깔끔한 인상을 남길 수 있도록 머리와 화장을 다시 매만지기에 충분했다.

그녀는 차량 진입로와 이미 주차된 차량이 빽빽한 구역을 피해 한산하고 조용하면서 동시에 햇볕이 잘 드는 위치에 차를 세웠다. 그리고 휴대용 헤어드라이어와 헤어스프레이를 꺼내 머리를 정리했다. '완벽해!' 그녀는 생각했다. 밝게 비추는 햇살 덕분에 미처 눈치채지 못했던 잔머리 몇 가닥과 선 밖으로 삐져나온 눈썹까지 다듬을 수 있었다. 다음으로는 속옷 끈을 알맞게 조절하고 블라우스를 매만진 뒤 재빨리 체취를 확인하고 데오드란트를 조금 더 뿌렸다. '혹시 모르니까' 치실로 한 번 더 치아 사이의 이물질을 제거한 그녀는 백미러를 통해 아침에 먹은 베이글에 들어 있던 양귀비씨가 남아 있지 않은지 주의 깊게 확인했다. 그리고 가글액으로 입 안을 헹구고 남은 액을 빈 커피 잔에 뱉었다. 립스틱을 바른 뒤에는 앞니에 묻은 부분을 깔끔하게 닦아냈고, 마지막으로 커피 잔에 뱉은 가글액을 땅에 버렸다. 이제 모든 준비가 끝났다.

코니는 만족스러운 미소를 지으며 다시 차를 몰아 회사 앞에 주차한 뒤 건물 입구로 들어갔다. 채용 담당자가 내려와서 그녀를 면접 장소로 안내하기까지는 시간이 조금 걸렸다. 그녀는 상대방이 자신과 눈을 마주치려 하지 않는다는 느낌을 받았다. '낯을 가리는 성격인가?' 긴 복도를 지나는 동안 친근한 인상을 남기기 위해 몇 번이나 말을 걸었지만 대화가 전혀 진전되지 않자 그녀는 슬슬 불안해지기 시작했다.

면접 장소인 채용 담당자의 사무실 문이 열린 순간, 창문 너머로 탁 트인 바깥 전망이 그녀의 눈에 들어왔다. 그중에서도 가장 가깝게 보이는 장소는 불과 몇 분 전 그녀가 눈부신 햇살 아래 치장을 하고 옷매무새를 다듬었던 주차장의 바로 그 자리였다.

당신의 현재와 미래에 지대한 영향력을 행사할 수 있는 사람들은 언제나 안테나를 세우고 날카롭게 주변을 관찰한다는 사실을 잊지 말자. 순간의 올바른 판단이 모든 것을 결정할 수도 있다. 매너 있는 행동은 아주 사소한 것에서 시작된다. 몇 가지 사례를 들어보겠다. 당신은 문을 열고 들어가기 전에 뒷사람이 있는지 살피는가? 아니면 뒤따라오던 동료 앞에서 문이 쾅 닫히도록 내버려두는가? 회사 복도에서 앞을 똑바로 보고 걷는가? 아니면 누가 지나가도 의식하지 못하도록 휴대폰에 시선을 고정하고 있는가? 엘리베이터를 타면 혹시 더 탈 사람이 없는지 확인하는

가? 아니면 타자마자 '닫힘' 버튼을 눌러대는가? 자리에서 큰 소리로 통화를 하는가? 아니면 다른 동료들의 업무에 방해가 되지 않도록 목소리를 낮추는가?

업무를 시작하기 전이라도 다른 동료들에게 거슬릴 만한 행동은 하지 않는 게 좋다. 사소하지만 매너 없는 행동들을 무심코 반복하다 보면 저도 모르는 새 상대방에게 큰 스트레스를 주게 된다. 당연한 예의를 지키지 않으면 나쁜 감정이 쌓이고 관계가 틀어지며 퍼스널 브랜드 또한 손상된다.

그렇다면 직장에서 동료의 신경을 거스르는 행동에는 어떤 것들이 있을까? 이 목록을 다 설명하려면 시간이 아주 많이 필요하다. 앞에서 말한 예시들을 포함하여 일단 엘리베이터에서 사람이 다 내리기 전에 냉큼 올라타는 행동부터 시작하여 지각을 반복하는 행동, 구내식당 자리에 더러운 컵과 접시를 그대로 두고 가는 행동, 음식 냄새를 풍기는 행동, 자리에서 몸치장을 하는 행동(손톱 깎기, 머리 빗기, 칫솔질 등), 개인적인 통화를 하는 행동, 껌을 씹는 행동, 큰 목소리로 떠드는 행동, 휘파람을 불거나 콧노래를 부르는 행동, 소음이 큰 전자 제품을 사용하는 행동, 함께 사용하는 공간에서 스피커폰으로 전화 회의를 하는 행동, 비품을 사러갈 때 쏙 빠지는 행동, 점심시간이 끝난 뒤에 늦게 들어오는 행동, 공동으로 사용한 경비를 제대로 정산하지 않는 행동, 탕비실 커피(혹은 물 혹은 복사용지)가 떨어져도 다시 채워놓지 않는 행동, 휴지나 껌처럼 사소한 물건을 자꾸 빌리는 행동, 남의 말을 엿듣는 행동, 소리를 크게 내며 걷는 행동, 다리를 떠는 행동, 습관적으로 책상을 두드리는 행동, 손마디를 꺾는 행동, 코를 풀거나 가래침을 뱉는 행동, 볼펜을 딸깍거리는 행동, 코를 킁킁대는 행동.

목록은 아직 끝나지 않았다.

사람을 빤히 쳐다보는 행동, 옆 사람의 공간까지 물건을 늘어놓는 행동, 남의 자리 혹은 사무실에서 얼쩡거리는 행동, 전화나 이메일로 해도 될 얘기를 업무 중에 직접 찾아가서 하는 행동, 남의 모니터 화면을 힐끔거리는 행동, 공용 간식을 먹기만 하고 채워놓지 않는 행동, 아기나 배우자 같은 개인적인 이야기를 끊임없이 늘어놓는 행동, 게을러 보이는 행동, 매사를 지나치게 과장하는 행동, 허세를 부리는 행동, 사소한 일에 언쟁을 벌이는 행동, 고함을 치거나 욕을 하는 행동, 주먹으로 책상을 치는 행동, 문을 쾅 닫는 행동, 탕비실(혹은 회의실이나 화장실)을 지저분하게 이용하는 행동, 주차장 자리를 너무 많이 차지하는 행동, 남의 간식을 훔쳐 먹는 행동, 음식을 쩝쩝대며 먹거나 음료를 후루룩대며 마시는 행동, 부적절한 복장으로 출근하는 행동, 뒷사람을 위해 문을 잡아주지 않는 행동, 문자메시지나 이메일을 보고 큰 소리로 웃는 행동, 남의 물건을 허락 없이 사용하는 행동, 빌린 물건을 돌려주지 않는 행동, 방귀를 뀌거나 악취를 풍기는 행동 그리고 상사에게 대놓고 아첨하는 행동까지.

이런 사람들에게 간단한 조언을 하고 싶다. 그런 행동을 절대로 하지 말라. 여기 헨리 포드 시니어Henry Ford Sr.가 했던 명언이 있다. "사람들 대부분이 무시하는 사소한 매너를 지키는 소수의 사람들은 그러한 행동 덕분에 부자가 된다."

[15]

눈에 띄는 성과가 없는 회의

사람들이 회의에 얼마나 많은 시간을 투자하는지 알고 있는가? 호주의 소프트웨어 회사 애틀래시안Atlassian이 진행한 조사에 따르면, 직장인들은 한 달에 약 예순두 번의 회의에 참석하며 이중 절반을 시간 낭비로 여기고 있다. 한 달 평균 31시간에 달하는 회의 시간 동안 참석자의 91%는 다른 생각을 하고 73%는 다른 일을 하며 47%는 불평을 하고 39%는 꾸벅꾸벅 존다. 직장인들이 이렇게 불필요한 회의에 쏟아붓는 시간을 연봉 대비 금액으로 환산하면 1년에 약 370억 달러라는 어마어마한 결과가 나온다.[2]

그럼에도 불구하고 기업의 임원들은 여전히 구성원들을 설득하거나 격려하거나 중요한 결정을 내리는 데 얼굴을 마주보고 진행하는 회의가 가장 효과적인 방법이라고 생각한다. 회의를 완전히 없애는 대신, 몇 가지 전략을 활용한다면 훨씬 생산적인 결과를 얻을 수 있을 것이다.

회의를 향한 직원들의 가장 큰 불만은 애초에 그 회의가 불필요했기 때문이다. 만약 회의보다 더 효율적인 커뮤니케이션 수단이 있었거나, 주요 참석자가 시간을 맞추지 못했거나, 준비할 시간이 부족했거나, 회의가 끝났을 때 눈에 띄는 성과가 없다면, 이러한 불만은 더욱 커질 수밖에 없다.

완벽한 회의를 주최하는 법

회의에는 꼭 필요하거나 회의를 통해 이익을 얻을 사람만 초대하라. 이 기준은 안건에 찬성하는 구성원과 반대하는 구성원 모두에게 적용된다. 사전 과제나 읽어야 할 회의 자료는 미리 이메일로 보내두자. 상사의 경우 참석자 명단에 없더라도 회의 일정을 알리고 참석을 원한다면 기꺼이 환영한다는 메시지를 전하는 것이 좋다.

좌석마다 이름표를 놓으면 참석자들이 서로를 모르는 상황에서는 물론이고 아는 사람들끼리 모인 자리에서도 빛을 발한다. 공식적인 회의를 준비할 때는 좌석과 이름표 배치에 특히 신중을 기해야 한다. 회의가 시작되면 구성원들을 소개하고 다과가 놓인 장소나 화장실 위치 등을 미리 안내하라.

회의 시간을 신중하게 정하라. 활발한 참여가 필요한 회의라면 정신이 맑은 이른 아침이 가장 좋다. 점심 식사를 하러 뛰어가는 분위기가 아니라면 오전 시간은 대체로 회의에 적합한 타이밍이다. 점심 회의는 참석자들이 많이 허기지지 않다는 전제하에 나쁘지 않은 선택이다. 점심 시간 직후에 회의를 하려면 졸음을 방지하기 위해 흥미로운 주제나 눈에 띄는 프레젠테이션을 준비하는 것이 좋다. 늦은 오후에 잡힌 회의는 참석자들의 퇴근을 방해하지 않는 선에서만 제대로 진행될 것이다.

또한 회의 진행 방식은 미리 알려두는 게 좋다. 참석자들의 참여가 필요한 타이밍이 언제인지, 참여 방식은 어떠한지, 휴식 시간과 디지털 기기 사용이 허락되는 시간은 언제인지 미리 공지하라. 특히 디지털 기기 사용은 나머지 참석자들에게 존중받지 못하거나 무시당한다는 느낌을 준다. 내 고객 중 한 명은 회의에서 모바일 기기를 사용하는 행동이 "당신은 내 시간을 온전히 투자하기 아까운 사람이야"라는 메시지 같다고 말했다. 만약 조직의 문화 자체가 회의 중 디지털 기기 사용을 용인하는 분위기더라도, 참석자 전원이 기기를 사용하고 있는 상황이 아니라면 적어도 당신만큼은 사용하지 말자.

회의 진행 중에는 부적절한 말이나 행동을 보이는 참석자를 적절하고 단호하게 제지하여 효율 높은 회의가 되도록 조율한다.

회의가 끝난 후에 참석자들에게 감사의 이메일을 보내라. 회의에서 논의된 추가 진행사항이 있었다면 이메일을 통해 다시 한 번 확인하라.

이 가이드라인만 지켜도 회의 진행에 큰 도움이 된다. 여기에 회의 시작 시간과 종료 시간을 준수하고 논의가 안건에서 벗어나지 않도록 조절하는 능력까지 갖춘다면, 당신은 명예의 전당에 이름을 올리기에도 손색없는 주최자로 거듭날 것이다.

물론 회의 참석자에게도 주어진 책임이 있다. 일단 회의에 초대되었다면 준비를 마친 뒤 일찍 도착하라. 다른 참석자들에게 자기소개를 하고 이 황금 같은 시간을 인맥을 넓히는 기회로 삼자. 좌석 배치, 휴식 시간, 모바일 기기 사용 등에 대한 사전 고지사항은 반드시 준수해야 한다. 회의 중에는 타인의 의견을 존중하라. 다른 사람의 발언 중에 말을 끊거나 시비를 걸거나 잡담을 해서는 안 된다. 마지막으로 가능한 선에서 적극적으로 참여하는 몸짓을 보여라. 팔짱을 끼거나 구부정한 자세, 창밖을 응시하거나 눈을 굴리거나 찡그리거나 고개를 절레절레 흔드는 행동도 지양해야 한다. 하품을 하거나 졸거나 낙서를 하는 행동은 당연히 금물이다. 회의가 시작되기 전과 진행되는 중, 끝난 후 참석자들의 태도야말로 그 회의의 성공 여부를 보여주는 지표다.

[16]

회사생활은 '팀'으로 움직인다

현대 사회의 업무 환경은 대부분 팀을 중심으로 돌아가며, 그 이유는 간단하다. 회사는 다양한 배경과 경험, 관점, 재능을 가진 구성원들을 한데 모아서 각종 문제와 상황을 보다 창의적으로 해결하고자 하기 때문이다. 팀 내 상호 작용이 효율적으로 이루어지면 조직과 구성원은 각각 서로에게서 업무에 열정을 쏟을 수 있는 추진력을 얻는다. 이렇게 긍정적인 분위기 속에서 같은 목표를 향해 함께 나아가는 팀에게 불가능한 목표란 없다.

하지만 일이 언제나 뜻대로 풀리지만은 않으며, 때로는 개인의 자아가 팀의 목표를 막아설 때도 있다. 그럴 때면 팀 내에 갈등과 불화가 생기고, 감정이 상한 팀원들은 편을 갈라 힘겨루기를 하다가 결과적으로 시간과 힘과 자원을 낭비하게 된다.

팀원 사이의 매너

예의 바른 태도가 무엇보다 우선된다. 팀의 존재 이유는 다양한 경험과 시각을 가진 구성원들이 모여 최선의 결과를 만들어내는 것이다. 적극적인 의견과 무례한 행동을 구분하라. 유능한 팀원은 상대방을 존중하는 태도와 배우려는 의지를 갖추고 다 함께 이끌어낸 의견을 받아들일 줄 아는 사람이다. 이런 구성원은 남들이 소란을 피울 때도 평온함을 유지하며 묵묵히 주어진 일에 집중한다.

다음으로 경청하는 법을 배워라. 좋은 팀원은 적극적이고 진지한 태도로 상대방의 말을 경청함으로써 팀원들이 서로의 전문성을 공유할 수 있도록 돕는다. 끼어들거나 언쟁을 벌이는 대신 말하는 사람이 자기만의 방식으로 의견을 표현하도록 배려하는 것이 다른 청중들을 존중하는 자세라는 사실을 알고 있기 때문이다.

의사소통을 할 때는 언어적 표현만큼이나 목소리 톤과 단어 선정, 몸짓 같은 비언어적 표현에도 주의를 기울여라. 마지막으로 주어진 업무에 최선을 다하라. 좋은 팀원은 책임감이 있고 적극적인 태도를 보이며 사소한 실수도 하지 않고 마감 시간을 지킨다. 결코 남에게 책임을 떠넘기거나 팀 전체의 목표를 소홀히 하지 않는다.

[17]

업무 공간의 혁명이 준 효과

현대의 사무실 풍경은 디지털 이민자 세대가 갓 입사한 1990년 이전의 모습과 완전히 달라졌다. 과거에 자리의 위치와 넓이를 결정하는 가장 중요한 기준은 직급과 연차였다. 임원들은 전망 좋은 꼭대기 층 모서리에 카펫이 깔린 널찍한 방을 배정받았고, 일반 직원들은 아래층 사무실에서 역할과 업무에 따라 서로 다른 크기의 공간에서 일했다. 서로 다른 직급의 구성원들이 동등하게 협업하는 일은 거의 없었기 때문에 직원이 임원의 방으로 불려가서 대화를 나눈다는 것은 결코 좋은 신호가 아니었다. 칸막이가 없는 자리도 마련되어 있었지만 그곳은 신입 사원이나 사무보조 직원과 같이 특정 구성원을 위한 자리였다.

이제 창의성, 생산성, 민첩성은 새로운 업무 공간의 세 가지 약속이다. 대화를 장려하고 업무 효율을 최대화하기 위해 설계된 개방형 사무실에서 직원들은 책상에 나란히 앉거나 긴 테이블을 공유하며 일한다. 누군가는 서 있고 누군가는 앉아 있으며 누군가는 돌아다닌다. 국제시설관리협회에 따르면 현재 직장인 중 약 70%가 이런 환경에서 일하고 있다.[3]

이론상으로는 매우 효율적인 아이디어처럼 보이지만, 현실적으로는 칸막이 없는 디자인에도 단점은 존재한다. 사실 한 설문에 따르면 대다수의 직장인들은 개방형 사무실을 좋아하지 않는다고 한다. 가장 큰 이유는 사생활 보호가 되지 않기 때문이다. 세계적인 디자인 회사 젠슬러Gensler는 자체 진행한 조사 결과 개방형 사무실이 생산성이나 집중력에 방해가 될 뿐 아니라 직원들의 건강까지 해친다고 밝혔다.[4] 특히 기존의 분리형 사무실에 익숙한 직원들은 사생활을 보호해주던 개인 공간이 사라지고 탁 트인 사무실에서 함께 일하는 환경에 적응하느라 애를 먹고 있다. 하지만 구글이나 페이스북, 트위터와 같은 거대 IT 기업은 물론이고 과거부터 보수적인 환경을 자랑하던 보험회사, 금융회사들마저 점차 칸막이를 치우는 추세다.

좋든 싫든 개방형 사무실은 현대 업무 공간의 표준이 되었다.

기업들은 아이디어가 잘 떠오르는 공간을 만들기 위해 사무실 디자인에 큰 공을 들인다. 업무 공간 혁명이 주는 현실적인 효과에는 이견이 있을 수 있지만, 어쨌든 직원들은 새로운 환경에서 일할 때 보여야 할 적절한 행동에 대해 서로 합의를 봐야 한다.

만약 당신이 아직도 분리형 사무실에서 일하고 있다면, 점점 공간이 줄어들고 칸막이 높이가 낮아진다는 사실을 느낄 것이다. 칸막이 주민들은 불과 몇 센티미터 떨어진 곳에서 일하는 동료와 서로 방해하지 않으며 일하는 방법을 배워야 한다.

공유하는 공간을 대하는 자세

공간과 시설을 공동으로 사용하는 업무 환경은 팀원들 사이의 정직과 신뢰를 필요로 한다. 그러나 사무실 비품이나 동료의 간식에 손을 대는 사례는 믿을 수 없을 정도로 흔히 발생한다. 2015년 스태티스틱브레인은 직원들이 슬쩍 집어가는 비품 때문에 회사에 발생하는 손실이 한 해에 약 500억 달러에 이르며, 전체 직장인 중 약 75%가 최소 한 번 이상 공용 물품 혹은 남의 물건에 손을 댄 경험이 있다고 밝혔다.[5] 비즈니스 잡지 《잉크Inc.》가 진행한 설문 조사에서도 직장인 중 약 43%가 간식을 도둑맞은 적이 있다고 응답했다.[6] 여기서 모든 직장인들이 마음에 새겨야 할 귀중한 경험칙을 소개하겠다. 당신이 직접 구입하거나 가져온 것이 아니라면, 혹은 정식으로 선물 받은 것이 아니라면, 그 어떤 물건도 마음대로 가져가선 안 된다. 회의실에서 다 함께 먹고 남은 도시락이나 다과 또한 예외가 아니다. 그냥 가져가도 되는 것처럼 보이는 음식에도 회사 차원의 규칙이 있을지 모르고, 그런 경우 괜히 남은 음식을 챙기다가 눈총을 받을 수도 있다.

더불어, 직원들의 휴식 혹은 단합을 위해 제공된 공용 공간의 이점을 계속해서 누리고 싶다면 이를 혼자서 독차지하는 행동은 삼가야 한다. 누구에게나 때로는 숨을 돌릴 시간이 필요하지만, 이를 넘어서 당연한 듯 개인적인 용무를 처리하는 장소로 인식해서는 안 된다.

[18]

점차 다양해지는 근무 환경에서도
잊지 말아야 할 것

———————

"이건 말도 안 돼." 그레이스가 당황한 목소리로 중얼거렸다. 43세의 직업 상담사인 그녀는 딸을 낳은 이후 5년 동안의 경력 단절을 딛고 최근 제퍼슨주니어 칼리지에 새 직장을 얻었다. 같은 분야의 오랜 경력자인 짐과 일자리 나누기Job Sharing*를 할 기회가 생겼을 때, 그녀는 기쁨을 감출 수가 없었다. 정년퇴직을 눈

———————

• 한 사람분의 노동 시간과 임금을 두 사람이 나누는 고용 형태

앞에 둔 짐은 최근 재미를 붙인 정원 가꾸기를 계속하면서 조금이나마 안정적인 수입을 얻을 수 있다는 생각에 일자리 나누기 제도를 선택했고, 그녀는 이 제도가 자신에게 큰 도움이 될 것이라고 믿었다.

그러나 몇 주가 채 지나지 않아 두 사람은 일정 조율을 놓고 마찰을 빚기 시작했다. 그레이스는 시간이 갈수록 업무가 자신에게 몰리고 있으며 짐과 대화가 통하지 않는다는 사실을 알게 되었다. 어제만 해도 한 기업의 채용 방문 일정이 취소되는 사고가 일어났다. 짐이 그레이스에게 해당 회사의 담당자에게 연락을 취해야 한다는 사실을 제대로 알려주지 않았기 때문이었다. 그레이스가 보기에 짐은 정원 가꾸기에 정신이 팔린 나머지 업무에 전혀 집중하지 못했다.

하지만 그녀 혼자서 모든 업무를 처리하는 건 불가능했고 짐은 매번 앞으로 달라지겠다는 약속만 할 뿐 변화된 모습을 보이지 않았다. 상사에게 고자질하는 건 그레이스의 성격에 맞지 않았지만, 이번만큼은 다른 방법이 도저히 떠오르지 않았다.

재택근무부터 탄력근무, 시간제근무, 일자리 나누기와 같은 제도들이 직장인들의 출근 일수와 근무시간에 큰 영향을 미치고 있다. 그러나 다양한 근무 형태가 생겨나는 만큼 다른 사람에게 무례를 범하기도 쉬워졌다. 각 개인의 시간과 노동력을 효율적으로 사용하기 위해 최근 눈에 띄게 늘어난 근무 형태들의 성격을 자세히 짚어보자.

재택근무 Telecommuting

재택근무를 하는 노동인구는 직급에 관계없이 빠르게 늘어나고 있다. '근무시간의 절반 이상을 집에서 보내는 근로 형태'로 정의되는 재택근무는 생산성과 직업 만족도 향상, 시간과 비용 절약이라는 강점을 자랑한다. 경영자 입장에서도 이 제도를 잘만 활용하면 직원들의 체력 소모와 함께 사무실 임대에 드는 막대한 비용을 줄일 수 있다.

하지만 어떤 경영자들은 직원이 집에서 스스로 시간을 분배하여 체계적으로 일하겠다는 의지를 다스릴 수 있다는 사실을 절대 믿지 않는다. 관리직 중에도 모든 직원들이 집에서 근무하게 되면 자신의 직업이 쓸모없어질까 봐 걱정하는 사람들이 많다. 물론 직원들 중에도 혼자 근무할 때 찾아오는 외로움과 더불어 업무 장소와 일상생활을 하는 장소가 구분되지 않는 점을 꺼리는 사람들이 있다.

재택근무로 최상의 결과를 내기 위해서는 직원들이 상사의 옆자리에 앉아 일할 때와 똑같은 열정과 프로의식을 가지고 업무에 임해야 한다. 그렇다. 집에서 일하는 직원들이 때때로 빨래 바구니에 옷을 던져 넣을 여유가 있는 것은 사실이지만, 그들의 업무 시간은 일반적으로 사무실에서 근무하는 직원들과 다르지 않은 모습으로 지나간다. 모두 급여를 받는 대가로 상사가 만족할 만한 결과물을 내놓기 위해 최선을 다하는 것이다.

효과적인 재택근무의 비결

업무 공간을 분리하라. 정해진 시간에 업무를 시작하고 규칙적으로 휴식을 취하며 퇴근 시간이 되면 업무 공간을 벗어나라. 내 사업 파트너 중 한 명은 재택근무를 하며 마음을 다잡기 위해 매일같이 단정한 옷을 차려입고 동네 카페에 커피를 사러 갔다가 정확히 오전 여덟 시에 집으로 돌아와 업무를 시작한다. 주변 사람들에게도 당신의 업무 시간표를 알리며 중요한 용건이 없는 한 방해하지 말아달라고 부탁하라.

직업에 어울리는 차림새를 갖춰라. 일하면서 다른 사람들과 얼굴을 마주칠 일이 없다 해도 복장은 일을 대하는 태도 면에서 여전히 중요하다. 켈로그 경영대학원Kellogg School of Management은 옷차림이 갖는 상징적 의미가 생산성에도 영향을 미친다는 연구 결과를 발표했다.[7] 게다가 언제 긴급한 영상회의가 시작될지는 아무도 모르는 일이다.

가장 중요한 것은 소통이다. 집에서 일하다가 업무 진행상황을 놓치고 싶지 않다면 동료들과 최선을 다해 소통하라. 다른 장소에서 일하는 사람들을 서로 연결해주는 최신 기술을 적극적으로 활용해야 한다. 하지만 첨단 기능 사이에서도 전화를 잊지는 말라. 때로 사람의 목소리는 측정할 수 없는 마법 같은 효과를 발휘하기도 하니까.

주기적으로 상사나 동료들과 얼굴을 마주하는 자리를 만들고 아니면 회사에서 주최하는 행사나 뒤풀이에 적극적으로 참석하라. 얼굴을 눈에 익히는 것만으로도 다른 사람들은 당신이 여전히 중요한 구성원이라고 생각할 것이다.

사무실로 출퇴근하는 시간제 근무나 탄력 근무 직원들 또한 비슷한 가이드라인을 활용하여 일정을 관리할 수 있다. 상사나 동료들과 근무 일정이 겹치지 않는 직원일수록 반드시 시간을 엄수하고 맡은 일에 책임감을 갖는 태도를 명심해야 한다.

사무실 공유 Sharing an Office

재택근무자들도 이따금씩 사무실에 출근을 하기 때문에 어딘가 앉을 곳이 필요하다. 이럴 때 필요한 제도가 바로 '호텔링 Hoteling'과 '핫데스킹Hot-Desking'이다. 두 용어가 같은 개념을 가리킨다고 생각하는 사람들도 있지만, 사실 두 제도의 운영 방식에는 분명한 차이가 있다. 호텔링은 주인이 지정되지 않은 자리를 예약하여 사용하는 시스템이고, 핫데스킹은 빈 자리를 예약하지 않고 바로 사용하는 시스템이다. 이 두 제도는 직원들이 항상 자리에 앉아서 일할 필요가 없는 회사에 가장 효율적인 업무 공간을 제공하기 위해 고안되었다. 배려심이 있는 호텔링 혹은 핫데스킹 근무자라면 개방형 사무실에 적용되는 기본적인 규칙과 더불어 자신의 상황에 맞는 매너를 지켜야 한다.

꼭 필요한 시간 동안 꼭 필요한 공간만 예약하고, 이용할 일이 없어졌을 때는 반드시 예약을 취소하라. 이는 업무 공간이 꼭 필요한 사람들을 배려하는 일일 뿐만 아니라 불필요한 공간을 예약만 해두고 사용하지 않는 습관은 훗날 예약 거부로 이어질 수 있기 때문이다.

일자리 나누기 | Job Sharing

'일자리 나누기'는 자녀와 함께 보낼 시간이 필요한 부모나 개인 휴식이 필요한 밀레니얼 세대, 은퇴 후 인생 설계를 원하는 장년층 등 낮은 스트레스와 일과 삶의 균형을 추구하는 직장인 모두에게 이상적인 근무 환경으로 떠오르고 있는 제도다. 기업 경영자들 또한 우수한 직원을 보다 오래 고용하고 구성원들의 책임감과 생산성을 향상시키며 한 자리에 두 직원의 지성과 경험, 관점을 활용할 수 있다는 점에서 큰 이익을 기대할 수 있다.

일자리 나누기 제도를 성공적으로 운영하기 위해서는 경영진 차원에서 상호 보완적인 능력과 성격을 지닌 직원들로 팀을 구성하고, 사전에 명확한 목표를 제시하며, 업무가 진행되는 동안 적극적인 교육과 피드백을 제공하는 등 여러 가지 노력을 기울여야 한다. 업무를 반으로 나눈 직원들 입장에서도 파트너와 역할 분담을 정확히 하고, 보고 횟수와 방법을 사전에 합의하며, 지속적으로 소통하고 책임감 있는 태도를 보이기 위해 최선을 다해야 한다. 상대방이 기분 나쁘지 않게 거절하거나 서로 다른 의견을 적절히 조율하는 능력은 물론이고 실패하든 성공하든 결과에 대한 책임을 함께 지려는 자세 또한 요구된다.

[19]

지속적인 번아웃을 방지하는 태도의 힘

기술 발전과 자동화, 아웃소싱 등 밀레니얼 세대가 정의하고 디자인한 새로운 업무 방식은 가까운 미래에 상상도 하지 못한 방식으로 우리의 직업 환경을 바꿔놓을 것이다. 미래에는 모든 근로자들이 능숙하게 디지털 기술을 활용할 것이기 때문에 기술 능력은 더 이상 개인을 차별화시키는 요소가 되지 못할 것이다.

제니 오포드Jenny Awford는 《데일리메일Daily Mail》 기고문 「당신의 직업이 2025년에도 존재할까?」에서 미래의 직장인들은 직업 안정성이라는 개념이 더 이상 존재하지 않는 현실을 받아들여야 할 것이라고 말하며, 중국의 부동산 개발 회사인 제네시스프로퍼티Genesis Property의 최고 운영책임자 마틴 첸Martin Chen의 발언을 인용했다. "전문가들은 지금 이 시점에 존재하는 직업 중 50% 가량이 2025년 전에 완전히 불필요해질 것이라고 내다보고 있다." [8]

인공지능, 로봇, 드론을 포함한 각종 스마트 기기들이 직장 환경에 미치는 영향이 커지면서 단순하고 반복적인 업무를 요구하는 직업은 특히 위험한 상황에 처했다. 게다가 상대적으로 높은 수준의 기술을 요구하는 관리직, 사무직, 생산직은 물론이고 세무 대리인이나 여신 심사역, 보험 감정인을 포함한 여러 전문직들도 이미 도마 위에 올랐다.

회사와 구성원들이 더 적은 시간과 비용, 자원을 들여 더 많은 성과를 요구하면서 극심한 스트레스와 번아웃Burnout* 또한 어디서나 흔히 볼 수 있는 문제가 될 것이다. 그렇다. 1970년에 처음 용어로 정의된 현상인 번아웃이 다시 슬금슬금 고개를 내밀고 있다. 비키 발레Vicky Valet는《포브스》기고문「번아웃 극복하기: 다시 일의 궤도로 돌아가는 다섯 가지 방법」에서 UC버클리 대학교의 심리학 박사이자 교수인 크리스티나 매슬랙Christina Maslach의 발언을 인용하고 있다. "사람들이 나쁜 업무 태도를 가지고 있다고만 할 수는 없어요. 문제는 그들이 사회적으로 유해한 환경에서 일하고 있다는 사실입니다." 매슬랙 교수는 번아웃의 근본적인 원인이 지나친 업무량이나 시간적 압박, 육체적 피로 때문이 아니라 직장 내 존중의 결핍이라고 설명한다. "힐끔거리는 시선, 무뚝뚝한 말투, 무례하고 퉁명스러운 행동은 함께 일하는 사람을 지치게

---

* 일에 지나치게 몰두하던 사람이 극도의 피로감과 무기력증을 호소하는 현상

만듭니다. 중요한 것은 말하는 내용과 방법, 그리고 행동하는 방법이에요."[2]

위기관리 및 보험중개 다국적 기업인 윌리스타워스왓슨Willis Towers Watson에서 2015년과 2016년에 각각 진행한 두 개의 연구는 번아웃에 대한 또 다른 시각을 제공한다. 해당 보고서에 따르면 고용주와 근로자들은 번아웃을 유발하는 주요 원인이 인력 부족이라는 데 서로 동의했지만, 부족한 인력이 어떤 식으로 영향을 미치는지에 대해서는 전혀 다른 관점을 보였다. 고용주들은 일과 삶의 불균형과 기술 부족으로 인한 근무시간 연장이 회사 구성원들에게 가장 큰 스트레스일 거라고 보았지만, 정작 근로자들은 낮은 임금과 경직된 기업 문화가 번아웃의 가장 직접적인 원인이라고 생각했다.[10] 번아웃은 개인의 신체적, 정신적 건강을 해치고 잦은 지각과 결근, 생산성 저하를 유발하면서 결과적으로는 개인뿐만 아니라 조직에까지 큰 악영향을 미친다.

이렇듯 시시때때로 번아웃에 잠기는 일이 많은 최근 비즈니스 세계에서 개인의 차별성을 증명해줄 가장 큰 요소는 다른 사람들과 원만한 관계를 유지하는 능력이다. 기술이 우리의 삶에 제아무리 깊숙이 침투한다 해도 인간과 인간의 관계를 대체할 수는 없다. 그리고 지금까지 이 책을 통해 익힌 대인관계를 위한 기술을 통해 미래의 업무 환경에 무사히 안착하기 위해서는 이를 언제, 어디서, 얼마나 활용할지 판단하는 능력을 갖춰야 한다.

다양한 일정과 업무 시간대를 가진 직원들 사이에 소통과 협업이 원활하게 이루어지려면 유연성과 의사소통 능력을 갈고 닦아야 한다. 미래의 직장인들은 정규직이 줄어들고 비정규직이 늘어나는 일명 '긱 경제Gig Economy'가 자리 잡으면서 원만한 관계를 맺어야 할 고용주의 수가 기하급수적으로 늘어날 것이다. 특정 회사에 고용되는 대신 주체적으로 일하는 기쁨을 누리는 것도 잠시, 그들은 새로운 고객 한 명 한 명이 곧 새로운 고용주이며 여러 얽혀 있는 사람들 간의 이해관계도 끊임없이 조율해야 한다는 사실을 깨닫게 될 것이다.

벤틀리 대학교의 글로리아 라슨Gloria Larson 총장은 "한때 특정한 직군에서만 요구했던 전문 기술을 필수 조건으로 내거는 직업들이 점점 많아지고 있습니다"라고 말한다. 예를 들어 소셜 미디어 활용 기술은 더 이상 마케팅 직군 지원자에게만 필요한 능력이 아니라 직장인이라면 누구나 갖춰야 할 기본 소양이 되었다.[11] 『상냥함의 종말』의 저자 리처드 뉴턴Richard Newton은 이렇게 말한다. "가장 인간다운 기술인 의사소통 능력, 경청과 공감 능력, 문제 해결 능력, 창의성, 배려심 등이야말로 미래 사회에서 직업을 얻기 위해 반드시 갖춰야 할 필수 덕목입니다."[12]

미래의 성공에 반드시 필요한 의사소통 능력과 공감 능력, 협업 능력을 기르기 위해서는 기본적으로 상대방을 존중하는 태도를 갖춰야 한다. 이와 더불어 상황 변화에 신속하게 적응하는 순발력, 부족한 점을 인정하는 겸손함, 타인을 기꺼이 돕는 관대함, 주어진 일을 끝까지 완수해내는 끈기, 불확실성에 도전하는 용기, 서로 다른 연령대나 문화, 경험을 가진 동료들을 이해하는 인내심, 여러 업무 사이에서 균형을 잡는 판단력, 남들을 이끌고 격려하는 친절함, 도전하고 실패해도 좌절하지 않는 회복력 또한 필요하다. 유머 감각과 충분한 휴식, 영양 공급, 규칙적인 운동 또한 도움이 될 것이다.

미래에도 경쟁력을 갖추는 법

스스로 앞으로의 커리어를 설계하려는 태도를 가져라. 이전에는 고용주가 일방적으로 승진을 결정했다면, 이제는 당신 스스로 커리어를 결정하고 관리해야 한다는 사실을 받아들여야 한다.

그러기 위해서는 첫 번째로 지속적으로 경력을 쌓아야 한다. 기업에서 제공하는 무료 교육 훈련 기회가 있다면 잘 활용하고, 필요하다면 개인적인 시간과 비용을 들여서라도 꾸준히 배움을 이어가라. 업계의 변화와 최신 트렌드를 계속 따라가고 영향력 있는 리더들의 동향을 주시하며 인맥 네트워크를 구축하라. 이렇게 얻은 기술과 인맥은 현재뿐만 아니라 미래에도 성공의 문을 열어줄 중요한 열쇠다.

새로운 경력이라는 선택지도 고려하라. 당신이 좋아하는 일이 무엇인지, 잘하는 일이 무엇인지 생각해보고 직접 경험해본 뒤 더 큰 가능성을 발견했다면 지금이라도 그 분야로 경력을 옮기는 것도 권장할 만하다. 미래에는 창의성을 기반으로 하는 비즈니스 영역에서 커다란 기회가 열릴 것이라는 점을 참고해봐도 좋다.

사무실 모습 또한 극적인 변화의 길을 걷고 있다. 많은 기업들이 생산성과 창의성, 업무 의욕을 고취시키고 부서 간 협력을 촉진하며 직원들의 건강까지 향상시키는 방향으로 사무실을 새로 디자인하고 있으며, 그 결과 한때 무채색의 벽과 사각형 파티션으로 나뉘어 있던 단조로운 업무 공간이 가정집이나 정원, 심지어 바 같은 분위기를 풍기는 공간으로 변신하고 있다. 예를 들어 딜로이트에 취직하여 2015년 말에 완공된 몬트리올 사옥으로 발령받으면 열여덟 가지 서로 다른 공간을 자유롭게 오가며 업무를 할 수 있다. 그중에는 개인 사무실과 (일부 개인 사무실에는 러닝머신이 딸려 있다) 수면실, 휴게실, 라운지, 카페, 식당, 야외 테라스, 체력 단련실, 그 외에도 당신의 요청에 따라 필요한 서비스를 제공하는 안내 데스크 등이 포함되어 있다.

기업들은 사무실 공간에 따라 구성원들의 재능을 극대화할 수 있다는 사실을 이해하고 있다. 어떤 사무실 디자인을 채택하느냐에 따라 직원들의 업무와 개인적 삶을 효과적으로 통합시켜줄 뿐 아니라, 그들이 보다 행복하고 편안한 마음가짐으로 높은 생산성을 발휘할 수 있도록 도와준다.

직원들 또한 편의 시설을 제공하는 고용주의 배려를 존중해주
어야 한다. 다시 말해, 회사에 비치된 음식부터 음료수, 화장실 휴
지에 이르기까지 어느 하나라도 사무실 밖으로 가지고 나가서는
안 된다. 이렇게 비양심적인 행동을 고용주나 동료들 중 아무도
눈치채지 못할 가능성은 아주 희박하다.

한편 출퇴근 시간마다 러시아워에 갇힐 필요 없는 근무 형태
가 점점 일반화되고 있다. 예를 들어 슬랙Slcak 같은 협업 커뮤니
케이션 애플리케이션을 사용하면 어디서나 사무실에 있는 것처
럼 업무를 할 수 있다. 상대방을 직접 만나 회의할 필요가 있거나
조직에 소속되어 있다는 느낌을 받고 싶거나 정기적 혹은 비정기
적으로 동료들과 머리를 맞댈 시간이 필요하다면 공유 사무실을
활용하면 된다. 1개월 단위로 대여할 수 있는 임대 공간과 책상
등을 제공하는 위워크weWork 같은 공유 사무실 임대 비즈니스는
최근 전례가 없는 호황기를 누리고 있다. 위워크만 해도 2010년
설립된 이래 전 세계 62개 도시에서 321개의 임대 공간을 관리
하는 회사로 성장했다(2018년 기준). 프리랜서나 벤처 사업가, 지
식 근로자들은 이러한 공유 사무실을 적극적으로 활용한다. 기업
입장에서도 먼 지역에 사는 인재를 영입해올 수 있기 때문에 유
용하게 사용할 수 있다.

업무 공간이 다양화되면서 당신의 퍼스널 브랜드는 더더욱 불
특정 다수에게 노출되어 있다. 따라서 큰 소리로 대화를 하거나

시끄러운 디지털 기기를 사용하거나 음식 냄새, 진한 향수 냄새를 풍겨 자신도 모르는 새 남을 방해하는 일이 없도록 항상 주변을 살피고 배려해야 한다. 뒷사람을 위해 문을 잡아주거나 공용 공간을 깨끗이 사용하거나 다정한 말투를 사용하는 등의 작은 매너는 어떤 업무 공간에서든 당신이 환영받는 동료가 되기 위해 꼭 필요한 조건이다.

[20]

리더들은 복지의 힘을 알고 있다

41세의 로리는 대형 병원의 청구서 담당자였다. 그녀는 두 아이를 키우면서 월요일부터 금요일까지 집에서 한 시간 떨어진 직장에 출근하여 오전 아홉 시부터 오후 다섯 시까지 청구서를 발송하는 생활을 12년 동안 해왔다. 퇴근 후에는 식료품점에 들러 장을 보고, 어린 두 딸이 잠자리에 들기 전에 조금이라도 함께 시간을 보낼 수 있도록 서둘러 집으로 향했다.

착한 딸들은 한 번도 불평한 적이 없었지만(어쩌면 한두 번은 했었나?), 일 때문에 아이들의 학교 행사나 축구 경기에 갈 수 없을 때마다 로리는 큰 슬픔을 느꼈다. 하지만 청구 부서는 정규 근무 시간 내내 일할 수 있는 직원을 원했고, 로리는 직장을 그만둘 수는 없었다. 그러다가 부서 운영 시간이 오전 일곱 시에서 오후 일곱 시로 연장되면서 직원들이 업무 일정을 조절할 수 있게 되었을 때, 그녀는 환호성을 질렀다. 그 소식을 알게 된 그녀와 그녀의 아홉 살 난 딸 중에서 누가 더 흥분했는지 가늠하기 어려울 정도였다. 오늘 로리는 생전 처음으로 연차나 반차를 쓰지 않고 딸의 축구 경기를 응원하러 다녀왔다. 직접 만든 쿠키를 들고 응원석에 앉아 있는 그녀의 입은 말 그대로 귀에 걸려 있었다.

당신이 기혼에 곧 아기를 가질 예정이라면, 새로 태어날 아기에게 들어갈 엄청난 비용에 지레 겁을 먹었을 것이다. 그래서 페이스북Facebook은 직원들에게 4000달러의 육아수당을 현금으로 지급한다. 직장에서 일하는 동안 아기에게 모유수유를 하지 못해 걱정인가? 질로우Zillow는 엄마가 회사에서 유축한 모유를 집으로 보낼 수 있도록 배송비를 대신 지불한다. 혹시 여행을 좋아한다면, 전 세계 숙소에서 사용 가능한 2000달러의 숙박 지원금을 제공하는 에어비앤비Airbnb의 직원 복지를 눈여겨볼 만하다. 쓰고 있던 소설을 마무리(혹은 시작)하고 싶은가? 당신이 딜로이트의 직원이라면 이유를 말하지 않고 4주 동안 유급 휴가를 쓸 수 있다. 만약 자원봉사나 업무에 도움이 되는 활동을 할 계획이라면 추가로 3~6개월 동안 부분적인 유급 휴직을 신청할 수도 있다.

경영자들은 직원 복지의 힘을 잘 알고 있다. 글래스도어가 실시한 설문조사에 따르면 근로자 다섯 명 중 세 명(약 57%)은 직장을 결정할 때 인센티브와 복지를 가장 중요한 기준으로 삼았다. 심지어 다섯 명 중 네 명은 높은 임금보다 복지를 더 중요시한다고 응답했다.[11]

복지는 그 회사의 근무 환경을 대변한다. 맷 리첼Matt Ritchel은 《뉴욕타임스New York Times》 칼럼 「집안 청소부터 저녁 식사까지? 집으로 찾아오는 실리콘밸리의 직원 복지」에서 이렇게 말한다. "업무와 일상생활을 분리하기보다 하나로 융합해야 한다는 생각이 점차 확산되는 추세다." 그는 같은 글에서 조던 뉴먼Jordan Newman 구글 대변인의 발언을 인용하고 있다. "직원 복지는 무료 식사 같은 단편적 혜택에서 직원의 건강과 행복을 전체적으로 고려하는 방향으로 발전하고 있다."[14]

물론 어떤 혜택도 나쁜 기업 문화를 정당화할 수는 없으며, 복지로 직원들의 입막음을 하려 했다간 오히려 더 큰 비난을 받기 십상이다. 하지만 건강한 기업 문화와 화목한 사내 분위기가 전제된다면 직원 복지는 기업과 구성원 모두에게 이익을 가져다줄 것이다.

[21]

점점 더 삭막해지는
회사생활에서 살아남으려면

그러나 경영자들이 직원 복지를 위해 최선을 다하는데도 불구하고, 21세기의 근무 환경은 전례가 없는 혼란을 겪고 있다. 그리고 우리 모두는 이러한 환경 변화를 받아들여야 한다. 가장 먼저 인정해야 할 현실은 기술이 발달하면서 모든 직원들이 눈 뜨는 순간부터 잠드는 순간까지, 특히 업무 시간 동안에는 내내 디지털 기기와 영상 장비의 감시를 받게 되었다는 사실이다. 우리의 출퇴근길은 대중교통 안 블랙박스나 CCTV를 포함하여 도로 곳곳에 설치된 카메라에 기록되며, 통행권을 발급받거나 신호위반, 속도 위반이라도 했다가는 카메라가 자동으로 얼굴을 촬영한다. 휴대폰은 사람들의 이동 경로를 추적하는 수단이 되었고, 회사 주차장이나 차고 입구, 엘리베이터에서도 감시는 계속된다. 출퇴근 카드를 찍는 시간은 일일이 기록되며, 책상에 앉은 다음에도 인터넷 사용 기록, 이메일과 통화 내역 등이 끊임없이 저장된다.

애덤 존스Adam Jones는 「지하실에 숨어 있던 스파이들이 당신 곁으로 다가왔다」라는 제목의 《파이낸셜타임스》 기고문에서 이렇게 주장하고 있다. "특히 사무실은 우리를 거슬리게 하는 각종 감시 장비의 천국이 되었다." [15] 그의 기고문에 따르면, 이름표에 달린 센서를 통해 직원들의 움직임과 대화, 심지어 목소리 톤까지 감시하는 장치도 있다고 한다. 사무실 집기에 달린 동작 감지 센서는 책상이나 회의실이 얼마나 자주 사용되는지 자동으로 기록한다.

기업은 이렇게 수집한 자료를 통해 문제가 있는 직원을 걸러 내고 자원을 극대화하며 비용을 절감한다. 사람이 없을 때 자동으로 꺼지는 회의실 조명이 친환경적인 것은 사실이지만, 그 조명에 달린 센서가 우리의 회의실 사용 시간과 빈도를 체크하고 있다는 사실을 깨달으면 마냥 기뻐하기만은 어렵다. 지각을 하거나 점심 식사를 하고 사무실에 늦게 복귀하거나 금요일에 조금 일찍 퇴근하는 당신을 누구도 보지 못했을 거라고 생각했겠지만, 사실 이러한 행동이 아무 데도 기록되지 않았을 가능성은 '0'에 가깝다.

회사의 분위기가 느긋하고 태평하다면 이런 장치들이 별 문제를 일으키지 않을 것이다. 하지만 기업 문화가 엄격하다면 얘기는 달라진다. 이러한 감시 자체가 합법인지(합법이다), 이렇게 수집한 기록이 경영진에게 유용한 정보를 제공하는지(제공한다), 감시 장비로 가득한 사내 분위기가 직원들에게 '빅 브라더' 아래에서 일한다는 느낌을 주는지(그런 느낌을 준다), 직원들이 이러한 분위기를 좋아하는지(싫어한다) 등의 논의는 실제로 아무런 도움이 되지 않는다. 기업 문화를 막론하고, 감시 장비에 대해 회사가 취할 수 있는 입장은 딱 세 가지다. 받아들이거나, 거부하거나, 독자적인 시스템을 만들거나. 어쨌든 직원 감시는 점점 더 당연한 업무 환경으로 자리 잡을 것이다.

오늘날 프로의 세계는 단순한 업무 성과를 뛰어넘는 무언가를 요구한다. 이런 환경에서 살아남아 성공하고 싶다면, 새로운 근무 환경에 휘둘리지 않기 위해 자기 중심이 단단히 잡힌 태도로 일관하는 자세가 더없이 중요하다. 점점 더 삭막해지고 데이터 중심으로 유지되는 회사생활에서 과거에나 지금에나 변함없이 강조되는 것은 품격을 잃지 않은 태도라고 할 수 있다.

5장

대화의
정석

말 한마디로도 통하는
소통의 기술

"말을 할 때는 뜻이 분명히 전달되도록 하라.
입 밖으로 내뱉기 전에 단어 하나하나를 점검하라."

올리버 웬델 홈스 시니어Oliver Wendell Holmes Sr., 철학자이자 의사

드디어 그날이 왔다. 일류 부동산 로펌의 채용 담당자인 레베카는 길고 긴 선발 과정 끝에 신입 변호사 후보를 두 명으로 좁혔다. 사실 서류상으로 봤을 때 폴과 프레드릭은 비교하는 것이 무의미할 정도로 차이가 분명한 조건을 가지고 있었다. 프레드릭은 국내 최고의 명문 로스쿨에서 수석으로 졸업한 재원이었다. 대대로 성공한 변호사 집안 출신이라는 배경과 골프나 요트 항해를 즐기는 취미 또한 사회적 지위가 높은 잠재적 고객들과 사교 활동을 해야 하는 일류 로펌 변호사에게 꼭 맞았다. 머리부터 발끝까지 완벽하게 차려입고 면접에 참석한 프레드릭은 자신감으로 가득 차 있었다. 하지만 면접관의 말이 채 끝나기도 전에 반대 의견을 던지는 태도를 보면 자신감이 조금 과한 것 같기도 했다.

폴 역시 로스쿨에서 수석으로 졸업했지만, 그가 다닌 학교는 프레드릭에 비해 수준이 조금 떨어졌다. 사실 그의 법학적성시험 점수는 명문 로스쿨에 합격하고도 남을 정도였지만, 동생들의 생계를 책임지느라 아르바이트를 해야 했던 그는 원하던 학교를 포기할 수밖에 없었다. 폴은 프레드릭과 달리 사회적 배경도, 사치

스러운 취미 활동도, 화려한 패션 센스도 가지고 있지 못했다. 하지만 레베카는 면접에서 보인 태도로 미루어 그가 겸손하고 따뜻하며 조용하면서도 자기 자신을 신뢰하는 사람이라고 판단했다. 그는 신중한 태도로 면접관의 말을 경청했다. 질문에는 정확한 대답을 내놓았고 수준 높은 추가 정보나 부가 질문을 덧붙였으며 적절한 타이밍에 미소를 짓고 때로는 웃음을 터뜨리며 분위기를 편안하게 이끌었다. 자신을 선택하는 것이 회사에 큰 행운이 될 거라며 자만하는 대신 진심으로 회사에 보탬이 되고 싶어 하는 그의 태도는 레베카의 마음을 움직였다.

능숙한 의사소통 기술은 경력의 모든 단계에 중요한 영향을 미치지만, 특히 기업이라는 사다리를 처음 오르기 시작했을 때 (혹은 오르려고 할 때) 가장 결정적인 역할을 한다. 이 부분에 대해서는 더그 맥밀런Doug McMillan의 태도만 본받아도 충분할 것 같다. 49세의 맥밀런은 창업자인 샘 월턴Sam Walton 이래 최연소로 월마트Walmart CEO 자리에 오른 인물이자 뛰어난 소통가로 유명하다. 데커 커뮤니케이션Decker Communication은 '2015년 최고의 (그리고 최악의) 소통가 10인'을 선정하면서 그를 '따뜻하고 겸손하고 소탈한 성품을 지녔으며 직원들의 마음을 헤아리기 위해 적극적으로 소통하는 기업가'로 평가했다.[1] 인스타그램Instagram의 공동 창업자이자 월마트의 이사회 멤버이기도 한 케빈 시스트롬Kevin

Systrom 또한 데커 커뮤니케이션의 평가에 전적으로 동의한다는 의사를 밝혔다. 브라이언 오키프Brian O'Keefe는 2015년 《포춘》에 기고한 칼럼 「월마트를 재창조하고 있는 남자」에서 맥밀런은 자신이 지금까지 만난 사람 중 가장 친근했다고 묘사했다.[2] "맥밀런은 대화를 나눌 때 지금 이보다 중요한 일은 하나도 없다는 듯이 상대방의 말에 집중한다. 그는 결코 산만한 모습을 보이지 않는다. 대화에 100% 집중할 뿐이다."

아무래도 월마트의 현직 CEO는 창업주의 조언을 마음속에 깊이 새긴 것 같다. 샘 월턴은 '사업을 일으키기 위한 열 가지 원칙' 중 두 가지를 커뮤니케이션 관련 항목에 할애할 만큼 원활한 소통의 힘을 중요시하던 인물이었다.[3] 그중 두 가지를 소개한다.

원칙 1. 사업 파트너와 소통할 수 있는 건 뭐든지 소통하라. 정보가 많을수록 사업 이해도가 올라가고, 이해도가 올라갈수록 사업에 신경을 쓰게 된다. 일단 신경을 쓰기 시작하면, 아무도 그를 막을 수 없다.

원칙 2. 모든 구성원의 말을 경청하라. 그리고 그들의 요청을 들어줄 방법을 찾아라. 조직의 위부터 아래까지 책임감을 전파하고 싶다면, 그 안에서 좋은 아이디어가 솟아오르게 만들고 싶다면, 구성원들이 당신에게 무슨 말을 하는지 들어야 한다.

의사소통 능력은 한 사람의 경력과 비즈니스 관계, 나아가 회사의 성패를 좌우한다. 효과적인 의사소통은 인맥을 넓히고 인지도를 높이며 이미지를 개선하고 자신감을 고취시킨다. 하지만 이러한 장점에도 불구하고, 많은 이들이 의사소통 기술을 다지는 훈련에 참여하는 것을 두려워한다.

그중에서도 특히 예기치 못한 상황에서 시작된 사소한 대화를 매끄럽게 이어나가는 기술은 가장 습득하기 까다로운 편이다. 게다가 밀레니얼 세대는 추상적이고 지루하며 별 의미도 없는 사교적 대화를 무엇보다 싫어한다. 모바일 기기를 벗어난 대화는 그들의 전문 영역이 아니다. 그렇다고 해서 기성세대가 사교적 대화에 열광하는 것도 아니지만 누구나 우연한 상황에서의 사소한 대화에서 마음을 열게 되는 경우가 많기 때문에 이는 당신의 경력에 결정적 영향을 미칠 실질적 대화를 이끌어내는 디딤돌의 역할을 하게 될 것이다.

대화의 기회는 언제 어디서나 열려 있고, 능숙한 커뮤니케이션 기술을 갖춘 사람은 이 기회를 최대한 많이, 효과적으로 활용한다. 대화는 퍼스널 브랜드를 홍보하는 가장 손쉬운 수단이다. 당신은 버스가 오길 기다리면서, 카페에 줄을 서서, 복도를 걸으면서, 엘리베이터를 타면서, 그리고 각종 비즈니스 회의, 식사 자리, 행사, 파티, 학회에서 당신의 브랜드를 알릴 수 있다.

지루함이 드러나는 표정부터 감춰라

리암은 팀장의 조언이 필요했다. 33세의 바이오테크 엔지니어인 그는 새로 맡은 프로젝트를 어떻게 진행해야 할지 몰라 막막한 상황이었다. 팀장의 방 앞까지 찾아갔을 때, 유리벽 너머로 인상을 잔뜩 찌푸린 채 모니터에 집중한 그의 모습이 보였다. 문득 그가 오늘까지 제출 예정인 분기 결산 보고서 때문에 씨름하고 있을지도 모른다는 생각이 들었다. 그러나 리암은 그 생각을 재빨리 옆으로 밀어냈다. '잠깐이면 되니까'

망설이는 손길로 방문을 두드리자 팀장이 고개를 들었다. 그의 얼굴에는 '중요한 일이 아니기만 해 봐'라는 표정이 또렷이 새겨져 있었다. 하지만 리암은 그 신호를 읽지 못했고, 한차례 목을 가다듬은 뒤 준비해온 질문을 던졌다. 팀장은 짜증을 넘어서 믿을 수 없다는 얼굴로 고개를 절레절레 흔들며 대답했다. "고작 그걸 묻자고 내 일을 방해한 건가?"

비언어적 신호를 정확히 보내고 읽는 기술은 프로의 세계에서 반드시 필요한 능력이다. 한 연구에 따르면 의사소통의 60%는 비언어적 신호를 통해 이루어지고 30%는 목소리 톤을 통해 이루어진다고 한다. 우리가 사용하는 말 자체는 의사를 전달하는 데

10%밖에 기여하지 못했다. 사회심리학자이자 하버드 경영대학원의 부교수인 에이미 커디Amy Cuddy는 비언어적 신호가 말하는 사람의 자기 인식을 지배한다고 주장한다. 그녀는 「당신이 사용하는 몸짓 언어가 당신의 정체성을 결정한다」라는 주제로 진행된 테드 토크TED Talk 강연에서 이렇게 말했다. "몸은 마음을 바꾸고, 마음은 행동을 바꾸고, 행동은 결과를 바꿉니다."[4]

높은 권위를 드러내고 싶다면 (그리고 그 과정에서 다른 사람의 마음을 바꾸고 싶다면) 가슴을 내밀고 머리를 높이 들며 어깨를 펴고 다리를 꼬지 않은 상태에서 양손을 허리에 얹거나 목 뒤로 두르는 자세를 취하라는 것이 그녀의 조언이다. 반대로 눈을 내리깔거나 주머니에 손을 넣거나 팔짱을 끼거나 다리를 꼬거나 구부정하게 서 있는 자세는 상대방이나 자기 자신에게 권위가 부족하다는 느낌을 준다. 그녀는 "일단 된다고 말하라"라는 명언을 비언어적 신호에도 적용해야 하며, 그러다 보면 몸짓 언어에 담긴 확신과 자신감이 실제 우리의 마음가짐을 바꿀 것이라고 주장한다.

비언어적 신호는 경우에 따라서는 분명할 수도, 애매할 수도 있다. 몸짓 언어 전문가인 패트릭 웰로브스키Petryk Welowski와 카시아 웰로브스키Kasia Welowski 부부의 주장에 따르면 사람들은 대화를 나눌 때 무의식적으로 '미세 표정Micro Expression'을 지으며, 이 0.5초 가량의 짧은 표정에 가장 진실한 감정이 담겨 있다고 한다.[5] 우리는 비언어적 신호를 통해 감정과 정보를 전달하고 메시지를 강화시키며 피드백을 제공하고 영향력을 행사한다. 즉, 전달하고 싶은 정보를 몸짓 언어로 암호화하여 전송하고, 되받은 정보를 해독하는 것이다.

미국인들은 허리 뒤에서 손을 맞잡는 행동을 자신감의 표현으로 여긴다. 꽉 쥔 주먹에서는 문제 해결에 대한 의지를 읽어내며, 가슴에 손을 얹는 행동은 사랑받고 싶다는 욕구의 표현으로, 삿대질은 공격적이고 오만한 성품의 증거로 해석한다. 손을 비비는 행동은 기대감을, 열 손가락을 맞대는 행동은 자신감을, 주머니에 손을 넣는 행동은 불신 혹은 망설임을 나타낸다고 여긴다. 양손을 포개는 자세는 상처받기 쉽다는 느낌을 주며 양팔을 감싸 안는 행동은 위협감을 느끼고 있다는 것을 나타낸다. 손바닥을 펴고 대화를 나누는 행동에는 상대방에게 진실한 마음을 전달하고 싶다는 의지가 담겨 있다. 대화 중에 눈을 자주 마주치거나 미소를 짓고 웃음을 터뜨리는 행동은 예의 바르고 친근한 사람이라는 인상을 주고, 고개를 끄덕이는 행동은 공감을, 눈을 똑바로 쳐다보는 행동은 신뢰를 암시한다.

물론 몸짓 언어가 나라마다 다른 의미를 갖는다는 사실을 잊어서는 안 된다. 일본인의 미소는 당황이나 혼란, 불편함을 나타내는 신호일 수도 있다. 엄지와 검지로 고리를 만드는 '오케이' 사인은 문화권에 따라 다양한 의미를 나타내지만, 사실 이 손짓을 긍정적인 뜻으로 사용하는 나라는 거의 없다. 이러한 비언어적 신호가 다국적 고객 혹은 동료에게 어떻게 해석될지 확신할 수 없는 상황에서는 가급적 몸짓을 자제하는 편이 좋다.

비언어적 신호를 해석하는 능력을 갖춘다면 기분 좋은 대화를 시작하는 일이 훨씬 덜 불편하게 느껴질 것이다. 우리는 상대방의 몸짓 언어를 보며 언제 다가가야 하는지, 언제까지 내 이야기를 계속하고 언제부터 상대방에게 말할 기회를 줘야 하는지, 상대방이 어떤 순간에 내 이야기에 공감하는지, 언제쯤 대화를 마무리해야 하는지 알 수 있다. 다른 사람과 대화를 나누고 있거나 일, 독서, 식사 등에 집중하고 있는 사람은 누가 봐도 말을 걸기에 적절한 상대가 아니다. 하지만 그가 당신을 보고 미소를 짓거나 눈을 마주치거나 자리에서 일어나거나 고개를 끄덕이거나 흥미롭다는 표정을 짓거나 먼저 말을 걸어온다면 대화를 시작할 준비가 된 것이다.

대화를 나눌 때 유지해야 할 적절한 거리도 문화에 따라 다르다. 미국인들은 상대방과 팔 길이 정도의 거리를 두고 있을 때 가장 편안한 기분을 느끼지만, 이 정도의 거리는 중동이나 남아메리카 사람들에게는 너무 멀고 일본인에게는 너무 가깝게 느껴질 것이다. 생활의 기술을 알려주는 웹사이트 〈스킬스유니드 Skillsyouneed.com〉에 따르면 서양인들은 거리의 기준을 '친밀한 거리, 개인적인 거리, 사교적인 거리, 공적인 거리'의 4가지 종류로

구분한다.[6] 누군가 고의로든 실수로든 이 규칙을 어긴다면 상대
방은 불편한 기분을 느낄 수 있다는 점을 유의하자.

다른 사람과의 적절한 거리

첫째, 친밀한 거리Intimate Distance는 상대방에게 팔을 뻗으면 닿
을 거리인 45센티미터 정도다. 이렇게 가까운 거리에서 대화를
나눌 상대는 개인적으로 친밀한 관계이므로 눈 맞춤을 포함한 비
언어적 신호에 크게 신경 쓸 필요가 없다. 하지만 이 정도로 근접
한 거리에서 직업적인 대화를 시도하면 대부분의 사람들은 사적
인 공간을 침해당했다고 느낄 것이다.

둘째, 개인적인 거리Personal Distance는 45~115센티미터 사이가
적절하다. 친구 혹은 친한 동료와 악수를 나누거나 대화를 나누
기에 좋은 거리다. 관계에 따라서는 다르겠지만 보통 사람들은
가까운 거리에서 인사를 나누거나 자기소개를 하고 대화가 시작
되면 상대방에게서 조금 떨어진다. 그리고 대화가 깊어지면 점
점 다시 가까워진다. 개인적인 거리에서는 상대방의 비언어적
신호를 명확히 읽을 수 있다.

셋째, 사교적인 거리 혹은 직업적인 거리Social or Professional
Distance는 115~335센티미터 사이에서 결정된다. 여기서 거리를
결정하는 가장 큰 기준은 당신의 지위와 역할이다. 프로젝트를
함께 진행하는 동료와 이야기를 나눌 때는 이 범주에서 가장 가

까운 거리를 유지하는 것이 좋지만, 회의를 진행할 때는 가장 먼 거리를 선택하는 편이 훨씬 낫다.

넷째, 공적인 거리Public Distance는 335~425센티미터 사이로 다수를 상대로 연설을 할 때 가장 많이 활용된다. 이렇게 먼 거리에서는 미묘한 표정 변화를 읽기 어렵기 때문에, 대부분의 연설자들은 발언에 힘을 싣기 위해 과장된 몸짓을 사용한다.

대화를 나눌 때 상대방이 당신에게서 얼마나 떨어져 있는지 관찰해보라. 만약 당신이 일부러 다가가거나 멀어진다면 상대방은 무의식적으로 움직여서 가장 편안한 거리를 찾을 것이다. 상대방에게 얼마나 가까이 다가가야 할지 감이 오지 않는다면 사교적·직업적 거리에서 가장 가까운 기준인 115센티미터 정도를 유지하는 것이 좋다.

[23]

상대를 존중한다면
눈 맞춤을 조절하라

IT팀에 새로 합류한 마고는 화려한 경력을 갖추고 있었다. 그러나 반년간 그녀와 함께 일한 동료들의 평가는 그렇게 좋지 못했다. 그녀의 업무 능력에 불평을 하는 사람은 없었지만, 많은 팀원들이 그녀의 의사소통 방식을 마음에 들지 않아 했다. 그녀는 주변에서 다가가기 어렵고 날카로우며 오만하다는 평을 들었다. 사람들은 마고가 컴퓨터나 전화에 집중하고 있을 때 방해하고 싶지 않았지만, 그녀는 언제나 최소한 둘 중 하나에 매달려 있었다. 모든 구성원이 힘을 합쳐야 하는 상황에서 그녀의 태도는 팀의 골칫거리였다.

결국 인사팀의 조세핀 팀장은 마고를 회의실로 불러 이 문제를 함께 논의하기로 결정했다. 만약 마고가 자신의 문제를 알고 있다면 해결책을 찾기도 훨씬 쉬울 터였다. 이윽고 회의실에 도착한 마고는 휴대폰에 시선을 고정한 채 의자에 털썩 앉으며 입을 열었다. "저 왔어요. 왜 부르셨죠?" 조세핀은 그녀에게 동료들의 고민을 들려주며, 의사소통 방식을 개선하기 위해 그녀 스스로 떠올릴 수 있는 방법이 하나라도 있는지 물었다. 여전히 휴대폰 화면에서 시선을 떼지 않은 채 마고가 대답했다. "그거 참 이상하네요. 저는 모든 동료들을 존중했거든요. 왜 그런 얘기가 나왔는지 전혀 모르겠어요." 조세핀은 상황이 예상한 것보다 훨씬 심각할뿐더러, 해결하기도 쉽지 않겠다는 사실을 깨달았다.

상대방의 말을 듣지 않는 태도는 관계를 위태롭게 만든다. 우리는 매 순간 무엇이 가장 중요한지 판단해야 한다. 상식적으로 지금 눈앞에 있는 상대와 스마트폰으로 연결된 상대 중에서 누구에게 집중하는 것이 옳을까? 상대방과 눈을 마주치는 행위는 존중과 관심의 표현일 뿐 아니라 두 사람을 연결시키고 신뢰와 친밀감을 형성해주는 매개체다. 의사나 변호사, 코치는 상대방을 진정시키기 위해, 또는 설득하거나 격려하거나 통제하기 위해 눈 맞춤을 활용한다. 이들이 상대방과 시선을 마주치지 못한다면 업무를 제대로 맡아나갈 수 없을 것이다.

눈 맞춤의 빈도와 그 의미는 문화에 따라 크게 다르다. 아시아 문화권에서는 아랫사람이 윗사람의 눈을 똑바로 쳐다보는 것을 무례한 행동으로 여긴다. 아프리카나 라틴아메리카 사람들은 눈을 바라보는 행위를 반감이나 저항의 표시로 인식한다. 아랍 세계의 남성들은 눈을 마주보고 대화하는 데 익숙하지만, 남녀 사이의 눈 맞춤은 적절하지 못한 행동으로 여긴다. 영국인들은 미국인들보다 눈을 덜 마주치고, 남부 유럽 사람들은 더 자주 마주친다. 다양한 문화권 출신의 동료들에게 의도치 않은 실례를 범하고 싶지 않다면 이러한 차이점을 미리 알아두는 편이 좋다.

국적을 떠나 세상에는 눈 맞춤을 어렵게 생각하는 사람들이 있다. 어떤 이는 시선을 마주하는 것을 불편하게 여기고, 어떤 이는 두렵게 여긴다. 기본적으로 대화를 나눌 때 눈을 마주치는 것은 굉장히 중요한 매너이지만 상대의 개인적인 성향도 배려하는 태도가 필요하다.

눈 맞춤 훈련법

시선을 들되 상대방의 몸을 바라봐서는 안 된다. 눈빛에 친근함이나 개인적인 감정을 담지 말고 프로다운 시선으로 상대의 눈을 바라보아라.

대화를 할 때는 5초에서 7초 정도 시선을 마주한 뒤 잠깐 다른 곳을 보고 다시 눈을 마주치는 패턴을 반복하는 것이 좋다. 그러면 상대를 의도적으로 관찰한다는 인상을 주는 대신 순수하게 대화에 집중한다는 느낌을 전달할 수 있다. 만약 눈을 직접적으로 쳐다보는 것이 조금 부담스럽다면 이마 아래쪽이나 콧날을 바라보아도 된다.

대화 시간의 절반 정도는 눈을 마주쳐라. 만약 직접 말을 하지 않고 상대방의 말을 듣는 상황이라면 눈 맞춤 시간이 절반보다 더 길어져도 상관없다. 눈을 마주치는 시간이 너무 길면 공격적이라는 인상을 줄 수도 있고, 반대로 너무 짧으면 소심한 사람으로 비칠 것이다.

연습하고 또 연습하라. 아주 가까운 친구나 가족부터 시작하여 점차 지인이나 마트 계산원, 식당 종업원들과 시선을 마주치는 데 익숙해져라. TV 속의 뉴스 진행자나 심지어 반려동물도 눈 맞춤 훈련을 하는 데 큰 도움이 된다.

막힘 없이 비즈니스 대화를
이어가는 기술

가수인 대럴은 백악관에서 대통령을 위해 공연해달라는 초청을 받았을 때 뛸 듯이 기뻤다. 동행인을 데려와도 좋다는 주최측의 말에 가장 먼저 생각난 사람은 그의 오랜 친구이자 지역 정당에서 몇 년째 활동하고 있는 돈이었다. 돈은 대통령과 같은 정당 소속도 아니고 열렬한 지지자도 아니었지만 백악관에 방문할 기회를 놓치지 않고 대럴의 제의를 기분 좋게 받아들였다.

행사 날 저녁, 돈은 대통령을 만나기 위해 모여든 사람들을 보며 태어나서 이렇게 흥분한 어른들을 보기는 처음이라고 생각했다. 이윽고 대통령이 도착했다. 그는 방문객들에게 한 명 한 명 말을 걸었고, 돈의 차례가 되었을 때도 온전히 집중해서 대화를 나누었다. 대통령이 방문객 정보를 미리 보고받는다는 사실은 알고 있었지만, 그가 자신과 같은 학교 출신이라는 사실을 먼저 언급하며 까다로운 교수님이 기억나지 않느냐고 물었을 때 돈은 깜짝 놀랐다. 그는 대통령이 말한 교수님을 기억했고, 두 사람은 그분이 얼마나 까다로웠는지 떠올리며 웃음을 터뜨렸다. 그들이 함께한 시간은 고작 몇 분에 불과했지만, 행사장에 남은 돈은 자신이 잠시나마 대화의 달인과 대화를 나누었다는 사실에 일종의 경외심을 느꼈다.

대화의 달인들은 기본적으로 예의 바르다. 그들은 이미 대화 중인 무리에 다가가서 자연스레 끼어드는 방법을 알고 있다. 물 흐르듯 자기소개를 하고 다른 사람들을 대화에 참여시킬 줄도 안다. 상황에 맞는 주제를 제시할 줄 알고, 대화가 조금이라도 불쾌하거나 부정적인 방향으로 흘러가면 흐름을 적절히 조정할 줄도 안다. 그들은 한 주제에서 다른 주제로 매끄럽게 넘어가는 방법을 알고, 적절한 타이밍에 유머를 던질 줄도 알며, 대화가 끊기거나 누군가 말실수를 저지르는 등 곤란한 순간이 찾아와도 당황하지 않고 상황을 수습한다. 상대방의 말에 한결같은 흥미를 보이며 언제나 경청하는 태도를 잃지 않는다. 언쟁을 하거나 남의 말을 끊거나 무례하게 정정하는 행동은 결코 하지 않는다. 마지막으로, 그들은 한 무리와의 대화를 마무리하고 다른 무리로 넘어갈 타이밍을 놓치지 않는다.

상대방을 사로잡는 대화의 기술

몇 마디의 말로도 상대방에게 호감을 받고 싶다면 무엇보다도 예의 바른 태도를 보여라. 당신이 집중해야 할 대상은 디지털 기기가 아니라 대화를 하고 있는 상대방이다. 한 사람과 대화를 나누면서 더 중요하거나 재미있어 보이는 상대가 있는지 방 안을 둘러보는 것은 무례한 행동이다. 지금 이 순간의 대화에 온전히 몰입하라.

또한 누군가 당신을 초대해준다면 더없이 편하겠지만, 그러지 않더라도 이미 대화 중인 무리에 끼는 것을 두려워할 필요는 없다. 무리 중 한 명과 눈을 맞추고 미소와 함께 악수를 청하며 말을 건네라. "안녕하세요. 존 스미스라고 합니다." 당신이 초대받은 행사에서 다른 사람 혹은 무리에게 다가가서 말을 거는 행동을 사과할 필요는 전혀 없다. 당신은 의무를 다하고 있을 뿐이다.

대화에 앞서 먼저 자기소개를 하라. 대화에 능한 사람은 자기소개를 부끄러워하지 않는다. 자신을 알릴 때는 진심에서 우러나온 미소를 지으며 상대방과 눈을 마주치고, 따뜻하되 땀에 젖지 않은 손을 내밀면서 이름과 성을 말하면 된다. 사교적인 행사에서는 나이와 성별을 기준으로 소개의 순서가 정해진다. 보통은 여성에게 남성을, 나이 든 사람에게 젊은 사람을 소개하는 것이 일반적이다. 이런 자리에서 소개를 맡았다면 이렇게 말하면 된다. "애덤스 부인, 제가 필립 씨를 소개해드려도 될까요?" 하지만 직업적인 자리라면 나이나 성별보다 직급이 중요한 요소이므로, 권위나 직급이 높은 사람에게 낮은 사람을 소개하는 것이 보통이다. 이럴 때는 인물의 이름만 바꿔서 이렇게 말하면 된다. "존 씨, 우리 회사의 대표인 앤 사장님을 소개해드립니다. 앤 사장님, 이쪽은 고객인 존 씨예요." 고객에게 대표를 먼저 소개하는 이유는 기업의 세계에서는 고객이 사장이나 회장을 포함한 회사의 어떤 직급보다 높은 지위에 있기 때문이다. 고객이 없으면 회사가 존재할 수 없으니까.

소외되는 사람이 없도록 말을 하지 않는 사람도 포함하여 모든 사람과 눈을 맞춰라. 시선을 받은 상대방은 무리에 속해 있다는 소속감을 갖게 되며, 어쩌면 대화에 참여하고 싶다는 의욕이 생길지도 모른다. 그들에게 행사에 참여한 계기를 묻거나 지금 대화 중인 주제에 대한 생각을 묻는 것도 좋다.

대화에 익숙한 사람은 자기소개가 끝난 후 몇 초만 침묵이 흘러도 분위기가 어색해진다는 사실을 알고 있다. 소개를 마치면 미리 준비한 주제 쪽으로 자연스럽게 화제를 돌려라. 특히 일대일 대화라면 당신에게 분위기를 이끌어갈 책임이 적어도 50% 이상 존재한다. 날씨나 스포츠, 행사 장소에 대한 감상처럼 이미 효과가 증명된 주제는 좋은 선택이지만, 종교나 정치, 사람의 성향처럼 자칫 민감할 수 있는 주제는 피해야 한다. 가능하다면 창의적인 화두를 떠올려라. 엘리너 루스벨트Eleanor Roosevelt는 대화를 시작할 때 알파벳 머리글자를 활용해서 그때그때 다른 질문을 만들곤 했다. 가령 "예술(Art)에 관심이 있으신가요?" "야구(Baseball) 좋아하세요?"라고 묻는 식이다. (아마도 고양이(Cat), 강아지(Dog) 등이 뒤를 이었을 것이다.) 이렇게 가벼운 질문은 대화 중에 찾아온 어색한 침묵을 자연스레 해소해준다.

상대방이 말실수를 했을 때는 못 들은 척하고 넘어가는 것이 최선이다. 하지만 그럴 수 없는 상황이라면 이렇게 말하라. "괜찮아요. 저도 항상 그러는 걸요!" 실수를 한 사람은 당신의 배려에 감사할 것이고, 당신은 재빨리 다음 화제로 넘어갈 수 있게 된다. 실수를 저지른 쪽이 당신이고 상대방이 눈치채지 못했을 때도 역시 똑같은 전략을 사용하라. 그럴 수 없다면 사과를 하거나 웃음을 터뜨린 후 그 화제에서 재빨리 벗어나라.

부적절한 화제가 나오면 즉시 나서서 조율하라. 대화가 부적절한 방향으로 흘러갈 때는 그 이야기를 꺼낸 사람을 포함해 다른 사람들을 당황시키지 않으면서 상황을 바로잡고 분위기를 누그러뜨릴 사람이 필요하다. 가능하다면 그 이야기를 못 들은 척하고 대화의 흐름을 바꾸는 것이 좋다. 하지만 때로는 보다 직접적으로 얘기해야 할 때도 있다. 그럴 때는 "우리 다른 얘기를 하면 어떨까요?" "죄송하지만, 저는 동의하지 않습니다" "지금 그 이야기를 하는 건 적절하지 않은 것 같네요" 등의 표현을 사용하여 화제를 중단시켜라. 그리고 새로운 주제를 꺼내거나 다른 무리로 이동하라.

아무리 대화가 즐겁더라도 상대방을 독점하려 들면 안 된다. 주제나 상대방에 따라 조금씩 달라지겠지만, 기본적으로 5분에서 7분이 지나면 슬슬 자리를 이동할 준비를 해야 한다. "당신과 이야기하게 돼서 정말 즐거웠어요" "즐거운 저녁 보내세요" "다시 만나면 좋겠네요" 등의 인사로 자리를 마무리하라. 상대방이 당신과 좀 더 함께 있고 싶다고 생각할 때 떠나는 것이 대화를 너무 오래 끌어 상대를 피곤하게 하는 것보다 훨씬 낫다.

대화의 달인이 되는 길을 걷다 보면 시행착오를 겪을 수밖에 없다. 하지만 민망한 상황을 몇 번 겪을지언정 포기하지 말고 계속 도전하라. 당신이 이름을 잘못 말하거나 단어를 잘못 발음했다고 해서 신경 쓰는 사람은 거의 없다. 사실은 상대방도 당신에게 좋은 인상을 남기고 싶어서 전전긍긍하고 있을 것이다.

[25]

듣기 싫은 목소리,
듣기 싫은 말투

샬럿은 누구보다 뛰어난 일정 관리 능력을 자랑했다. 로펌 파트너의 수석 비서인 그녀는 상사의 일정표를 꼼꼼하게 살피며 그가 꼭 챙겨야 할 일들을 우선순위별로 정리하고 회의나 출장 일정을 조율하며 걸려오는 전화 혹은 방문객을 적절히 걸러냈다. 정보를 검색해서 엑셀에 정리하고 회의록을 작성하고 지출 보고서와 대금 청구서를 꾸미고 식당 예약을 하고 기념품을 구입해서 발송하는 것도 모두 그녀의 업무였다. 상사의 요청을 받으면 사건에 대한 의견이나 조언을 제시하기도 했다. 그중에서도 그녀가 맡은 가장 큰 책임은 사내의 모든 행정 직원들을 통솔하는 업무였다.

일과 관련된 샬럿의 단점은 딱 하나였다. 그녀는 전화 매너가 형편없었다. 목소리에서 친절함이라곤 찾아볼 수 없었고 태도에서는 거만함이 배어나왔다. 직원들을 무시하는 것은 말할 필요도 없고 고객이나 이사회 멤버들조차 불친절하게 대했으며 거래처에는 무리한 요구를 하고 광고 전화는 무례하게 끊어버렸다. 그녀는 가장 기분이 좋을 때조차 고압적인 말투를 사용했고, 행여 상대방이 자신의 귀중한 시간을 낭비한다는 생각이 들면 즉시 언성을 높이며 화를 냈다. 물론 상사가 근처에 있을 때에는 결코 이런 모습을 보이지 않았다.

하지만 그러던 어느 날, 그녀의 상사가 예고 없이 사무실에 다시 들렀다가 우연히 그녀의 통화 내용을 듣게 되었고, 그날이 샬럿이 수석 비서로 근무하는 마지막 날이 되었다.

말에 담긴 내용보다 훨씬 중요한 것이 그 말을 전달하는 방식이다. 목소리 톤을 들으면 그 사람이 이 화제에 자신감이나 열정, 존중, 흥미를 가지고 있는지 아닌지를 대번에 알 수 있다. 메시지를 표현하는 방식에 주의를 기울이지 않으면 의미가 잘못 전달될 확률이 높고, 자칫 잘못하면 당신의 퍼스널 브랜드에 흠집이 생길 수도 있다. 평상시에 말을 하는 습관 또한 중요한 역할을 한다. 당신은 목소리가 높은 편인가, 아니면 낮은 편인가? 빠르거나 느린 말투, 크거나 작은 목소리 중에서 어떤 패턴을 가지고 있는가? 혹시 메시지의 핵심에 단번에 접근하는 대신 사족을 붙이고 에둘러 표현하느라 말이 너무 길어지지는 않는가? 지금껏 말하는 방식에 대해 한 번이라도 피드백을 들은 적이 있다면, 상대방에게 감사하는 마음을 가지고 그 조언을 진지하게 받아들여야 한다.

사람들은 가끔 피드백을 받고도 그 사실을 미처 깨닫지 못한다. 대화를 하던 중에 조금만 천천히 말해달라거나 목소리를 키워달라는 부탁을 들은 적이 있는가? 당신이 한 얘기를 상대방이 자꾸만 되묻는 경험을 한 적이 있는가? 당신이 문장을 끝낼 때마다 다른 사람들이 단어나 표현을 보충해주지는 않는가? 목소리를 조금만 줄여달라는 부탁을 받거나 조용히 말하라는 손짓을 보는 일이 잦지는 않은가? 이런 신호를 자주 받는다면 말하는 방식을 조금은 손볼 때가 온 것이다.

지나치게 작은 목소리는 당신이 소심한 성격이거나 지금 전달하려는 메시지를 확신하지 못한다는 인상을 준다. 지나치게 큰 목소리는 상대방에게 위압감을 느끼게 한다. 말이 너무 빠르면 초조하거나 지나치게 흥분했거나 신중하지 못한 느낌을 주고, 핵심에 바로 접근하는 대신 사족을 덧붙이는 버릇은 자칫 당신을 자기 이야기에 도취된 사람으로 비치게 한다.

이러한 습관은 상대방에게 짜증과 실망, 불안을 안겨주는 만큼 즉시 고치려고 노력해야 한다. 개중에는 바꾸기 쉬운 습관도 있고, 상대적으로 떨쳐내기 어려운 습관도 있다. 하지만 능숙한 의사소통 기술이 성공을 위한 필수 조건이라는 사실을 감안할 때, 최선을 다해 말하는 방식을 개선하려고 노력할 가치가 충분하다.

필요하다면 전문가의 도움을 받는 것도 좋다. 목소리 코칭이나 대중 연설 코스, 즉흥 대화 레슨은 빠른 시일 내에 당신의 습관을 개선해줄 것이다. 퓰리처상을 수상한 칼럼니스트 윌리엄 래스베리William Raspberry는 이렇게 말했다. "언어를 말과 글로 올바르게 표현하는 능력은 대학 졸업장보다 훨씬 많은 기회를 열어준다. 반대로 말과 글을 사용하는 능력이 형편없다면 미처 존재하는지도 몰랐던 기회의 문조차 굳게 닫히고 만다."

올바른 단어 선택도 중요하다. 현대에는 감사를 드러내거나 예의를 갖추는 표현이 지나치게 생략되는 경향이 있다. 오늘날 많은 사람들이 "천만에요(Your Welcome)" 대신 "문제없어(No Problem)" "응(Yup)" "그래(Uh-huh)"라고 대답한다. "죄송해요(I'm Sorry)"는 어깨를 으쓱하는 몸짓이나 "그럴 수도 있지(Oh Well)" "어쩌라고(What ev)" 등의 표현으로, "안녕하세요(Hello)"나 "좋은 아침이에요(Good Morning)"는 "이봐(Hey)" "요즘 어때?(How's it goin'?)" "잘 살지?(S'up?)"라는 말로 대체되었다. 물론 규범을 결정하는 가장 중요한 요소는 집단의 문화이므로, 만약 당신이 저렇게 말하는 동료들에 둘러싸여 일하고 있다면 똑같은 언어를 사용해도 상관 없다. 하지만 보통 직업과 관련된 자리에서는 보다 정중한 말투를 사용하는 것이 일반적이고, 특히 새로 만난 사람이나 다시 마주칠 가능성이 희박한 사람, 외국에서 온 사람 등을 상대할 때는 더더욱 격식을 갖춘 표현을 사용해야 한다. 어떤 말투를 써야 할지 감을 잡을 수 없는 상황이라면 전통적인 규범에 맞게 "안녕하세요?" "감사합니다" "죄송합니다"라고 목청껏 얘기하는 것이 최선의 선택이다.

외국에서 온 사람과 대화를 나눌 때는 "네"라는 비교적 명확한 대답을 들었다고 해도 그 의미를 섣불리 확신하지 않는 것이 좋다. 가령 일본과 같은 나라에서는 "아니요"라고 말하는 것 자체를 무례하다고 여긴다. 일본 사람과 대화를 나눌 때 상대방이 "하이(네)"라고 대답했다면, 그 사람이 당신의 말을 듣고 이해했다는 뜻이지 동의한다는 뜻은 아닐 수도 있다.

마크 트웨인Mark Twain은 "적절한 단어와 거의 적절한 단어의 차이는 번개의 빛과 반딧불이의 빛만큼이나 다르다"라는 명언을 남겼다. 단어를 신중하게 고르고, 책임질 수 있는 말만 내뱉어라. 단어의 뜻과 발음을 정확히 인지하고 문맥에 맞게 적절히 배열하라.

당신이 사용하는 표현은 당신의 브랜드를 구성하는 중요한 요소다. 너무 진부한 단어나 용어, 틀에 박힌 문구는 사용하지 않는 것이 좋다. 가령 '접촉하다' '회신하다' '심층적으로 분석하다' '가치를 부여하다' '제공 가능하다' '시너지를 내다' '손쉬운 목표' '역량' 등의 표현은 너무 고루한 느낌을 준다. 최신 유행어를 섞어 대화에 재미를 더하고 싶은 욕심도 가능한 한 억눌러라. 유행어는 프로답지 않은 느낌을 줄 뿐 아니라 특정한 집단에 속하지 않은 사람이 이해하기 어렵고, 몇 달만 지나도 구식이 된다. 그래도 최소한 요즘 유행하는 말들을 확인하고 상대방이 말했을 때 이해하고 싶다면 인터넷에서 검색해보면 된다. '신호'나 '쓰다'와 같은 쉬운 단어를 쓸 수 있는데도 굳이 '신호체계'나 '활용하다' 등의 어려운 표현을 쓰는 것도 좋지 못한 습관이다.

《파이낸셜타임스》의 칼럼니스트 루시 캘러웨이Lucy Kellaway가 매년 발표하는 「최악의 직장 용어」 목록을 참고하여 사용할 단어나 문구를 신중하게 고르자. 그녀가 '애매하고 난해할 뿐 아니라 못생기기까지 한 용어들이 가장 많이 탄생한 해'로 꼽은 2015년에는 다음과 같은 표현들이 생겨났다. 먼저 명사를 동사처럼 뒤바꾼 '노고하다(To Effort)' '언어하다(To Language)' '중요화하다(To Front Burnerize)' 같은 단어들이 사용되기 시작했고, '성과가 낮은 직원들을 환기시킨다(Ventilize the Underperformers, '해고한다'는 뜻)' '유선상으로 진행하는 쌍방 회의(Bilateral Telephonic Meeting, '전화 통화'라는 뜻)' '자네의 퍼스널 브랜드를 지켜보는 눈들에 유의하게 (Be careful of the optics of your personal brand, '셔츠를 안으로 집어넣으라'는 뜻)' 같은 애매한 표현을 사용하는 사람들이 생겨났다.[7]

항상 올바른 맞춤법을 사용하려는 노력도 게을리해서는 안 된다. 동료가 '되'와 '돼'를 헷갈리거나 '연애'와 '연예'를 잘못 사용한다면 기본적인 맞춤법도 모르는 사람이 어떻게 대학을 졸업하고 취업까지 했는지 궁금해질 것이다.

프랜 앨스턴Fran Alston은 《CNN아이리포트CNN iReport》에 실린 기사 「인터넷 용어의 영향으로 퇴보하는 요즘 세대의 문법과 글쓰기 능력」에서 디지털 기기로 소통할 때 주로 사용되는 인터넷 용어가 어휘부터 문장구조, 구두점, 문체, 형식까지 문법에 전반적으로 악영향을 끼치고 있다고 주장했다. "학자들 사이에서는 인터넷 용어 남용이 언어의 핵심인 문법 구조에 위협을 가한다는 우려가 퍼져나가고 있다."[8]

디지털 기기를 통한 문자 대화에서 주로 사용되던 인터넷 용어가 최근에는 말로 하는 일상 대화에까지 침투하기 시작했다. 밀레니얼 세대가 흔히 사용하는 줄임말이나 두문자어는 나이 든 선배들을 적잖이 당황하게 한다. 만약 널리 쓰이는 인터넷 용어의 의미를 확인하고 싶은 사람이 있다면 인터넷 전문가 폴 길Paul Gil이 제공하는 「2016년 초보자가 꼭 알아야 할 인터넷 용어 30개」

목록을 참고하라.[2] 코넥신Connexin.net이나 온라인슬랭딕셔너리 Onlineslangdictionary.com, 슬랭Slang.org 같은 사이트도 꽤 도움이 된다. 디지털 이민자들 입장에서는 젊은 후배들이 자주 쓰는 말을 이해하는 것만으로도 의사소통을 할 때 자신감을 얻을 수 있다. 디지털 원주민 후배들은 나이 많은 선배들이 낯선 용어에 익숙해질 때까지 인내심을 갖고 기다리는 태도를 가져야 한다.

발음이나 사투리 억양 또한 구두로 메시지를 전달할 때 신경 써야 할 부분이다. 단어 하나하나를 분명하게 발음하는 동시에 무의미한 연결어구(음, 있잖아요, 그러니까, 아시다시피 등) 사용을 조금만 줄여도 훨씬 정확하게 의미를 전달할 수 있다. 사투리 억양 또한 소홀히 넘기면 안 된다. 만약 다른 사람이 당신의 사투리를 알아듣지 못하는 정도라면 강한 억양을 최대한 누르거나 가능한 한 없애려고 노력해야 한다.

어떻게 하면 사투리 억양을 고칠 수 있을까? 답은 간단하다. 뉴스 앵커들의 말투를 따라하면 된다. 그들의 직업은 최대한 많은 시청자들에게 정보를 전달하며 신뢰를 얻는 것이고, 이 목표를 달성하기 위해서는 조금의 지역색도 담기지 않은 말투로 뉴스를 전달해야 한다. 앵커와 똑같은 억양으로 대사를 따라하려고 노력하라.

욕설이나 남을 험담하는 표현은 말할 필요도 없이 말하는 사람의 이미지를 깎아먹는다. 욕설을 내뱉는 사람은 성숙하지 못할 뿐 아니라 자제력 혹은 지적 능력이 낮다는 인상을 준다. 상스러운 표현 중에서도 특정한 성별이나 종교, 문화에 속한 사람들이 위협을 느낄 수 있는 말들은 자칫 심각한 문제로까지 번질 수 있다. 업계에 따라서는 거친 표현에 상대적으로 관대한 회사도 있겠지만, 일반적으로 상스러운 언어 습관은 한 개인의 브랜드에 전혀 도움이 되지 않으며, 경력에도 악영향을 미친다.

[26]

가장 중요한 경청의 기술

수요일 아침 여덟 시, 조이는 애틀랜타에 위치한 회사에 출근했다. 때마침 일본에 출장 중인 그녀의 상사 매리언에게서 전화가 걸려왔다. "왜 이런 시간에 전화를 하신 거지? 지금 도쿄는 오후 아홉 시잖아!" 조이가 나지막이 중얼거렸다.

그러나 순간 그녀의 등줄기에 식은땀이 흘렀다. 매리언이 전화를 하는 이유가 이번 주 금요일에 있을 회의 자료에 대해 상의하기 위한 것이고, 자신이 그 자료를 보내지 않았다는 사실이 번개처럼 머리를 스쳤기 때문이다. 그녀의 상사는 지난 주 출장을 떠나면서 조이에게 클라이언트에게 전달할 제안서 열 부와 작은 기념품을 챙겨서 페덱스로 발송하라는 지시를 내렸다. 서류와 기념품은 애초에 매리언이 가지고 갈 물건들이었지만, 회의까지 시간이 열흘이나 남아 있으니 국제 택배로 발송하는 편이 효율적이라고 판단한 그녀가 막판에 생각을 바꾼 것이다.

매리언의 출발 전 준비 사항을 챙기느라 정신이 없던 조이는 그녀가 떠난 뒤 챙겨야 할 긴 업무 목록을 어차피 나중에 처리해도 될 문제로 여기고는 한 귀로 듣고 한 귀로 흘렸다. 이제 회의까지는 이틀밖에 남지 않았고, 지금부터 제안서와 기념품을 준비해서 발송한다 해도 도쿄까지 제시간에 도착하기란 불가능했다. 호흡을 가다듬고 전화기로 손을 뻗으면서도 그녀는 이미 너무 늦었다는 생각을, 상사의 지시를 더 집중해서 들었어야 했다는 생각을 떨칠 수가 없었다. 이제 와서 매리언에게 뭐라고 설명한단 말인가? 그녀는 비참한 기분으로 수화기를 들었다.

경청은 한 사람이 다른 사람에게 줄 수 있는 귀하고도 값진 선물이다. 우리는 진심으로 귀를 기울이는 상대방에게 신뢰를 느끼고 진솔한 감정을 드러내며 생각을 정리하고 새로운 관점을 얻는다. 경청하는 사람이 얻는 이익 또한 상당하다. 상대방의 말을 제대로 들으면 정보를 보다 깊이 이해하고 실수를 줄이며 사기를 높이고 시간을 아낄 수 있다. 당신의 평판을 높이고 승진 가능성을 높여준다. 이 정도면 거의 마법의 주문 수준이다. 그런데도 어째서 사람들은 남의 말을 제대로 듣지 않는 것일까?

이 질문에 대해서는 인간의 주의력 지속 시간이 8초 안팎으로 한정되어 있다는 연구 결과가 부분적인 대답이 될 것이다. 게다가 인터넷 등의 매체에 집중력을 소모하느라 자기 생일도 제대로 기억하지 못하는 현대인들이 다른 사람의 말을, 그것도 세세한 부분까지 기억하기란 쉽지 않다. 주의 지속 시간은 보통 디지털 기기 사용 시간에 반비례하여 줄어든다.

인간은 멀티태스킹이 가능하다는 근거 없는 믿음도 경청에 악영향을 미친다. 많은 사람들이 상대방의 말을 들으면서 동시에 다른 일들을 효과적으로 병행할 수 있다고 생각한다. 하지만 인간이 실제로 멀티태스킹을 할 수 있다는 근거는 전혀 없다. 존 메디나John Medina는 저서 『브레인 룰스』에서 이렇게 주장하고 있다. "인간의 뇌는 집중할 대상을 한꺼번에 하나씩 연속적으로 바꿔간다. …(중략)… 좀 더 직접적으로 얘기하자면, 인간이 멀티태스킹을 할 수 없다는 사실이 이미 연구로 입증되었다."[10] 멘토 웍스Mentor Works Ltd.에서 마케팅 애널리스트로 근무하는 라이언 위버Ryan Weaver는 "흔히 '멀티태스킹'이라고 불리는 행위를 가리키는 보다 적절한 용어는 '작업 전환Task-Switching'이며, 뭐라고 불리든 이러한 생각은 환상에 불과하다"라고 말한다.[11] 사람들이 여러 가지 일을 한 번에 처리하려고 하면 생산성은 떨어지고 실수할 확률은 높아진다. 덤으로 인간관계도 위태로워진다.

짧은 주의력 지속 시간과 멀티태스킹에 대한 환상, 그리고 한정된 시간이라는 세 가지 요소가 한데 모인 현대 사회에서 상대방의 말에 온전히 귀를 기울이는 것은 아무리 낙관적으로 생각해도 쉽지 않은 일이다. 여기에 대부분의 사람들이 자신에게 직접적 영향을 미치지 않는 이야기에는 큰 관심이 없다는 사실이 더해지면 경청은 더더욱 불가능에 가까워진다. 하지만 그럼에도 우리는 반드시 경청을 해야 하며, 이 기술을 습득하기 위해서는 진심 어린 노력이 필요하다.

경청은 자기 자신의 감정을 잠시 옆으로 밀어두고 상대방의 생각과 감정에 온전히 흡수되는 행위다. 그렇다고 해서 상대방의 의견에 반드시 동의해야 하는 것은 아니다. 때로는 귀 기울여 듣는 것만으로도 충분하다. 경청이란 상대방에게 온전히 집중하고 더 많은 이야기를 이끌어내며 상대방의 감정에 공감하고 최선을 다해 그를 돕겠다는 태도를 내비치는 것이다. 이따금씩 당신이 들은 이야기를 정리해서 다른 말로 바꾸어 표현하면 상대의 이야기를 잘 듣고 제대로 이해했다는 신호를 줄 수 있다. 경청하는 사람은 대화의 흐름을 일방적으로 끌고가지 않는다. 대신 상대방의 이야기와 감정에 몰두하고, 적절하다고 판단했을 때에 한하여 대답이나 의견, 해결책을 제시한다.

진심으로 경청하는 법

집중을 방해하는 요소를 없애고 대화 상대방에게 온전히 집중하라. 컴퓨터 모니터를 끄고 휴대폰은 무음 모드로 바꾼 뒤 말하는 사람을 정면으로 바라보아라. 필요하다면 다른 방해 요소를 최소화하기 위해 조용한 공간으로 자리를 옮기는 것도 괜찮다.

대화 중에는 상대방의 이야기를 섣불리 판단하거나 말을 끊거나 단어를 보충하거나 주제를 바꾸거나 대화를 주도하려고 들지 말라. 그리고 말하는 사람과 감정적으로 연결된 상태를 유지하는 동시에 당신이 그의 이야기에 흥미와 공감을 느낀다는 사실을 알려야 한다. "정말? 그래서 어떻게 됐어?" "솔직히 말해줘서 정말 고마워"처럼 대화의 문을 여는 표현으로 상대를 격려하라. "정말 재미있었겠다!"(혹은 무서웠겠다, 혼란스러웠겠다, 당황스러웠겠다 등)라는 반응은 상대방과 공감대를 형성하고 있다는 느낌을 준다. 끄덕임이나 미소, 찌푸림, 놀라거나 기쁜 표정 등 다양한 비언어적 신호 또한 적극적인 공감의 표현이 될 수 있다.

끝까지 신중한 태도를 유지하라. 입이 가벼우면 손해를 보기 쉽다. 생각 없이 내뱉은 한마디가 당신의 사업과 경력, 재산을 위태롭게 할 수 있다. 신뢰를 저버리면 하루아침에 프로답지 못하고 비열한 인간으로 낙인찍힌다. 반면 당신이 신뢰할 수 있는 사람이라는 사실을 증명하면 친구와 동료가 생기고 평판이 올라가며 성숙하고 믿음직한 사람이라는 이미지를 얻을 수 있다.

경력이 쌓일수록 명확하면서도 세심하게 의사소통을 해야 하는 상황과 자주 마주치게 된다. 이때 강력한 소통 능력을 갖추지 못했다면 성장을 기대하기 어려워진다. 워런 버핏Warren Buffet이나 리처드 브랜슨Richard Branson, 마크 저커버그Mark Zuckerberg, 오프라 윈프리Oprah Winfrey는 각기 다른 길을 통해 성공에 이르렀지만 모두 뛰어난 소통 능력을 지녔다는 공통점을 지녔다. 그들은 제각기 대화에 참여하는 법, 비언어적 신호를 보내고 받는 법, 경청하는 법에 대한 자신만의 비결을 가지고 있다.

[27]
변하지 않는 당신만의
습관을 만들어라

"세상에, 이게 또 잘못 배달됐잖아!" 시내에 위치한 커다란 인쇄소의 사장 겸 관리자인 매트가 오랜 시간 함께 일한 점원 레슬리의 귓전에 대고 외쳤다. 손님들 귀에 들리도록 큰 목소리였다. 매트는 하루 종일 밀려드는 주문 외에도 여러 가지 업무를 맡아 관리하고 있었다. 그는 잡생각이 끼어들 틈이 없도록 바쁘게 일하는 것을 좋아했다. "바쁜 건 사업이 잘 돌아가고 있다는 뜻이야. 그리고 나는 일이 정말 좋거든." 그가 항상 입에 달고 사는 소리였다.

하지만 최근 그는 사업상 거래 관계에 있는 배달 업체 '위딜리버WeDeliver' 때문에 골머리를 앓고 있었다. 지역에 다른 배달 회사가 없기 때문에, 매트는 몇 년 동안 그 업체에 어마어마한 양의 일거리를 맡겨왔다. 문제는 위딜리버 직원들의 퇴사율이 너무 높다는 데 있었다. 특히 자전거 배송을 담당하는 직원들은 툭하면 회사를 그만두었다. 그러다 보니 자연히 자전거 배송은 언제나 갓 입사한 초짜 직원들이 도맡았고, 상품이 분실되기도 하고 누락되거나 손상되거나 늦어지는 일이 부지기수였다. 매트는 지금까지 배달 서비스 때문에 화가 난 고객들의 전화를 수없이 받아야 했고, 평판을 잃지 않기 위해 환불을 해주거나 무료로 제공해준 상품만 해도 셀 수 없을 지경이었다.

물론 매트 또한 배달 업체에 여러 번 항의를 했었다. 위딜리버의 사장은 그때마다 앞으로 더 나은 모습을 보여주기로 약속했지만, 일주일도 지나지 않아 불만 가득한 고객의 전화와 함께 똑같은 문제가 반복되기 일쑤였다. 지역 전체에 다른 배달 업체가 하나도 없는 상황에서 거래처를 바꾸겠다는 협박은 아무런 소용이 없었다. 매트로서는 위딜리버가 더 이상 자신의 항의를 전혀 심각하게 받아들이지 않는다고 생각할 수밖에 없었다.

그는 오늘도 이번 주에만 벌써 두 번째, 이번 달에는 다섯 번째, 올해 안으로 치면 몇 번째일지 모를 항의 전화를 걸고 있었다. 그의 목소리에는 짜증과 불만이 가득했다. 잠시 후 차분하고 성실한 성품으로 그와 오랜 시간 함께 일해온 레슬리가 조용히 다가와서 한 가지 아이디어를 제안했다. 그녀는 같은 문제가 얼마나 오랫동안 지속되고 있는지 차근차근 설명한 뒤 조심스레 자기 생각을 밝혔다. "우리가 따로 배달 직원을 뽑으면 어떨까요?"

메리엄 웹스터Merriam-Webster 사전은 '불변의 진리'를 '언제까지나 유효한 것'이라고 정의하고 있다. 이 표현은 보통 소크라테스Socrates나 아리스토텔레스Aristotle, 르네 데카르트René Descartes처럼 역사적, 문화적으로 업적을 인정받는 위대한 인물들이 남긴 말 중에서 긴 세월의 흐름을 이겨내고 살아남은 명언을 일컬을 때 사용된다. 가령 아리스토텔레스는 이렇게 말했다. "우리가 반복적으로 하는 행동이 곧 우리 자신이다. 그렇다면 탁월함은 행동이 아닌 습관이다." 조지 워싱턴Georgy Washington 미국 초대 대통령이 쓴 『예의의 규칙』에도 시간을 관통하는 귀중한 조언들이 담겨 있다. 워싱턴 대통령은 예수회 교사들이 쓴 교본에서 영감을 받아 그 내용을 베껴서 들고 다니며 평생 동안 일과 삶의 지침으로 삼았다고 한다.

『예의의 규칙』에는 다음과 같은 행동 수칙이 담겨 있다. "냄새 나거나 찢어지거나 먼지가 묻은 옷을 입지 말고, 하루 한 번 이상 솔질을 하며, 더러운 곳에 가까이 가지 않도록 항상 주의하라." [12] 해석하자면 이렇다. 차림새와 몸단장은 아주 중요하다!

현대의 비즈니스 세계에도 불변의 진리가 존재할까? 특정한 행동이 반복적으로 비슷한 결과를 내는 것을 여러 해 동안 지켜보면서, 당신은 이미 자신만의 진리를 깨달았을지도 모른다. 2017년은 내가 에티켓과 의전 분야에 몸담은 지 22년째 되는 해다. 나는 22년 동안 이 직업 덕분에 수천 명의 대학생, 대학원생, 신입 사원, 숙련된 직장인들과 함께 예의와 존중이 업무 환경에 얼마나 큰 영향을 미치는지 토론하는 행운을 누렸다. 그 모든 경험은 일과 삶을 바라보는 나만의 관점을 형성하는 데 큰 도움이 되었다.

[28]

내가 생각하는 불변의 진리

과거의 행동은 미래의 행동을 알려주는 강력한 지표다. 개인과 조직은 변화할 수 있다. 하지만 한번 다른 사람의 마음속에 박힌 인상을 바꾸기 위해서는 모두가 힘을 합쳐 지속적인 노력을 기울여야 한다.

불성실한 태도는 1킬로미터 밖에서도 눈에 띈다. 개인적이든 직업적이든 친밀한 관계를 손에 넣고 싶다면 상대방을 진지하고 순수하게 존중하려는 태도를 보여야 한다.

의심은 누구나 할 수 있다. 하지만 모두가 최선을 다하고 있다는 믿음을 가지면 직장 내에서 발생할 수 있는 불화의 95%가 사라질 것이다.

모든 사람이 당신을 좋아할 수는 없다. 최선을 다하고, 최선의 반응이 돌아오길 겸허히 기다려라. 다만 모든 것은 변한다. 시간이 흐르는 한 변화가 생기지 않을 가능성은 없다.

누구나 실수를 한다. 스트레스와 피로, 두려움은 사람이 어리석은 짓을 저지르게 만든다. 다른 사람들의 실수를 넓은 마음으로 이해해주고, 자기 자신의 실수도 어느 정도는 너그럽게 받아들여라. "죄송합니다"라는 문장은 비즈니스의 세계에서 가장 강력하면서도 쉽게 듣기 힘든 말이다. 실수를 인정하고 상대방과의 관계를 더욱 돈독히 다져라.

당신의 진리에는 어떤 것들이 있는가? 스스로의 느낌과 판단력을 믿고, 지금까지 살면서 얻은 관찰과 경험을 당신만의 규칙으로 삼아라. 자신과 다른 사람들의 삶을 보면서 배운 진리를 외면하는 대신 존중하고 따르다 보면, 낭비하기 쉬운 시간과 에너지를 아끼고 실망할 일도 크게 줄어들 것이다. 이러한 태도는 단점을 개선하는 데도 큰 도움이 된다.

이 모든 조언을 한번에 따르기가 버겁게 느껴질 수도 있겠지만, 미리 절망할 필요는 없다. 당신의 직업에 필요한 능력을 익히고 퍼스널 브랜드를 가다듬다 보면 지름길이 저절로 나타날 테니까. 물론 개중에는 당신이 어떤 여정을 걷고 있는지와 관계없이 개인적인 성공과 직업적인 성공을 동시에 보장해주는 만능열쇠도 존재한다. 우리는 그 열쇠를 '공감'이라고 부른다.

저명한 물리학자 스티븐 호킹Stephen Hawking 박사는 이렇게 말했다. "사람이 실패하는 가장 큰 원인은 공격성이다. 원시시대에는 공격성이 식량을 얻고 영토를 지키며 자식을 낳아줄 배우자를 획득하게 해주는 귀중한 능력이었을지도 모른다. 하지만 현대 사회에서는 우리를 파멸로 몰아넣는 위협적인 성향에 불과하다." [13]

이 책을 통해 지금까지 배운 기술들이 자기 것이 될 때까지 연습하고 또 연습하라. 판단보다는 이해하려는 태도를 가져라. 언제나 다른 사람의 처지에서 생각하려고 노력하라. 이외에도 적당한 호기심과 확신에 찬 말투, 상대방과의 시간에 온전히 집중하려는 태도는 공감 능력을 향상시키는 데 큰 도움을 줄 것이다.

6장

디지털 커뮤니케이션

스마트한 도구를 활용하는
스마트한 규칙

"기술은 좋은 하인인 동시에 나쁜 주인이다."

그레첸 루빈Gretchen Rubin, 작가

조시는 한시도 디지털 기기를 손에서 놓지 못했다. 만약 고객이 이메일을 보낸다면? 친구가 야구 경기 티켓을 구했다고 문자 메시지를 보낸다면? 주택 청약이 당첨됐다는 연락이 온다면? 그는 언제나 세상과 연결되어 있어야 한다고 여기는 전형적인 현대인이었다.

　하지만 그는 지금 중요한 회의에 참석 중이었고, 진행자에게서 노트북과 휴대 전화를 끄라는 지침을 받은 상태였다. 참석자들은 모두 차분히 지시에 따랐고, 조시 또한 자신의 불안한 모습을 아무도 눈치채지 못하길 바라며 휴대폰의 전원을 껐다.

　그러나 조시는 회의가 진행되는 내내 휴대폰을 확인하고 싶은 욕구를 느꼈다. 사실 그는 오전 내내 중요한 계약에 대한 고객의 이메일 회신을 기다리던 중이었다. 그는 생각했다. '테이블 밑에서 잠깐 확인하는 정도는 괜찮지 않을까?' 시간이 얼마쯤 흘렀을까, 메시지를 확인하느라 정신이 팔려 있던 조시는 순간 회의실에 찾아온 정적을 느꼈다. 그가 고개를 들었을 때는 모든 시선이 그를 향하고 있었다. 그는 진행자가 그의 이름을 부르며 질문을 던졌고, 자신을 부르는 소리조차 듣지 못한 채 휴대폰에 빠져 있었다는 사실을 깨달았다. 붉어진 얼굴에 기어들어가는 목소리로 그가 입을 열었다. "질문을 한 번만 다시 말씀해주시겠어요?"

지금까지 얼굴을 마주한 상황에서 활용할 수 있는 의사소통 기술을 배웠다면, 이제는 디지털 기기의 세상에서 일어나는 의사소통으로 눈을 돌릴 차례. 디지털 사회에서 주도권을 쥔 사람은 바로 당신 자신이다. 당신은 원하는 사람과 원하는 시간에 원하는 수단을 사용해서 원하는 만큼 대화를 나눌 수 있다. 디지털 사회에서는 상대방과 직접 마주하고 대화할 때 벌어지는 각종 돌발 상황을 걱정하지 않아도 된다.

사실 디지털 커뮤니케이션은 대부분 젊은 세대의 전유물로 여겨진다. 전통주의 세대는 여전히 얼굴을 마주하고 나누는 대화를 훨씬 선호한다. 베이비붐 세대도 직접 만나서 소통하는 상황을 선호하지만 필요에 따라 전화나 이메일, 문자메시지를 사용한다. X세대부터는 이메일과 문자메시지를 더 반기며, 밀레니얼 세대는 말할 필요도 없다. 그리고 이제 막 취업 전선에 뛰어들기 시작한 Z세대는 페이스타임Facetime *을 가장 선호한다.

---

* 애플의 디지털 기기 사이에서 지원되는 화상 통화 기능

의사소통을 할 때는 주어진 상황에 가장 적절한 수단을 고르는 것이 중요하다. 상대방이 선호하는 대화 수단과 방법을 미리 확인하고 맞추는 것도 좋은 방법이다. 대화를 통해 얻고자 하는 목표가 무엇인지 먼저 생각하고, 그에 따라 직접 만날 것인지 통화를 할 것인지 문자메시지를 보낼 것인지 결정하라.

디지털 기기를 통한 소통은 메시지를 빠르고 정확하고 효율적으로 전달한다는 장점이 있지만, 상대방과 관계를 형성한다는 측면에서는 직접 대면하는 소통이 더 효과적이다. 베리 시스킨드 Barry Siskind는 「디지털 vs. 면대면 의사소통」이라는 제목의 칼럼에서 디지털 기기를 통한 의사소통과 직접 얼굴을 마주하는 의사소통을 비교한 《하버드비즈니스리뷰》의 기사를 인용하고 있다. 그가 내린 결론은 새로운 관계 형성이나 협상, 관계 유지, 문화적 차이 극복 등의 중요한 부문에서 면대면 소통이 압도적인 차이로 디지털 소통을 누른다는 것이었다.[1]

[29]

언제 어디서든 사람을 안심시키는 목소리

────────────

뉴욕 최고의 대학을 졸업한 마크는 유명 그래픽 디자인 회사에 취업을 했고 그곳에서 자리를 잡기 위해 최선을 다했다. 하지만 지금 자신에게 주어진 업무를 떠올릴 때면 우울한 기분을 떨칠 수가 없었다.

맨 처음 프로젝트를 배정받았을 때, 마크는 이제 본격적으로 디자인 작업을 시작하게 될 거라는 꿈에 부풀었다. 주중 내내 회의며 이메일, 전화가 쏟아지고 그에 따라 프로젝트 방향이 수시로 바뀐다고는 미처 생각하지 못한 것이다. 그중에서도 특히 그를 괴롭히는 것은 장황하고 두서없는 이메일과 음성메시지였다.

문득 학창 시절 음성 사서함에 길고 시시콜콜한 메시지를 남겨놓던 어머니가 떠올랐다. 그는 대개 어머니의 메시지를 제대로 듣지 않았고 다시 전화를 걸지도 않았다. 그러기엔 할 일이 너무 많았으니까. 그러던 어느 날 어머니의 자동응답 메시지를 무시할 거라면 앞으로는 전화 요금도 직접 내라는 아버지의 선언이 그의 마음가짐을 즉시 바꿔 놓았다.

마크는 오랜 경력을 지닌 실무자이자 부하 직원들의 존경을 한 몸에 받는 부사장이 복도를 따라 걸어오는 것을 보았다. 그는 얼핏 보기에도 언짢은 표정으로 마크에게 다가오더니 이렇게 말했다. "오늘 아침에 중요한 마감 기한이 변경됐다고 두 번이나 음성메시지를 남기지 않았나. 어째서 답변을 주지 않았지?" 마크가 아직 메시지를 듣지 못했다고 순순히 인정하려는 찰나, 부사장이 다시 입을 열었다. "앞으로는 내가 남긴 메시지에 즉시 응답하게. 다시는 자네의 주의를 끌기 위해 직접 자리로 찾아오는 일이 없도록 하라고." 그는 허둥지둥 사과하는 마크를 쳐다보지도 않은 채 등을 돌리고 멀어졌다.

마크는 비로소 음성메시지에 대한 답을 중요하게 여기는 사람이 어머니뿐만이 아니라는 사실을 깨달았다. 직업을 잃고 싶지 않다면 이제 마크 본인도 그 일을 가장 중요시해야 했다.

밀레니얼 세대는 전화기에 대고 대화를 나누는 것을 무엇보다 (정말로 무엇보다) 싫어한다. 그들은 전화 통화가 비효율적이고 쓸데없이 시간을 잡아먹으며 기껏 세워놓은 일정을 침해하는 구식 대화 수단이라고 여긴다. 그들은 그보다 문자메시지나 소셜 미디어를 압도적으로 선호하며, 대부분의 경우 음성메시지를 남기는 방법조차 제대로 모른다. 《뉴욕타임스》기자 테디 웨인Teddy Wayne은 「삐 소리가 울리면 뭘 남기라고요?」라는 기사에서 이렇게 말했다. "휴대폰과 문자메시지를 자연스럽게 접하면서 성장한 그들(밀레니얼 세대)은 현실에서 수화기 너머로 말을 하거나 음성메시지를 남겨본 경험이 거의 없다."[2]

밀레니얼 세대의 상당수는 음성메시지의 존재 이유조차 알지 못한다. '휴대폰 화면에 전화번호가 남겨져 있으면 그 번호로 전화를 걸면 되잖아? 안 그래?' 하지만 문제는 부재중 전화가 회신을 기다리겠다는 뜻이라는 사실을 인지하지 못하는 사람들이 많다는 것이다. 물론 이유 없이 다시 전화 걸기를 꺼리거나, 상대방이 실수로 통화 버튼을 눌렀거나 주머니에 넣어둔 휴대폰이 잘못 눌렀을 것이라고 자기 합리화를 하는 경우도 많다. 모르는 번호가 남겨져 있는 상황에서는 이런 경향이 더욱 심해진다.

밀레니얼 세대만이 전화로 대화하는 것을 싫어한다고 보기는 어렵다. 통화가 유일한 의사소통 수단이었던 시대라면 몰라도, 요즘은 나이를 막론하고 대부분의 직장인들이 문자 기반 의사소통이 주는 유연함과 편리함을 즐긴다. 베이비붐 세대와 전통주의 세대는 아직까지도 전화를 주로 사용하지만, 최근에는 그들마저도 달라지고 있다. 가장 큰 이유는 나이 많은 선배들도 젊은 후배들과 마찬가지로 성과 압박이나 직업의 불안정함을 느끼기 시작했기 때문이다. 그들은 자신이 남긴 메시지에 답신이 오든 안 오든 관계없이, 동료와 제대로 소통하지 못한다는 사실이 능력 부족으로 평가받을 수 있다는 사실을 알게 되었다.

그러나 이렇게 역사의 뒤안길로 물러나는 듯했던 전화 커뮤니케이션이 최근 다시 인기를 얻고 있다. 인간의 목소리를 직접 듣고 통화할 때만 느낄 수 있는 미묘한 뉘앙스나 친근함, 명확성, 신속성을 그리워하는 사람들이 늘어났기 때문이다. 제나 워덤 Jenna Wortham은 《뉴욕타임스》 기사 「메시지는 가고 전화가 돌아온다」에서 많은 기술 회사와 신생 기업들이 전화 통화를 더욱 편리하게 이용할 수 있는 음성 기반 모바일 애플리케이션을 개발하고 있다고 밝혔다.[3] 언제 어디서든 듣는 사람을 안심시키는 목소리의 힘에 다시 한번 수요가 몰리기 시작한 것이다.

효율적인 협업을 갈구하지 않는 기업은 없다. 하지만 협업을 원활하게 해준다는 정교한 기술들이 날마다 쏟아져나오는데도 불구하고, 상대적으로 낡은 디지털 커뮤니케이션 수단(전화와 이메일)은 여전히 사라질 기미를 보이지 않는다. 특히 보험 회사나 금융 서비스 회사들은 여전히 상품 안내와 판매의 주력 수단으로 전화 광고에 기대고 있으며, 이외에도 많은 업계가 고객을 유지하고 회사의 브랜드 평판을 지키기 위해 잘 훈련된 전화 상담원들을 활용하고 있다. 심지어 아마존Amazon이나 이베이eBay를 포함한 세계 최대의 전자상거래 업체들조차 기술적인 문제가 발생했을 때 고객과 소통하기 위해 전화 상담원을 고용하고 있다.

오늘날에는 회사로 들어오는 모든 전화가 직통 내선 전화나 ARS 시스템, 드물게는 접수 담당자를 통해 처리되지만, 역설적이게도 자신이 원하는 상대방과 통화하기가 그 어느 때보다 어려워졌다. 겨우 회사의 대표 번호를 알아내 전화를 걸어도 "현재 통화량이 많아 상담원 연결이 어렵습니다" 따위의 안내 메시지와 함께 홈페이지 접속을 유도하는 일이 다반사다. 담당자 혹은 담당 부서와 통화를 하고 싶다면 ARS의 미로를 헤매고 온갖 정보를 입력해야 하는 것이 기본이다. 사업상 전화 연결이 필요한 사람들도 상대방이 동의하거나 미리 일정을 잡지 않는 한 통화를 하기가 점점 어려워진다는 사실을 깨닫고 있다. 오늘날 약속 없이 불쑥 걸려온 전화는 불편하고 거슬리는 방해 대상으로 간주된다.

무슨 말인지보다 어떻게 말하느냐가 중요하다

비즈니스 통화를 할 때는 상대방을 어떤 목소리 톤으로 응대할지 결정해야 한다. 당신이 수화기를 통해 전하려는 메시지의 70%는 목소리에 의해 전달된다. 무슨 말을 하느냐보다 그 말을 어떻게 하느냐가 훨씬 중요하다.

걸려온 전화는 밝고 전문적인 목소리로 받아야 하며, 두 번째 벨소리가 울렸을 때 수화기를 드는 것이 가장 이상적이다. "안녕하세요" "좋은 아침입니다"와 같은 인사를 건넨 뒤 회사명이나 부서명에 이어 성과 이름을 말하라. 목소리에는 미소가 배어나야 한다. 상대방이 신분을 밝히면 이름 뒤에 '~님' 등의 존칭을 붙여 지칭하라. 상대방이 먼저 청하지 않는 한 이름만 부르는 것은 부적절하다.

올바른 문법을 사용하여 분명하게 말하고 상대방의 말을 집중하여 경청하라. 상대방은 당신이 다른 문서를 읽거나 타이핑을 하는 등 통화에 온전하게 집중하지 않고 있다는 것을 느낌으로 알 수 있다. 통화 중에 먹거나 마시거나 껌을 씹는 행위는 절대 금물이다. 주변 소음에도 항상 신경을 써야 한다.

다른 전화가 걸려오면 잠깐 기다려달라고 양해를 구하고, 상대의 허락을 기다려라. 두 번째 통화가 길어질 것 같다면 1분 안에 원래 통화 상대방에게 돌아와서 상황을 알려야 한다.

상대방의 태도와 관계없이 당신은 늘 예의와 인내심, 존중을 보여야 한다. 업무상 전화는 이미 발생한 문제 때문에 걸려오는 경우가 많다. 상대방이 화를 낸다면, 우선 그가 말을 끝낼 때까지 기다린 뒤 불편을 끼쳐 죄송하다고 사과하라. 이때의 사과는 당신이 그 일을 반드시 책임지겠다는 뜻이 아니라 상대방이 화를 낼 만한 상황이라는 것을 인정한다는 의미다. 때로는 이렇게 정중한 태도를 보이는 것만으로도 상대의 감정이 누그러지고 대화가 건설적인 방향으로 옮겨가기도 한다. 또한 모든 전화를 중요하게 여겨라. 살다 보면 예전에 했던 통화나 통화 상대방의 가치를 한참 후에야 깨닫는 일이 종종 생긴다.

당신이 거는 전화에는 당신과 회사의 브랜드 이미지가 걸려 있다. 업무상 전화를 걸 때는 두 가지 원칙을 반드시 기억하라.

첫 번째, 생각을 모두 정리한 뒤 전화를 걸어라. 자기소개를 잊어서는 안 된다. 약속 없이 건 전화라면 우선 상대의 목소리를 통해 상대방이 이 통화를 얼마나 반기는지 가늠하라. 지금 통화가 가능한지 물어서 상대방에게 선택권을 넘기는 것도 좋은 방법이다. 이런 질문은 때로 상대방이 긴장을 풀고 통화에 열린 마음을 갖도록 만들어준다. 만약 지금 통화가 어렵다는 대답이 돌아오면 가능한 시간을 알려달라고 요청하라.

두 번째, 음성메시지를 통해 지나치지 않은 선에서 필요한 정보를 미리 전달해두어라. 음성메시지를 남길 때는 분명한 발음으로 천천히 말하고, 이름과 연락처는 녹음의 시작과 끝 모두에 남겨두어라. 단, 너무 애매하거나 개인적이거나 부정적인 메시지는 음성메시지로 전달하지 않는 것이 좋다.

혹시 당신이 남긴 음성메시지에 답신을 받지 못한 경험이 있는가? 짐작할 수 있는 이유는 수도 없이 많다. 가장 먼저 떠오르는 가능성은 상대방이 당신의 이름이나 연락처를 제대로 확인하지 못했다는 것이다. 물론 상대방이 자리를 비우거나 다른 업무에 몰두하고 있거나 단순히 메시지를 확인하지 않았을 확률도 있다. 전화를 건 사람의 목적이 무엇이든 간에, 받는 사람 입장에서는 유선상으로 제안을 듣거나 질의에 응답하는 일은 높은 우선순위가 아닐 경우가 많다. 어쩌면 상대방은 더 이상 당신과 대화를 나누거나 비즈니스 관계를 유지하고 싶지 않아서 당신이 알아서 포기하고 물러나기를 기다리고 있을지도 모른다.

이유가 무엇이든 간에 메시지를 남긴 사람은 연락이 돌아오지 않는다는 사실에 혼란과 상처를 받는다. 특히 상대방이 예전부터 비즈니스 관계를 유지하던 사람이거나 당신에게 답변을 주지 않으면서 다른 사람과는 통화했다는 이야기가 들려올 때면 더욱 그렇다. 하지만 상황을 감정적으로 받아들여서는 안 된다. 지금 이 순간 당신과 소통하고 싶지 않다는 사람에게 끈질기게 연락하는 행동은 일반적으로 관계 개선에 도움이 되지 않는다. 그럴 바에는 다른 프로젝트로 관심을 돌리는 편이 훨씬 낫다.

만약 당신이 먼저 대화를 요청했거나 상대방으로부터 의견이나 제안, 정보를 요청받았다면 전화나 이메일로 답변을 주는 것이 예의다. 만약 당신의 대답이 "아니요" 혹은 "지금은 어렵습니다"이더라도, 상대방은 답변을 통해 귀중한 시간을 아끼는 동시에 존중받는 기분을 느낄 것이다. 당신 입장에서도 훗날 도움이 될지도 모를 관계를 원만하게 유지하는 셈이다.

언제든 그 사람의 시간을 침해할 수 있다

지구상에 존재하는 모바일 기기는 이미 인구를 훌쩍 뛰어넘은 70억 대에 이른다. 휴대폰과 스마트폰, 위성폰을 포함한 모바일 기기의 숫자가 늘어날수록 이러한 기기들에 방해받을 확률도 덩달아 커진다. 우리는 모두 휴대폰으로 누군가의 시간을 침해한 경험이 있다. 이를 인정한다면, 지금부터라도 휴대폰 사용 규칙을 만들고 스스로 지켜야 한다.

첫 번째로 회의 자리에서는 휴대폰을 끄자. 그렇지 않으면 참석자들은 회의가 전화나 문자 때문에 언제든 방해받을 수 있다고 여길 것이다. 요즘 유행어 중 하나인 '퍼빙Phubbing'은 휴대폰 (Phone)에 집중하느라 주변 사람들을 무시한다(Snubbing)는 뜻으로, 함께 일하는 사람들에게 큰 불편을 끼치는 행동을 비판하는 의미로 쓰인다. 심리학자 켈리 맥고니걸Kelly McGonigal은 「의지적 본능」이라는 제목의 《뉴욕타임스》 기고문에서 이렇게 주장했다. "연구 결과에 따르면, 테이블 위에 놓인 휴대폰은 그 자체만으로도 대화를 나누는 사람들 사이에 공감과 친밀함을 떨어뜨리기에 충분한 방해 요소가 된다."[4] 친구나 동료끼리 대화를 할 때는 상관없지만, 상사 혹은 고객과 대화할 때는 눈에 보이지 않게 치워두는 편이 바람직하다.

업무 관련 미팅 혹은 가족 식사 자리에서도 휴대폰을 사용하지 말라. 10분에 한 번씩 화장실에 다녀오거나 식탁 밑에서 몰래 문자메시지를 확인하는 행위 또한 이 원칙에 어긋난다. 어떤 모임은 휴대폰 관련 규칙을 만들고 다 같이 동의한 덕분에 식사 중에 집중을 방해받는 일이 크게 줄었다고 한다. 규칙은 참석자들의 휴대폰을 모아 테이블 한 가운데 놓고, 누구든 전화를 받거나 문자를 확인하는 사람이 식사비를 계산하는 것이다. 모임에서 휴대폰 사용이 허용되는 것은 모든 구성원에게 도움이 될 때뿐이다. 위치를 확인하거나 예약을 하거나 택시를 부르거나 모두가 궁금해하는 스포츠 경기 결과를 확인할 때는 휴대폰을 써도 좋다.

그 외 부적절한 공간에서는 절대 휴대폰을 꺼내지 말라. 장례

식이나 추도식 같은 엄숙한 자리에서도 마찬가지다. 병원이나 영화관, 헬스클럽, 락커룸, 파티에서는 물론이고 음식을 주문하거나 호텔에서 체크아웃을 하는 동안에 휴대폰을 사용하는 것도 매너가 아니다.

앤드류는 평소 기차 여행을 할 때 정숙칸*을 선호하는 편이었지만, 오늘은 중요한 업무상 전화를 받기 위해 비즈니스클래스 칸을 택했다. 보통 비즈니스클래스에서는 자유롭게 전화를 받을 수 있는 동시에 이코노미클래스보다 조용한 분위기가 보장되기 때문이었다. 하지만 뉴헤븐 역에서 코너가 타는 모습을 본 순간, 그는 오늘이 '보통'날이 아니라는 사실을 깨달았다.

배려심이라고는 눈곱만큼도 없는 코너는 자리에 앉자마자 가지고 온 디지털 기기들을 펼쳐놓고 스피커폰으로 통화를 하기 시작했다. 그래야 양손으로 자유롭게 키보드를 두드릴 수 있으니까. 그는 칸 전체에 울려 퍼질 만큼 큰 목소리로 개인의 실명이나 회사명을 줄줄이 밝히며 요구가 많은 상사에 대한 불평이나 까다로운 고객의 험담, 복잡한 연애사를 늘어놓았다.

앤드류는 마음이 편치 않았다. 다른 승객들의 표정이나 몸짓

---

* Quiet Car, 조용한 여행을 원하는 승객들을 위해 휴대폰 사용이나 대화처럼 소음을 유발하는 행위를 일절 금지하는 칸

을 볼 때 언짢은 기분을 느끼는 사람은 그 혼자만이 아닌 것 같았다. 마침내 결심을 굳힌 그는 코너에게 다가가 스피커폰을 끄고 목소리를 낮춰달라고 정중하게 부탁했다. 코너는 그를 빤히 쳐다보며 대답했다. "조용한 분위기를 원했으면 정숙칸에 타셨어야죠." 그리고 경멸이 담긴 몸짓을 던지며 원래 하던 시끄러운 대화로 돌아갔다.

세심한 배려가 필요한 방식

스피커폰은 손을 사용하지 않고 통화를 하게 해주는 편리한 기능이지만, 수화기 너머에 있는 사람에게는 불편함을 줄 수 있다. 만약 전화 커뮤니케이션에 참여하는 사람이 둘뿐이라면 헤드셋을 사용하는 것이 음질이나 보안 유지 차원에서 보다 효과적인 선택이다. 양손이 자유로우면 다른 일을 하고 싶다는 욕구가 생겨날 것이다. 이를 떨쳐낼 자신이 없다면 그냥 전화기를 손에 드는 편이 낫다.

상대방을 존중하면서도 생산적인 스피커폰 회의를 하고 싶다면 몇 단계의 절차를 지켜야 한다. 가장 먼저 대화 내용이 새어나가지 않도록 안전한 공간을 확보한 뒤, 전화를 건 쪽의 회의 진행자가 상대방에게 스피커폰으로 통화해도 괜찮을지 확인한다. 동의를 받은 후에는 이쪽의 참석자를 한 명씩 소개하고 상대 측 참석자도 소개해달라고 부탁한다. 발언을 할 때는 자신이 누구인지 밝히고 평상시와 같은 크기의 목소리로 말한다. 중간에 일부 참석자가 빠지거나 들어오는 경우에는 상대방에게 현재 참석자 명단을 계속해서 업데이트해주어야 한다. 참석자 전원이 스피커폰에 집중해야 하며, 한쪽에서라도 잡담을 나누거나 음식을 먹거나 다른 디지털 기기를 사용해서는 안 된다. 논의가 완료되면 진행자가 회의를 마무리하고 모든 참석자에게 감사 인사를 전한다.

보다 전문적인 규칙이 필요한 회의

스피커폰 통화에 관한 모든 절차는 전화 회의에도 그대로 적용된다. 하지만 전화 회의에는 일반적인 스피커폰 통화보다 더 많은 인원이 보다 격식을 차리고 참여하는 만큼 몇 가지 추가 규칙이 필요하다.

진행자는 전화 회의 참석에 필요한 모든 정보와 안건을 담은 초대 메일을 미리 발송하고, 회의 전날이나 당일 아침에 다시 한번 확인 메일을 보낸다. 사내에 기술 담당자가 있다면 회의 진행 중에 문제가 발생하지 않도록 사전에 장비를 점검해야 한다. 초대 메일에 기재될 안건에는 그날 회의에서 다룰 모든 주제와 각 주제를 발표할 참석자 명단을 정확히 기재하고, 주요 발표자의 경우에는 약력을 첨부한다.

참석자들은 회의 시작 전에 주최 측이 제공한 자료를 모두 읽고 사전에 요청받은 준비를 끝내야 한다. 회의 중에 꺼낼 질문이나 코멘트는 미리 메모해두는 것이 좋다. 기술적인 문제로 회의가 중단되지 않도록 미리 기기의 상태를 점검하고, 적어도 회의 시작 3분 전에는 참석자 전원이 연결되어 있어야 한다. 진행자가 발언을 할 때는 모든 참석자들이 송화음 차단 버튼을 누르고, 이쪽에서 발생하는 잡음이 수화기에 들어가지 않는지 제대로 확인한다. 잡음이 끼어들 여지가 많은 재택 근무자들은 특히 신경을 써야 한다.

회의의 안건과 진행에 집중하는 것이 최우선이고, 부수적인 문제들은 회의가 끝난 후 처리해야 한다. 전화 회의 도중에는 이메일을 확인하거나 화장실에 다녀오는 등 잠깐 다른 일을 하고 싶다는 생각이 들기 쉽지만 유혹을 이겨내야 한다. 진행자는 꼭 아주 잠깐 자리를 비운 사람의 이름을 호명하니까.

두 팀 이상의 개인이나 집단을 연결한 화상회의 혹은 실시간 화상·음성 커뮤니케이션은 협업을 추구하는 동시에 비용을 절감하려는 기업을 위해 개발된 기술이다. 일반적인 사전 준비사항과 주의 사항은 전화 회의와 크게 다르지 않지만, 화상회의에서는 목소리와 더불어 영상이 전송되는 만큼 비언어적 신호 전달에도 신경을 써야 한다. 참석 장소가 회사의 회의실이든 자택의 서재든 제대로 된 복장을 갖추는 것은 기본이다. 카메라 앵글에 들어오는 모든 것이 그대로 공개되는 만큼 배경 또한 격식이 느껴지도록 미리 정리하는 것이 좋다. 깔끔한 공간과 고상한 장식품,

직업에 어울리는 장비들은 당신의 브랜드를 높여줄 것이다. 넘치는 쓰레기통이나 책이 중구난방으로 쌓인 책장, 캐릭터 인형 등은 화면에 잡히지 않도록 주의하라.

[30]

끝없이 이어지는 이메일에 대한 불만

애나벨은 정신없이 바빴다. 운동 명문 대학의 육상 부감독인 그녀는 선수들을 위한 특별 프로그램을 짜는 책임을 맡은 동시에 코치들의 개별적인 요청 사항을 일일이 들어주어야 한다. 30개 이상의 팀을 관리하면서 부수적인 스케줄까지 소화하다 보니 한 주 내내 몸이 두 개라도 모자랄 지경이었지만, 그녀는 바쁜 와중에도 최선을 다해 다른 사람들을 도왔다.

애나벨을 괴롭히는 것은 가끔씩 보이는 상대방의 이해할 수 없는 태도였다. 어떤 코치들은 그녀에게 부탁을 하면서도 마치 자신이 그녀의 요청을 들어준다는 듯이 행동했다. 그녀가 관리하는 선수 중 몇 명은 제목도, 시작과 끝 인사도, 문맥도 없는 이메일을 달랑 보내곤 했다. 한 이메일에는 대뜸 이렇게 적혀 있었다. "안녕하세요. 언제 시작할까요?"

이메일에 대해 불평하는 목소리는 사방에서 귀가 따갑도록 들려온다. 텅 빈 제목란이나 잦은 오타, 부적절한 문법과 어휘, 알아볼 수 없는 약자 등은 사소한 문제에 불과하다. 직장인들이 가장 혐오하는 이메일 관련 문제는 바로 끝없이 이어지는 '전체 답장'의 행렬이다. 심지어 일부 기업은 사내 소통 수단으로 이메일 사용을 중단하고 슬랙Slack처럼 전체 답장 기능이 없는 실시간 그룹 메시지 애플리케이션을 도입하기도 했다. 그룹 메시지 애플리케이션의 사용량은 꾸준히 증가하고 있으며, 이런 추세라면 언젠가 사내 커뮤니케이션의 표준으로 자리 잡을지도 모른다. 하지만 그런 날이 오기 전까지는 비즈니스 이메일 작성법을 준수할 필요가 있다.

　시장조사 회사인 래디카티그룹Radicati Group은 현재까지도 이메일이 가장 선호되는 비즈니스 커뮤니케이션 수단이라고 발표했다. 실제로 2017년 말이면 전 세계 비즈니스 이메일 계정의 수가 약 11억 개에 달할 것이며, 직장인 한 명이 하루 동안 주고받는 비즈니스 이메일의 개수는 2015년 122개에서 2019년에는 126개로 증가할 전망이라고 한다. 게다가 이메일 주소는 여전히 인스턴트 메시지나 소셜 네트워크, 인터넷 뱅킹과 온라인 쇼핑을 포함한 각종 전자상거래 서비스 가입에 필요한 필수 조건이기도 하다.[5]

　오늘날에는 새로운 의사소통 수단이 쏟아지고 있지만, 적어도 예측 가능한 미래 안에서 이메일은 우리와 떼려야 뗄 수 없는 관계를 유지할 것이다. 음성메시지만큼이나 이메일을 낯설게 여기며 이 두 기술이 빠른 시일 내에 사라지기만을 바라고 있을 밀레니얼 세대에게 반가운 소식은 아니다. 밀레니얼 세대 중 상당수는 비즈니스 이메일을 쓸 줄 모르거나 적어도 쓰고 싶어 하지 않는다. 그들은 학창 시절부터 완전한 문장으로 글을 써본 일이 거의 없다. 글쓰기 능력은 그들의 취업을 방해하는 가장 큰 요소이고, 어렵게 직업을 얻은 후에는 승진을 막는 장애물이 된다.

사실 부주의하게 작성하고 성급하게 전송한 이메일 때문에 위기를 겪는 것은 밀레니얼 세대만이 아니다. 전자 정책 자문 및 교육회사 이폴리시인스티튜트ePolicy Institute의 초대 이사인 낸시 플린Nancy Flynn은 많은 직장인들이 이메일의 잠재적 파급력을 깨닫지 못하고 있다고 말한다. "이메일은 디지털 세상에서 지문에 필적하는 증거 역할을 합니다. 당신이 주고받은 이메일이 회사 서버에 계속 보관될 확률은 매우 높고, 혹시 소송이라도 벌어진다면 그대로 소환장으로 돌변할 수 있습니다."[6]

많은 직장인들이 매일같이 이메일 관련 위기를 겪으며, 그중에는 장래가 촉망된다고 평가받던 사람들도 여럿 섞여 있다. 업계에서 가장 눈부신 성과를 올리던 전문가들조차 부주의하게 작성하고 성급하게 전송한 이메일 한 통 때문에 직업을 잃거나 평판에 흠집을 내거나 더 나아가서는 대인관계, 재정, 건강 문제를 겪는다.

이러한 비극을 피하고 싶다면, 무엇보다 화가 났을 때 이메일을 쓰는 행위는 절대로 삼가야 한다. 잠깐 동안은 기분이 좋을지 몰라도 얼마 안 가 후회와 함께 참담한 결과가 찾아올 것이다. 감정을 배출하지 않고는 도저히 참을 수 없다면 믿을 수 있는 친구에게 털어놓거나 (강아지나 고양이를 강력히 추천한다) 종이에 적은 뒤 구겨서 휴지통에 버려라. 디지털 세상에 분노를 표출하는 것만큼 어리석은 짓은 없다. 그 자료는 평생 당신을 따라다닐 것이다.

다른 방법이 없는 게 아니라면, 심각한 질병이나 부고, 임신, 이혼과 같은 중대한 개인사 또한 이메일로 주고받지 말라. 이렇게 감정과 연결된 소식은 얼굴을 마주보고 전하는 것이 예의이며, 직접 찾아가기가 어렵다면 최소한 전화라도 거는 것이 좋다. 직업적인 이메일을 쓸 때는 내용에 각별히 주의를 기울여야 한다. 만약 회사가 소송이라도 걸리면 당신이 쓴 이메일은 법정에서 전자증거로 활용될 수 있다. '면전에서 할 수 있는 이야기가 아니면 이메일로도 하지 말라'는 원칙을 항상 염두에 두어라. 한 연구에 따르면 사람들은 모니터 뒤에서 의사소통을 나눌 때 평소보다 대담해지며, 이렇게 비언어적 신호 없이 문자로만 전달된 메시지는 상대방에게 훨씬 더 공격적인 인상을 준다고 한다.

프로다운 이메일 작성법

제목에는 이메일의 주제를 요약해서 담아라. 제목에 '긴급' '요청' '참고'와 같은 말머리를 달면 수신인은 제목만 보고도 해당 이메일에 즉시 확인해야 할 내용이 담겨 있는지, 처리해야 할 요청사항 혹은 단순한 정보가 담겨 있는지 알 수 있다. 발송 버튼을 누르기 전에는 수신인의 이메일 주소를 다시 한번 확인하라. 또한 수신인 명단에는 그 내용을 반드시 알아야 할 사람만 들어 있어야 한다.

반드시 필요한 경우가 아니라면 전체 답장을 보내거나 모든 수신인을 참조에 넣지 말라. 수신인 명단은 이메일을 확인하고 답장을 보내야 할 사람들로 구성하고, 참조인 칸에는 메일 내용을 알아야 하되 답장을 보낼 필요가 없는 사람들을 넣어라. 필요한 경우에는 '숨은 참조' 기능을 활용해도 좋지만, 이메일을 비밀스럽게 전달한다는 오해를 사지 않도록 주의하라. 메일 계정이나 연락처, 메시지 등의 개인 정보가 담긴 이메일을 당사자의 허락 없이 남에게 전달해서는 안 된다.

답장을 쓰거나 전달하기 전에 본문에 달린 앞선 이메일을 모두 확인하라. 당신의 계정이 수신인에 들어 있는 한, 상대방은 당신이 이메일 본문에 들어 있는 내용을 모두 읽을 거라고 생각한다. 답장의 톤은 수신인과 당신의 관계를 고려하여 글을 시작하기 전에 결정하라. 고객이나 회사의 경영진, 아직 잘 모르는 상대, 형식을 중요시하는 문화권에서 온 사람에게 회신을 할 때는 최대한 격식을 갖춘 표현을 사용해야 한다. 비즈니스 이메일 표준 작성법에 따라 본문 시작과 끝부분에는 반드시 적절한 인사말을 넣어야 한다.

의미와 감정을 정확히 담을 수 있는 단어를 사용하라. 비즈니스 이메일을 쓸 때는 이모티콘이나 아이콘 사용을 가급적 삼가는 것이 좋다. 모든 글자를 대문자 혹은 소문자로만 쓰거나 느낌표를 여러 개 사용하거나 굵은 글씨, 밝은 글자색과 같은 텍스트 효과를 사용하는 것도 그다지 현명한 선택이 아니다. 보내는 이메일마다 '긴급' 말머리를 달거나 '읽음 확인 메일' 옵션을 적용해놓으면 상대방이 불쾌함을 느낄 수 있다.

그리고 교정은 필수 과정이다. 문법 검사기나 철자 검사기를 사용하는 것도 괜찮지만 이러한 프로그램에만 의존하면 안 된다. 각 문장이 의도를 정확히 담고 있는지 확인하려면 소리 내어 읽어보는 것이 가장 좋다. 농담이나 명언, 정치적 혹은 종교적 메시지, 다른 사람들과 주고받은 메일, 바이러스 경고, 모금 요청 등은 쓰지도 말고 전달하지도 말라. 받은 메일을 전달할 때는 관계없는 정보를 모두 삭제하고 간결한 동시에 요청 사항을 명확히 담은 메시지를 짧게 덧붙여라. 더하여 요점은 글머리 기호를 써서 분류하라.

마지막으로 답장은 신속하게 보내라. 그날 안에 답신을 보내기 어려운 사정이 있다면, 발송인에게 자동으로 부재중 회신이 가도록 옵션을 설정해두어라.

꼼꼼하게 따져봐야 하는 문자메시지

바버라는 자신이 종합 병원의 엑스레이 기사로 근무한 25년 사이에 세상이 엄청나게 바뀌었다는 사실을 깨달았다. 그녀는 자신의 일을 사랑했고, 직업상 필요하다면 새로운 기술을 배우고 사용하는 데도 거리낌이 없었다. 자식뻘 되는 신입 직원들을 지도하는 일 또한 그녀의 즐거움 중 하나였다. 젊은이들이 보이는 열정과 에너지는 그녀에게 활력을 불어넣어주었다.

하지만 젊은 직원들의 의사소통 방식에는 도저히 익숙해질 수가 없었다. 바버라의 귀에는 마치 그들이 외국어로 말하는 것처럼 들렸다. 오늘 그녀는 프로젝트 진행을 도와주던 신입 직원 아바에게 이런 문자메시지를 받았다. "B-JTLYK, will be 18; h8 traffic! F2F ASAP? Project FUBAR! TY, SYS!"

후배의 메시지를 전혀 알아듣지 못했다는 사실을 인정하고 싶지 않았던 바버라는 인터넷을 통해 단어를 일일이 검색해보았다. 아하! 아바가 보낸 메시지를 일반적인 단어로 바꾸면 이런 내용이 나타난다. B(Barbara 바버라), JTLYK(Just to let you know, 혹시 몰라서 연락드리는데), will be 18(Will be late. 좀 늦을 것 같아요). h8 traffic!(Hate traffic! 망할 교통 체증 때문이에요!) F2F ASAP?(Face to face as soon as possible? 도착해서 바로 만날 수 있을까요?) Project

FUBAR!(Project Fouled up beyond all recognition! 프로젝트가 완전히 망했거든요!), TY(Thank you, 감사해요), SYS!(See you soon! 이따 봬요!)

간결한 문자메시지

문자 기반 커뮤니케이션의 필수 조건이 간결성이라는 점을 감안할 때 두문자어나 약어 사용을 완전히 금지하기는 어렵지만, 줄임말을 사용할 때는 적어도 상대방이 이해할 수 있고 내용이 적절하다는 전제 조건이 깔려 있어야 한다. 특히 비즈니스 이메일을 쓸 때는 프로답지 못한 인상을 줄 수 있는 줄임말 사용은 최대한 자제하는 것이 좋다. 하지만 최근 널리 사용되는 줄임말 정도는 알아두는 것이 좋다. 다행히 인터넷상에는 넷링고Netlingo나 인터넷 슬랭 사전Internet Slang Dictionary 같은 훌륭한 정보제공 사이트가 많이 개설되어 있다. 이러한 사이트에 방문하여 공부를 해두면 급할 때 ICYMI*, EOBD**, TL;DR***, AFK****, NSFW***** 와 같은 표현들로 시간을 절약할 수 있을 것이다.

---

* In Case You Missed It, 혹시 놓치실까 봐
** End of Business Day, 근무 시간이 끝날 때
*** Too Long; Didn't Read, 너무 길어서 다 읽지 못함
**** Away from Keyboard, 자리를 비움
***** Not Safe For Work, 직장에서 읽기 부적절한 내용

태도의 품격

몇 가지 사소한 결점(짜증나는 자동완성 기능이나 종종 메시지가 사라지거나 너무 빨리 전송되거나 내용을 알아볼 수가 없는 등)에도 불구하고, 문자메시지는 여전히 수많은 사람들이 이용하는 의사소통 수단이다. 비록 18세에서 24세 사이의 젊은이들 사이에서는 왓츠앱WhatsApp이나 스냅챗에 밀려 설 자리를 잃었지만, 비즈니스 세계의 프로들은 여전히 단문 메시지 서비스(Short Messaging Service, 일명 SMS)를 선호한다. 문자메시지로 업무 연락을 하기 전에는 메시지의 긴급성을 먼저 따져보아야 한다. 며칠이 지나도록 문자메시지를 확인하지 않는 사람도 있기 때문에 급한 일이 있을 때는 전화를 거는 편이 더 안전하다.

　문제메시지를 보내기 전에 지금 연락하려는 사람에게 문자메시지가 가장 적절한 커뮤니케이션 수단인지 따져보라. 상사의 휴대폰 번호를 안다는 사실과 그가 문자메시지를 선호하는지 여부는 별도의 문제다. 하지만 그가 예전에 당신에게 문자메시지로 업무 연락을 취한 적이 있다면 일단은 안심해도 될 것이다. 만약 문자메시지로 연락을 받았다면 전화를 거는 대신 같은 수단을 사용하여 답변하는 것이 좋다. 만약 짧은 글로 담기에 내용이 너무 길다면 신속한 답변을 위해 전화 연락을 해도 될지 상대방에게 먼저 물어라. 그룹 문자를 보낼 때는 수신인에 꼭 필요한 사람만 들어가도록 주의를 기울여야 한다.

　프로다운 어투를 사용하고 가급적 줄임말을 쓰지 말라. 귀찮고 불필요해 보이더라도 구두점을 생략하지 말라. 자칫 보낸 사람의 의도와 달리 해석될 여지가 있는 농담이나 비유는 적게 쓸수록 좋다.

더하여 상대방에게 사정에 맞추어 회신할 여유를 주어라. 답장이 오지 않는다고 해서 문자메시지를 연이어 보내거나 "확인하셨나요?"처럼 채근하는 어투를 사용하지 말라.

실시간으로 소통하는 인스턴트 메시지

페이스북 메시지 같은 인스턴트 메시지는 채팅처럼 개인들 사이에 실시간 의사소통을 가능하게 해주는 커뮤니케이션 수단으로, 인터넷 기반에 협업을 중시하는 업무 환경에서 특히 활용도가 높다. 업무 관계상 인스턴트 메시지로 대화를 나눌 때에도 역시 다른 모든 문자 기반 커뮤니케이션 수단과 마찬가지로 올바른 문법과 프로다운 어투, 간결한 문장을 사용해야 한다.

처음 연락하는 상대에게는 가급적 인스턴트 메시지를 보내지 말라. 신경 쓰지 않는 사람도 있겠지만, 낯선 이에게 온 인스턴트 메시지를 불쾌하게 받아들이는 사람들도 있다. 업무상 처음 연락을 할 때는 상대방이 선호하는 수단을 묻는 것이 가장 좋다. 인스턴트 메시지로 대화할 때는 예의 바르게 인사를 건네고 대화를 나눌 시간이 있는지 먼저 물어라. 물론 현재 상태를 '방해 금지'

로 설정해둔 사람은 굳이 방해하지 말라.

줄임말은 신중하게 사용하라. 인스턴트 메시지 대화에서는 다른 의사소통 수단보다 줄임말이 허용되는 분위기지만, 혹시나 싶을 때는 원래 단어와 문장을 제대로 입력하라.

대화를 마칠 때는 마무리 인사를 하라. 본인이 할 말을 마쳤다고 해서 상대방을 기다리게 한 채 자리를 비우는 실수를 하지 말라. '감사합니다' 혹은 '이 대화가 큰 도움이 되었습니다'와 같은 마무리 인사를 잊어서는 안 된다.

한 번에 한 가지 주제만 다뤄라. 그 주제에 대한 상대방의 대답을 정확히 들은 뒤에 다음 주제로 넘어가라. 메시지 하나에 부득이 여러 가지 주제를 담아야 할 경우, 줄바꿈을 통해 각 주제를 분명히 구분하라. 대화가 길어질 것으로 예상되는 경우에는 상대방에게 시간 여유가 있는지 미리 묻는 것이 좋다.

업무 기반의 회사 인트라넷

회사의 모두가 읽을 수 있다는 점만 기억한다면, 인트라넷은 인터넷 기반 커뮤니케이션과 협업에 아주 효율적인 플랫폼이다. 구성원들은 인트라넷 활용을 통해 회사 내부적으로 다양한 아이디어를 수집하거나 업무 중간중간 피드백을 받을 수 있고, 회사 차원에서도 기업 문화 정립과 정보 전달, 생산성 제고 면에서 모두 긍정적인 효과를 기대할 수 있다.

기업 인트라넷 사용 규정을 준수하라. 시스템 관리자에게 요청하면 명문화된 규정을 확인할 수 있다. 모두가 규칙을 지킨다면 업무 속도는 배로 올라갈 것이다.

문서를 게시하기 전에 다른 구성원들의 검토와 의견을 받을 준비가 됐는지 다시 한번 확인하라. 기업 인트라넷 중에는 공유된 문서를 누구나 검토 및 수정할 수 있도록 설정한 곳도 있다. 더불어 남이 만든 문서를 자기가 만든 것처럼 올려서는 안 된다.

협업과 커뮤니케이션에 사용되는 수단은 날이 갈수록 정교해지고 있다. 홀로그램 기술을 이용하여 다른 대륙에서 일하는 동료의 생생한 3D 분신과 실시간 회의를 하게 될 날도 머지않았다. 때로는 너무 빠른 기술 발전 속도를 따라가기가 벅차다고 느낄 수도 있지만 백금률을 잊지 않는 한, 당신은 어떤 커뮤니케이션 수단을 만나도 프로다운 모습을 유지할 수 있을 것이다.

[32]

온라인에 새겨진 선명한 발자국

드류와 윌은 22년 평생을 함께한 친구 사이였다. 그들은 같은 마을에서 자라며 같은 학교에 다니고 같은 회사에서 여름 인턴을 마친 뒤 올해 같은 대학교를 나란히 졸업했다. 얼마 안 가 두 사람은 각자 새로운 일자리를 구했다. 드류는 캘리포니아에 위치한 기술 대기업에 합격했고, 윌은 근사한 금융인이 되어 뉴욕으로 떠날 예정이었다. 처음으로 떨어져 지낸다는 사실이 설레면서도 어색했지만, 어쨌든 오늘 밤에는 축하 파티를 열어야 마땅했다.

둘은 완벽한 장소를 물색하기 위해 머리를 맞댔고, 드류의 친구네 가족이 아직 해변에 있는 여름 별장으로 떠나지 않았다는 사실을 떠올렸다. 드류 가족은 매년 바다가 내려다보이는 멋진 별장에 초대받아 친구 가족과 함께 휴가를 보내곤 했다. 심지어 드류는 몇 번인가 부모님 없이 초대받은 적도 있었고, 주인 부부의 신뢰를 받은 덕분에 여벌 열쇠를 어디에 숨겨두는지도 알고 있었다.

'거기라면 완벽한 파티 장소가 될 거야!' 드류는 생각했다. 그 아름다운 별장을 딱 몇 시간 '빌려 쓰는' 것보다 현명한 선택은 없어 보였다. 두 사람은 완벽히 주의를 기울일 계획이었다. 의심을 받을 만한 요소를 모두 제거한다면 아무도 이 계획을 눈치채지 못할 터였다. 더구나 드류와 주인 부부 사이의 가족 같은 관계를 생각할 때 그들이 크게 신경 쓰지 않을 거라는 생각도 들었다. 두 사람은 문자메시지를 통해 친구들에게 해변의 별장 주소가 적힌 비밀 파티 초대장을 보냈다. '비밀'이라는 단어를 강조하는 것도 잊지 않았다.

하지만 친한 친구 몇 명만 초대된 은밀한 파티는 눈 깜빡할 사이에 거의 100명 이상의 참석자가 몰려든 요란한 행사로 변했다. 가구와 카펫은 맥주, 와인, 음식을 흘린 자국으로 얼룩졌다. 커플들은 2층 침실로 숨어들었고, 부엌은 그야말로 난장판이 되었다. 술에 취한 사람들은 파티 사진을 소셜 미디어에 올리기 시작했다. 이웃 주민 중 누군가가 별장이 무단으로 사용되고 있다고 주인에게 연락을 취한 것은 놀랄 일도 아니었다.

얼마 안 가 경찰이 도착했다. 드류와 윌은 유치장에서 하룻밤을 보낸 뒤 판사와 변호사, 부모님, 별장 주인 부부, 그리고 지역 신문 취재진 앞에 섰다. 그들의 혐의는 무단 주거침입죄와 미성년자 중과실치상을 포함해 총 23가지에 이르렀다. 둘은 손을 덜덜 떨며 무죄를 호소했다. 이윽고 확정된 재판 기일은 두 사람이 각자의 직장을 향해 떠나야 할 날짜보다 3주 뒤였다.

소셜 미디어가 기업계를 뒤흔들고 있다. 2003년까지만 해도 페이스북과 트위터, 링크드인은 이 세상에 존재하지도 않았다. 하지만 오늘날 이러한 서비스는 소셜 미디어가 탄생하기 전에 인간의 삶이 어땠는지 기억조차 나지 않을 정도로 우리 생활에 밀접하게 달라붙었다. 이 글을 쓰고 있는 지금 이 순간 가장 큰 소셜 미디어 플랫폼은 페이스북이며, 유튜브와 레딧Reddit, 트위터, 핀터레스트Pinterest, 인스타그램이 순서대로 그 뒤를 잇는다.[7] 스냅챗은 34세 미만의 인구 사이에서 인기가 높은 만큼, 젊은이들을 타깃으로 삼는 회사들의 눈길을 끌고 있다. 트위터의 페리스코프Periscope나 애플의 팟캐스트Podcast와 같은 동영상 스트리밍 서비스의 이용량도 크게 증가하는 추세다. 이러한 플랫폼들은 우리가 들어보지도 못한 수많은 웹사이트와 함께, 상상할 수 있는 모든 연령대의 모든 수요를 겨냥하고 있다.

이런 흐름에서 개인과 조직이 인터넷상에 남기는 디지털 발자국은 지금 이 순간에도 착실히 흔적을 남기고 있다. 이용자들의 웹사이트 방문과 포스팅, 공유, 태그, 좋아요, 캡처, 전달 기록은 추적 가능한 DNA와 다름없으며 한번 남긴 후에는 결코 지워지지 않는다. 이 섬뜩한 사실이 알려진 이후, 개인에게 불리하게 작용할 수 있는 과거의 활동 내역을 포함하여 인터넷 검색 기록을 삭제함으로써 '잊힐 권리'를 쟁취해야 한다고 주장하는 사람들이 늘어나고 있다. 잊힐 권리는 표현의 자유나 정보의 통합, 게시물 검열과 함께 끊이지 않는 논쟁거리를 제공하고 있으며, 가까운 시일 안에 해결될 기미가 보이지도 않는다. 2014년 구글은 이 쟁점을 놓고 벌어진 유럽 재판소의 재판에서 패소 판결을 받으며 게시물을 자유롭게 삭제할 권리를 잃어버렸다. 이 논쟁의 끝이 어디로 향하든 간에, 현재로서 가장 현명한 처신은 제프리 로즌Jeffrey Rosen이《뉴욕타임스》기고문「잊힐 권리의 상실」을 통해 제공한 조언을 마음에 새기는 것이다. "인터넷과 소셜 미디어의 부작용은 개인의 사생활을 침해하는 데서 그치지 않는다. 인터넷에 남긴 흔적을 지울 수 없는 디지털 세대는 과거로부터 벗어날 수도, 새로운 삶을 시작할 수도 없게 되었다."[8]

당신의 안전이나 개인 정보, 평판, 인간관계, 재무 상태, 신용, 고용 여부 등은 디지털 기술을 어떻게 사용하느냐에 따라 크게 달라진다. 오프라인에서 저지른 실수는 대부분 시간이 지나면 잊히지만 온라인에 남은 실수는 평생 당신을 따라다닌다. 망가진 평판을 복구할 방법도, '디지털 파산'을 신청할 방법도, 다 털고 일어나 새로 시작할 방법도 없다. 인간관계를 쌓거나 사업을 할 때는 누구나 투명성을 추구하지만, 인터넷 세상에서는 투명성에 혹독한 대가를 지불해야 한다. 누군가 당신의 이름을 검색했을 때 가장 먼저 나오는 정보는 십중팔구 당신이 저지른 최악의 실수일 것이기 때문이다.

부와 명예를 모두 거머쥔 사람들이 소셜 미디어 때문에 구설에 오르기 시작한 것은 어제오늘 일이 아니다. 어떤 사람들은 이러한 실수 한 번에 모든 것을 잃기도 한다. 공식적으로 고개 숙여 사과한 후에야 겨우 사회적 매장을 면하는 사람들도 많다. 아직 기업계 또한 소셜 미디어에 면역이 없기는 마찬가지다. 이 때문에 사회적으로 높은 평판을 유지하던 회사들이 부랴부랴 온라인 피해 대책 회의를 소집하는 광경이 심심치 않게 목격된다. 오늘날에도 이런 실수를 저지르는 사람이 있을까 싶을 수도 있지만 인터넷을 욕망의 배출구로 삼고 싶다는 마음은 여전히 많은 사람들에게 떨쳐내기 어려운 유혹이다.

소셜 미디어가 잠재적인 법률 문제를 야기할 수 있다는 인식이 퍼지면서 온라인 브랜딩을 위해 평판 관리 전문 회사를 고용하는 개인 혹은 기업들도 점점 늘어나고 있다. 그 비용은 당연히 매우 비싸다. 이러한 전문 회사들은 이미 온라인에 게시된 부적절한 글을 지우는 대신 최대한 덮고, 과거에는 인지하지 못했지만 세월이 흐르면서 문제의 소지가 생길 수 있는 요소들을 계속 점검한다.

하지만 온라인 게시물을 공짜로 관리할 수 있는 일도 있다. 우선 스스로 온라인 조사를 진행하는 것이다. 한번 인터넷에 올린 콘텐츠는 개인의 자각이나 동의, 통제를 벗어나 계속해서 변형될 수 있기 때문에 조사 또한 주기적으로 진행해야 한다. 지금 관점에서 의문이 드는 글이나 사진, 동영상이 있다면 즉시 지우고 친구들에게도 삭제를 요청하라. 다음으로는 잠재적 위험을 내포하고 있는 과거의 게시글이 아래로 내려가도록 계속해서 새로운 콘텐츠를 올리자. 마케팅 전략 컨설턴트 도리 클라크Dorrie Clarke는 이렇게 말한다. "최악의 원수가 아닌 다음에야 구글에서 당신의 이름을 검색한 뒤 20페이지까지 넘겨보는 사람은 없습니다. 보통은 기껏해야 2페이지 정도에서 멈추죠."[2] 특히 동영상은 글이나 사진보다 상위에 노출될 확률이 높으므로, 영상 자료를 올리는 블로그를 운영할 때는 올린 사람의 의도가 잘못 해석될 만한 콘텐츠를 올리지 않도록 각별히 유의해야 한다고 조언한다. 페이스북이나 트위터처럼 검증된 블로그 및 소셜 미디어 서비스만 이용하는 것도 그녀가 추천하는 리스크 관리 대책 중 하나다.

온라인 세상에서는 이미 생긴 나쁜 평판을 잠재우는 것보다 처음부터 좋은 평판을 유지하는 것이 훨씬 쉽다. 아무리 정당한 생각처럼 느껴지더라도, 타인의 분노나 불만을 부채질하는 글을 올려서는 안 된다. 인종차별주의자나 성차별주의자를 포함하여 그 어떤 '~주의자'로 비칠 수 있는 게시물 또한 삼가야 한다. 분위기에 휩쓸려 사이버 폭력이나 온라인 왕따 같은 못된 행위에 동참하는 것은 바보 같은 짓이다. 인터넷에 올리는 모든 콘텐츠는 건전하고 유용해야 하며, 당신이 일상생활에서 지인들과 온라인 커뮤니케이션을 할 때 염두에 두는 규범을 그대로 따라야 한다. 상대방의 이야기를 경청하고 타인의 의견을 존중하며 사과나 감사 표현에 솔직하고 언쟁을 벌이지 않는 태도는 언제나 좋은 결과를 가져온다.

기업들은 소셜 미디어의 힘과 파급력을 잘 알고 있다. 그들은 전문가를 동원해 밝은 스토리와 긍정적인 뉴스를 통해 팔로워를 늘리고 잠재 고객과의 관계를 개선하는 '소셜 셀링Social Selling'에 열을 올린다. 이러한 노력의 최종 목표는 잠재 고객을 실제 구매자로, 그 구매자를 충성 고객으로 만드는 데 있다. 하지만 소셜 미디어 때문에 치를 수 있는 값비싼 대가에 대해 잘 모르는 것은

태도의 품격

기업도 마찬가지다. 가령 일부 기업들은 대규모 재해나 재난 사태 앞에서 동정을 앞세운 온라인 판촉 활동을 펼쳤다가 오히려 무지하고 탐욕스러운 회사라는 오명을 남겼다. 인간이 저지르는 실수 또한 무시할 수 없는 리스크다. 훗스위트Hootsuite의 CEO 라이언 홈스Ryan Holmes는 모 대기업에서 회사 트위터를 통해 불만을 제기한 고객을 응대하던 직원이 실수로 답변에 외설적인 사진을 함께 링크했던 사건을 주제로 글을 쓰기도 했다. 당시 회사 측이 사태를 알아채고 링크를 삭제하기 전까지 해당 글은 1시간 내내 모든 팔로워들에게 노출되었다.

고객에게 조금이라도 더 가까이 다가가고 싶은 기업들은 직원의 소셜 미디어 계정에 잠재된 무한한 마케팅 가능성을 눈여겨보고 있다. 밀레니얼 세대가 기업이 직접적으로 제공하는 브랜드 광고보다 친구들이 작성한 온라인 게시물에 더 큰 영향을 받는다는 연구 결과도 있다. 하지만 직원들을 브랜드 홍보대사로 활용하려는 회사라면 이러한 시도가 초래할 수 있는 리스크에도 주의를 기울여야 한다. 실제로 많은 회사들이 소셜 미디어 교육 프로그램을 도입하여 직원들에게 자사의 소셜 미디어 활용 전략과 온라인 마케팅 성공 사례, 브랜드 홍보대사로 활동했을 때 주어지는 보상 등을 체계적으로 교육하고 있다.

그러나 지나치게 엄격한 접근은 피해야 한다. 미국에서는 직원들에게 사적인 인맥 네트워크를 제공하라고 강요하거나 자신의 의견과 다른 게시물을 올리라고 종용하는 행위가 노동관계법 위반으로 간주될 수 있다.

직장인들 또한 소셜 미디어의 기본 원칙을 늘 염두에 두고 활동 기록을 깨끗하게 유지하기 위해 끊임없이 노력해야 한다. 광고대행사 트레이시로크TracyLocke의 전략팀장 존 토머스Jon Thomas는 직장인들이 흠 없는 소셜 미디어 계정을 가지고 있어야 할 이유를 이렇게 설명한다. "현대 사회에서는 누구나 작가가 될 수 있습니다. 블로그나 유튜브, 페이스북, 링크드인, 심지어 140자의 글자 수 제한이 있는 트위터를 통해서도 언제 어디서나 자기 생각을 게시할 수 있죠. 이런 세상에서 개인의 정체성을 구구절절 늘어놓은 이력서는 더 이상 큰 역할을 하지 못합니다. 물론 직원을 뽑을 때 이력서를 살펴보고 면접을 보는 절차가 있긴 합니다만, 그 사람의 생각이나 태도를 제대로 이해하고 싶다면 지금까지 소셜 미디어에 올린 글들을 살펴보는 편이 훨씬 더 정확합니다. 회사는 소셜 미디어 검증 과정을 통해 채용 후보자가 이 업계에 어울리는 사람인지, 보다 구체적으로는 우리 회사에 어떤 영향을 미칠 사람인지 확인하죠." 더하여 소셜 미디어 컨설팅 회사 에스에이치이컨설팅s.h.e. Consulting의 창업자이자 디지털미디어 전문가인 에스타 싱어Esta Singer는 이렇게 말한다. "소셜 미디어 계정을 가지고 있다면 따로 평판 관리를 할 필요가 없습니다. 온라인상에서 사람들과 친밀한 관계를 쌓는 동시에 유용하고 시기적절한 정보 공유를 통해 성실함을 증명하고, 이를 통해 충성스러운 팔로워들을 쌓는 행위 자체가 곧 평판 관리니까요. 이제 소셜 미디어 활동은 당신의 가치를 증명하고 공유하는 방법이 되었어요."

사생활이나 정보 보호, 개인적인 취향, 혹은 지금까지 나열한 리스크 때문에 소셜 미디어 활동을 전혀 하지 않는 사람들도 있긴 하지만 당신의 참여 여부와 별개로, 어느새 소셜 미디어는 비즈니스 대화의 장으로 자리를 잡았다. 그 대화에 참여하고 싶다면 당신 역시 적극적으로 활용하는 수밖에 없다.

[33]
소셜 미디어에서 명심해야 할
세 가지 P

·

에드워드는 자신이 언제부터 이렇게 이기적이고 못된 사람이 되었을까 하는 자괴감을 누를 수가 없었다. 올해 55세가 된 그는 부동산 회사인 클래스에이스페이시스Class A Spaces에서 최고 중역으로 근무하며 지난 몇 년간 수많은 신입 직원들의 멘토 역할을 담당해왔다. 그는 젊은이들에게 조언을 해줄 수 있다는 사실을 감사하게 여겼고, 자신이 가르친 직원들이 낸 훌륭한 성과를 보며 무한한 자부심을 느꼈다. 에드워드의 생각에 이 모든 성공은 그 자신이 스승처럼 모시는 멘토들의 가르침과 업계에서 25년 간 쌓아온 탄탄한 인맥 덕분이었다.

그가 회사생활을 시작했을 때는 지금과 모든 것이 달랐다. 당시에는 직접 얼굴을 보지 않고 관계를 쌓는 것이 불가능했기 때문에 인맥을 넓히고 싶다면 비즈니스 만찬이나 회식, 회의, 야유회와 같은 행사에 적극적으로 참여해야 했다. 그는 사람들을 만나 친분을 쌓는 일을 좋아했고, 그렇게 다진 인맥 덕분에 사회적인 성공 또한 이룰 수 있었다. 하지만 요즘은 대부분의 관계 형성이 디지털 기기를 통해 이루어졌다. 적은 시간에 많은 사람을 만날 수 있는 디지털 네트워킹의 장점은 이해할 수 있었지만, 에드워드는 그렇게 쌓은 관계의 질이나 깊이를 신뢰할 수 없었다.

하루에도 몇 통씩 소셜 미디어를 통해 친구 초대가 들어오지만 그중 대부분은 에드워드가 전혀 모르는 사람들이었다. 초대 문구에서도 친근함이라고는 찾아볼 수 없었고, 서둘러 쓴 듯 문장이 엉망인 경우도 많았다. 게다가 그에게 친구 신청을 하는 사람들은 뻔뻔하게도 하나같이 에드워드에게 뭔가를 바라고 있었다. 솔직히 에드워드는 그들에게 아무것도 해주고 싶은 마음이 없었다. 프로답지 못한 프로필을 올려놓고 편협한 정치적, 사회적 시각을 내비치는 사람들에게는 일말의 호감도 생기지 않았다. 하지만 이것은 그의 평판과 관계된 문제였다. 아무리 싫다고 해도 모든 초대를 거절하는 것은 올바른 태도가 아니었다. 에드워드는 다시 한번 자신이 언제부터 이렇게 이기적이고 못된 사람이 되었을까 하는 생각을 떨칠 수가 없었다.

소셜 미디어 시장이 개수 면에서나 규모 면에서나 날이 갈수록 확장되고 있는 만큼, 이 모든 플랫폼에서 최고의 성과를 낼 수 있는 개별 매뉴얼은 현실적으로 존재하기 어렵다. 좋은 소식은 사실 이러한 개별 매뉴얼이 필요하지 않다는 것이다. 모든 플랫폼에 적용 가능한 기본 가이드라인에만 충실하면 누구나 어떤 플랫폼에서든 자신의 퍼스널 브랜드를 흠 하나 없이 지켜낼 수 있다. 하지만 주요 플랫폼들이 서로 다른 서비스 목적과 정체성을 지니고 있는 만큼, 각각의 차이점을 숙지하는 것은 큰 도움이 된다. 어떤 소셜 미디어에 어떤 자료를 올려야 할지 헷갈릴 때면 세가지 P를 떠올려라. 그 정보의 성격이 퍼블릭(Public, 공적인)한지, 프라이빗(Private, 사적인)한지, 프로페셔널(Professional, 전문적인)한지 따져보는 것이다.

플랫폼을 제대로 선택한 후에도, 부적절한 허세를 부리는 대신 적절한 사회성을 갖추고 싶다면 아슬아슬한 줄타기를 해야 한다. 소셜 미디어를 이용하는 사람이라면 누구나 매일같이 자신의 화려한 일상이나 고양이 동영상 따위를 지나치게 자주 올려대는 '친구'를 한 명 이상 가지고 있을 것이다. 이런 이용자는 어느 플랫폼에서도 볼 수 있으며, 대개는 소셜 미디어의 특성상 신속하고 따끔한 피드백을 받는다. 때로는 단순히 남들이 하는 행동을 하지 않는 것이 최고의 전략일 수도 있다.

우리는 지금까지 존중하는 태도가 개인적 성공과 직업적 성공의 밑바탕이 된다는 사실을 배웠다. 그리고 소셜 미디어는 상대방을 향한 존중 혹은 경멸이 그 어떤 장소보다도 직접적으로 표출되는 곳이다. 인터넷에 게시된 정보의 속도와 파급력, 영속성을 생각할 때 소셜 미디어에서 보인 행동은 한 사람의 경력을 끌어올릴 수도, 무너뜨릴 수도 있다. 모니터 너머에 있는 상대방을 존중하는 태도는 긍정적인 자세일 뿐 아니라 치열한 경쟁 사회에서 살아남기 위해 갖춰야 할 필수적인 생존 전략이다.

소셜 미디어 세상에서 존중의 출발은 훌륭한 네티즌의 속성을 갖추는 것이다. 스콧 스트래튼Scott Stratton은 저서 『마케팅 시대의 종말』에서 '소셜 통화Social Currency'라는 개념을 소개했다. 그는 소셜 미디어를 통해 가치를 만들어내고 싶다면 우선 소셜 통화를 갖추는 것이 순서라고 주장한다.[10] 일단 도움이 되는 사람이라는 인식을 확보하고 나면, 필요할 때 그동안 쌓아둔 많은 인맥을 통해 더 큰 도움을 받을 수 있다. 마치 은행 계좌처럼 관계를 예금하거나 인출할 수 있는 것이다.

자신의 사생활만큼이나 남의 사생활을 지켜주려는 태도 또한 중요하다. 자신 혹은 친구들의 소셜 미디어에 게시물을 올리거나 공유할 때는 항상 신중을 기해야 한다. 사적인 메시지라면 공개적인 페이지에 올리는 대신 직접 전달하는 것이 옳다.

또한 자신 혹은 타인의 안전이나 재산을 침해할 수 있는 게시물을 절대 올리지 말라. 이 원칙은 매우 중요하다. 다시 말해 누군가의 집 주소, 현재 위치, 여행 계획 등을 공유하는 행위는 금물이다. 통계에 따르면 빈집털이범의 약 80%가 소셜 미디어를 통해 절도 대상을 결정한다. 이런 범죄자들은 구글 스트리트뷰를 통해 집을 물색하고 페이스북을 통해 집 주인의 호텔이나 공항 라운지 체크인 여부를 확인하는 방식으로 집이 언제 비는지 확인한다. 소셜 미디어 이용자들은 때로 포스팅과 사진을 통해 대놓고 자신의 위치와 일정을 광고하며 도둑들에게 매우 유용한 정보를 제공하곤 한다.

이러한 '사이버 케이싱Cyber Casing •'을 피하고 싶다면 여행 계획을 공개하거나 집과 멀리 떨어진 장소에서 현재 위치를 공유하는 행동은 삼가고, 여행 사진과 포스팅 또한 집에 무사히 도착한 후에 올려야 한다. 스마트폰을 통해 저도 모르게 위치가 노출될 수도 있으므로, 여행 중에는 위치 정보 태그나 GPS 추적 기능을 비활성화시키고 스마트폰에서 바로 사진을 업로드하지 않는 것이 좋다.

• 절도범들이 집이 언제 비는지 확인하기 위해 온라인에 게시된 정보를 이용하는 것

온라인에서 완벽한 평판을 만들고 싶다면 친구들의 게시물이 당신에게 미칠 영향도 따져보아야 한다. 부적절한 표현을 자주 사용하거나 눈살이 찌푸려지는 사진 혹은 농담을 빈번하게 올리는 지인이 있다면, 그와의 관계를 다시 한번 생각해볼 필요가 있다. 물론 그 사람이 가족이나 오랜 친구라면 그를 '언팔로우'하는 행동이 두 사람 사이의 친밀한 관계를 손상시킬까 봐 걱정될 수도 있다. 다행히 대부분의 소셜 네트워크 서비스는 대놓고 누군가를 언팔로우하는 대신 당신의 페이지에서 그 사람의 노출을 제한할 수 있는 설정을 제공한다. 특정한 사람이 친구 목록에서 보이지 않도록 숨길 수도 있고, 대화를 나누고 싶지 않은 친구가 당신에게 채팅 신청을 할 수 없도록 차단하는 것도 가능하다. 물론 때로는 과감히 언팔로우하는 선택도 필요하다. 이런 경우 친구 목록에서 삭제된 사람에게 알림 메시지가 뜨지는 않지만, 상대방이 영원히 눈치채지 못할 가능성은 매우 낮다.

주요 소셜 미디어 플랫폼에서는 이용자들이 개인 정보와 게시물 공개 범위를 자유롭게 설정할 수 있다. 하지만 설정 방법이나 범위는 플랫폼별로 다르며, 시간이 지남에 따라 규정이 변하는 경우도 많다. 최신 규정을 놓치지 않고 개인 정보 설정을 현명하게 활용한다면 소중한 인간관계와 퍼스널 브랜드를 동시에 지킬 수 있을 것이다.

현실 세계에서와 마찬가지로 온라인 세상에서도 첫인상은 중요한 역할을 한다. 이용하는 플랫폼에 관계없이, 처음 만나는 상대에게는 반드시 인사를 건네라. 상대방이 당신을 알고 있으리라 지레짐작하지 말라. 친구 신청을 할 때는 사이트에서 제공하는 기본 인사말 대신 간결하고 친근한 동시에 그 사람의 특성을 생각하면서 쓴 개인적인 초대 메시지를 보내라. 직업적으로 활용될 수 있는 프로필을 기재할 때는 최근에 찍은 본인 사진을 올리는 것이 좋다. 당신의 아기 사진은 아무리 귀엽다 해도 보는 사람에게 프로답지 못하거나 진정성이 떨어진다는 인상을 준다. 올바른 문법과 맞춤법을 사용하는 것은 기본적인 전제 조건이다.

사귈 친구를 선택하고 선택받는 과정은 온라인이나 오프라인이나 크게 다르지 않다. 때로는 전혀 모르는 사람이나 알긴 알지만 그다지 친분을 쌓고 싶지 않은 상대가 친구 신청을 할 때도 있다. 모든 신청을 일일이 받아줄 필요는 없으며, 마찬가지로 당신의 신청이 항상 받아들여지지는 않는다는 사실을 기억하라. 사람들은 대부분 온라인상에서 친구를 맺는 저마다의 기준을 가지고 있다. 가족의 친구 신청만 받아주는 사람도 있고, 먼 친척이나 가까운 친구의 요청까지는 수락하는 사람도 있으며, 들어오는 친구 신청을 전부 받아주는 사람도 있다. 당신의 신청이 거절당했다고 해서 서운해하거나 기분 나빠할 필요는 없다. 어떤 사람은 친구 신청을 무시하거나 거절하는 것이 무례한 행동이라고 생각하지만, 어떤 사람은 확실히 거절 버튼을 누르는 것보다 계속 보류하는 것이 상대방을 배려하는 행동이라고 생각한다. 혹시 나중에라도 이 사람과 친구를 맺고 싶어질지 누가 알겠는가? 어쩌면 성급하게 인연의 끈을 끊어버리지 않는 것이 현명한 선택일지도 모른다.

포스팅을 올리는 간격 또한 당신의 온라인 평판에 영향을 미친다. 데이터 분석 회사 섬올SumAll은 다음과 같이 소셜 미디어 플랫폼별로 가장 적절한 포스팅 빈도 가이드라인을 제공하고 있다. 페이스북에는 하루 2회(그보다 더 자주 올리면 댓글과 '좋아요' 수가 감소한다), 링크드인에는 평일 기준으로 하루 1회, 구글플러스와 트위터에는 하루 3회, 인스타그램에는 하루 2회, 핀터레스트에는 하루 5회, 블로그에는 일주일에 2회 글을 올리는 것이 좋다.[11] 하지만 소셜 미디어 전문가인 에스타 싱어는 포스팅 숫자가 큰 영향력을 갖지 않는다고 주장한다. 그녀는 이렇게 말한다. "게시물을 얼마나 자주 올릴지는 당신의 글을 읽는 사람들이 누구인지, 그리고 그 글이 얼마나 적절한 정보를 담고 있는지에 따라 결정하면 됩니다." 물론 당신의 포스팅 간격은 현재 당신 혹은 지인들에게 어떤 일이 일어나고 있는지에 따라 달라질 것이다. 하지만 기본적인 가이드라인은 동일하다. 가장 중요한 기준은 올바른 판단력이며, 당신의 포스팅 빈도는 남들이 당신을 판단하는 기준이 될 수도 있다.

하나도 복잡하지 않은 소셜 미디어

65세의 스티븐은 페이스북 초보였다. 유행에 민감한 그의 딸은 손주들의 사진이나 동영상을 공유하고 가족들과 연락도 편하게 주고받을 수 있도록 페이스북 계정을 만들라고 지난 몇 년간 그를 설득해왔다. 처음에는 애들이나 이용하는 사이트라며 손사래를 쳤던 그였지만, 어느새 친구들까지 페이스북을 이용하기 시작하자 차츰 생각이 바뀌었다. 마침내 계정을 하나 만들기로 마음먹었다.

하지만 처음 보는 소셜 미디어 플랫폼에 적응하기란 쉬운 일이 아니었다. 그에게는 포스트부터 상태 업데이트, 타임라인, 메시지, 각종 리스트, 개인보호 설정까지 모든 사용법이 낯설고 어렵기만 했다. 그리고 세상에, 그는 실수를 저지르고 말았다. 어느 날 그는 최근 페이스북을 통해 다시 연락이 닿은 옛 친구에게 장문의 메시지를 보냈다. 메시지 내용에는 그의 인간관계부터 직장생활, 건강 등 두 사람이 만나지 못한 지난 20년간 스티븐의 일생이 고스란히 담겨 있었다. 얼마 후 친구에게서 비밀 메시지가 도착했다. "스티븐, 내 타임라인에 쓴 글, 실수로 올린 것 아니야?" 스티븐은 답장을 보냈다. "글쎄…… 아니긴 한데…… 왜?"

친구는 타임라인에 올린 글이 계정 주인의 친구들에게 전부 공개된다는 사실을 알려주면서 사적인 내용은 비밀 메시지로 쓰는 편이 좋다고 조언해주었다. '교훈을 하나 얻었군. 대가는 무척 비쌌지만.' 스티븐은 생각했다.

디지털 원주민들은 상상도 할 수 없는 실수담이지만, 소셜 미디어의 강물에 이제 막 발을 담근 초보자들은 비슷한 상황을 수 없이 겪는다. 소셜 미디어가 탄생한 순간부터 사용을 시작하여 각종 규칙을 직접 만들어낸 디지털 원주민들은 '소셜 미디어 에티켓' 부분에서 나이 든 동료들에 비해 훨씬 유리한 고지를 선점하고 있다. 기술이 발전해갈수록 그들은 온라인상에서 어떤 매너가 용납되고 용납되지 않는지, 어떻게 행동하면 플랫폼에 관계없이 환영받을 수 있는지 조금씩 배워나갔다. 이렇게 생긴 규칙은 어느새 모두가 동의하고 받아들이는 가이드라인을 형성했고, 덕분에 뒤늦게 소셜 미디어를 시작한 늦깎이 이용자들도 약간의 조사와 올바른 판단력만 있으면 빠르게 적응할 수 있게 되었다.

디지털 이민자 세대의 한 사람으로서, 나는 이 장을 쓰기 위해 직업적인 소셜 미디어 전문가를 포함한 여러 지인들에게 도움을 받았다. 내 원고에 조언을 해주었으며, 실제로 가장 유명한 소셜 미디어 플랫폼에서 볼 수 있는 모범적인 사례들을 제공해주었다. 지금부터 소개할 내용은 디지털 이민자들에게는 새로운 정보를 줄 것이고 디지털 원주민들에게는 이미 아는 내용을 복습할 기회를 제공할 것이다. 만약 당신이 숨 쉬는 것처럼 자연스럽게 소셜 미디어를 이용하는 사람이라면 올바른 매너가 얼마나 중요한 역할을 하는지 다시 한번 되새기는 기회가 되길 바란다.

아직은 가장 거대한 매체, 페이스북

페이스북은 가족이나 친구들, 혹은 비슷한 관심사를 가진 사람들끼리 네트워킹을 할 수 있도록 도와주는 서비스다. 페이스북 프로필이란 페이스북 사이트에 만든 개인 계정을 의미한다. 이 서비스를 이용하면 다른 사람들과 '친구'를 맺고 사진이나 비디오를 업로드하며 다른 사람들의 게시물에 '좋아요'를 누르고 메시지를 보내거나 상태를 업데이트할 수 있다. 개인 정보 설정에 따라 이용자의 친구들은 그의 '담벼락Wall'에 걸린 글을 읽을 수 있고, 그가 올린 포스트에 댓글을 달 수도 있다. 페이스북은 한 명의 개인 정보로 오직 한 개의 개인 계정만 만들 수 있도록 허용한다. 본래 비즈니스 관련 서비스가 아님에도 불구하고 페이스북 프로필에는 직업 관련 정보를 적는 칸이 존재하며, 이용자들의 거대한 소셜 관계망을 이용하여 구직 시장에서 영역을 확대하려는 움직임도 여러 군데서 포착되고 있다.

댄 빈Dan Bean은 《야후테크Yahoo Tech》에 실린 기고문 「당신이 페이스북에 올린 글 때문에 해고당할 수 있다는 11가지 증거」를 통해 다음과 같은 사례들을 공유했다.

한 기업의 직원은 "사장이 너무 싫다"라는 글을 올렸다가 이런 댓글을 받았다. "우리가 페이스북 친구라는 걸 알고 쓴 글이겠지?"

젊은 인턴이 중요한 가족 문제를 핑계로 하루 휴가를 신청했다. 같은 날 그의 페이스북 담벼락에는 지팡이를 든 요정으로 분장한 할로윈 파티 사진이 올라왔다.

"일하는 척 하면서 T4F 음악을 듣고 있는 지금 너무 행복해"라는 글을 올린 직원은 이런 댓글을 받았다. "나는 당신이 일하는 척 하는 동안에도 급료를 지불하고 있는 사람이네. 당장 내 방으로 오게."

마약을 하는 사진을 올린 직원에게는 이런 메시지가 도착했다. "당신을 해고하면 안 되는 이유를 잘 정리해서 월요일 출근 즉시 보고하기 바랍니다." [12]

개인 계정과 달리, '페이스북 페이지'는 기업이 고객에게 자사 브랜드를 어필하고 팔로우를 유도하기 위해 만든 기업 계정이다. 페이지에서는 '페이스북 광고'를 통한 홍보 활동도 가능하다. 페이스북 페이지를 개설하기 위해서는 기본적으로 개인 계정이 필요하지만, 한 명의 정보로 딱 한 개만 만들 수 있는 개인 계정과 달리 페이지는 원하는 만큼 무제한으로 만들 수 있다. 개인 계정과 비즈니스 계정의 프로필은 반드시 분리해서 관리해야 한다. 우선 페이스북은 개인 계정을 통한 상업적 활동을 금지하고 있으며, 이 규정을 어길 때에는 계정 자체를 삭제할 수도 있다. 더불어 개인 계정과 비즈니스 계정은 서로 다른 목표를 대상으로 운영하는 것이 효과적이다.

기업 입장에서 페이스북 페이지는 팔로워를 모으고 신뢰를 확보하는 동시에 고객 충성도를 쉽게 측정할 수 있는 효과적인 마케팅 수단이다. 최고의 성과를 내기 위해서는 시간을 들여 효율적인 운영 방안을 연구해야 하며, 페이지가 기본적으로 양방향 커뮤니케이션 수단이라는 사실을 잊어서는 안 된다. 다시 말해, 긍정적인 내용이든 부정적인 내용이든 모든 댓글에는 반드시 답변을 달아야 한다.

개인 계정을 운영할 때는 실제로 잘 알고 좋아하는 사람들만 '친구' 목록에 추가하는 것을 강력히 추천한다. 요즘도 '친구가 많을수록 즐거울 것이다'라는 생각에 아무나 친구로 받아들이는 사람이 많으며, 이런 경향은 특히 젊은 이용자들 사이에서 두드러진다. 통계에 따르면 만 18세에서 24세 사이의 페이스북 이용자들은 평균 649명의 친구가 있다고 한다.[13] 《유에스뉴스앤드월드리포트U.S. News & World Report》는 옥스퍼드 대학교의 연구 결과를 인용하여 페이스북 친구 중에서 진짜 친구라고 부를 수 있는 사람은 네 명에 불과하다는 취지의 흥미로운 기사를 실었다.[14] 네 명이라는 숫자는 우리가 현실 세계에서 가지고 있는 진짜 친구의 숫자와 일치한다. 어느 정도 범위까지 친구로 받아들일지 결정하기 전에, 페이스북 친구가 많을수록 당신의 정보가 잘못된 사람의 손에 넘어갈 확률도 높아진다는 사실을 반드시 염두에 두어야 한다.

스팸 메시지를 보내거나 관심을 끌기 위해 애매한 상태 메시지를 올리는 행동, 겸손한 척하며 은근히 뽐내는 행동, 이외에도 매일같이 페이스북을 사용하며 곤란한 상황에 처하지 않도록 도와주는 가이드라인들이 있다. 비밀 메시지는 상대방의 답장이 필요한 경우에만 보내기, 상태 메시지를 업데이트하기 전에 그 사실을 꼭 알아야 할 사람들에게 미리 연락하기(한 남성은 어머니의 페이스북 프로필이 '싱글'로 바뀐 것을 보고 나서야 부모님의 이혼 사실을 알게 되었다), 집에서 앓고 있어야 할 시간에 스타벅스에 있는 사진 올리지 않기 등. 하지만 가장 간단한 방법은 모든 친구들에게 공유되는 게시물을 올리기 전에 세 가지 기준을 충족하는지 먼저 생각해보는 것이다. 이 포스팅이 흥미로운가? 유용한가? 재미있는가? 당신이 올리는 게시물이 이 세 가지 기준을 충족하는 한, 당신은 누구에게나 환영받는 페이스북 친구가 될 것이다.

140자의 세계, 트위터

《머니Money》의 수지 포픽Susie Poppick 기자는 캘리포니아주 베이 에어리어 지역 시청에서 근무하다가 권고 사직을 당한 한 공무원의 사례를 공유했다. 그녀의 사직 사유는 '시 의회가 진행되는 동안 본래 업무인 회의록을 정리하는 대신 트위터에 글을 올렸기 때문'으로 알려졌다. 해당 공무원은 편지를 통해 '그 행동은 굳이 말할 필요가 없을 정도로 어리석었으며, 누구도 자신과 같은 실수를 저지르지 않았으면 한다'는 심경을 밝혔다.[15]

트위터는 소셜 네트워킹과 마이크로블로깅Micro-Blogging 서비스를 제공하며, 이용자들이 일명 '트윗Tweet'이라고 부르는 메시지를 통해 생각을 공유할 수 있도록 해주는 플랫폼이다. 140자의 글자 수 제한을 가진 문자 기반 포스트이며, 게시된 트윗은 작성자의 프로필 페이지와 '팔로워Follower'라 불리는 구독자들의 페이지에 전송된다. 작성자가 트윗 공개 대상을 한정하지 않는 한, 그를 팔로우하지 않은 사람도 그가 지금까지 쓴 트윗을 읽을 수 있다. 2016년 6월 기준으로 트위터 이용자들은 글과 함께 140초짜리 동영상 파일을 함께 업로드할 수 있게 되었다.

다른 소셜 미디어 플랫폼과 차별화되는 트위터만의 특징은 상대방의 팔로우 신청을 허락하거나 거절하는 절차가 없다는 것이다. 물론 팔로우를 할 수 없도록 계정을 보호할 수는 있지만, 그렇게 되면 트위터가 제공하는 비즈니스나 네트워킹 기능의 사용이 극도로 제한되므로 사실상 이 플랫폼을 이용하는 의미가 없어진다. 일부 사람들은 본인을 팔로우한 모든 이용자를 맞팔로우하고 그중에서 특별히 챙기고 싶은 지인들의 목록을 따로 관리하는 것이 옳다고 주장한다. 하지만 상대방이 나를 팔로우했든 하지 않았든, 그가 올리는 트윗이 노골적인 홍보성 게시물이거나 당신의 흥미를 끌지 못하는 경우에는 그의 계정을 팔로우할 의무가 전혀 없다.

에스타 싱어는 트위터라는 서비스가 직장인들에게 얼마나 중요한 의미를 지니는지 알아야 한다고 말한다. "트위터는 전 세계를 무대로 한 사교 모임과 같습니다. 그 안에서 당신은 이미 잘 아는 사람이나 몇 번 만났던 사람, 만난 적은 없지만 앞으로 만날 사람과 어울리는 경험을 하게 되죠. 대화도 나누고 상대방에게 도움을 줄 수 있는 정보나 의견을 제공하면서요. 더 중요한 것은 이 모든 행위가 인맥 형성의 과정이라는 사실입니다. 항상 투명하고 진정성 있는 모습을 보이세요." 그녀는 이런 조언도 덧붙인다. "트위터를 할 때는 이용자 대부분이 합의한 에티켓을 지켜야 합니다. 남들에게 도움이 될 만한 유용한 정보를 제공하세요. 그리고 누군가 당신의 트윗을 공유하거나 리트윗했다면 감사 인사를 전하세요. 트위터의 영향력이 끝없이 확장되고 있는 오늘날, 팔로워의 수보다 훨씬 중요한 것은 그들과 얼마나 양질의 관계를 맺고 있느냐는 것입니다."

트위터가 양방향 커뮤니케이션 수단이라는 사실을 잊지 말라. 받는 것보다 주는 것이 더 많은 이용자가 되어야 한다. 소셜 미디어 전문가 크리스 브로건Chris Brogan은 "자기 홍보성 트윗을 한 개 올릴 때마다 다른 사람들의 트윗을 열두 개씩 홍보해주어야 한다"라는 지침을 제공했다.[16] 그리고 리트윗을 따로 요청하지 말라. 명확한 주제와 유용한 정보를 담은 트윗은 강요하지 않아도 자연히 리트윗될 것이다.

신경 써서 챙겨야 할 계정 목록을 따로 만들어 관리하라. 팔로워가 많아질수록 유지하기도 힘들어지는 법이다. 당신의 프로필에는 사진과 성의 있는 자기소개, 달리 자신을 알릴 수 있는 링크를 걸어두어라. 미완성된 프로필은 스팸 트윗을 발송할 것 같다는 느낌을 풍기니까.

트윗을 통한 의견 교환은 간결하게 하고, 한 번에 3회 이상 메시지를 주고받지 말라. 그 이상 대화가 길어진다면 전화나 이메일 같은 더 효율적인 커뮤니케이션 수단으로 넘어가는 것이 옳다. 앳 마크(@)를 이용한 아이디 태그를 남발하지 말라. 아이디 태그를 통한 대화가 길어지면 그 대화에 참여하지 않는 사람들은 금새 지루해진다.

트윗에 담긴 콘텐츠나 대화, 트렌드가 검색될 수 있도록 해시태그(#)를 활용하라. 트위터 세상에서 해시태그는 트윗의 범주를 분류하고 관련된 콘텐츠를 검색하며 더 많은 구독자를 확보하는 수단으로 활용되어왔다. 하지만 해시태그 남발을 비판하는 목소리가 점점 커지고 있는 만큼, 어느 때보다 신중하게 사용하려는 노력이 필요하다. 다시 말해, 트윗의 본래 의도를 파악하기 어려울 정도로 길거나 많은 해시태그를 달아서는 안 된다.

직장인을 위한 소셜 미디어, 링크드인

링크드인은 비즈니스 기반의 소셜 네트워크 서비스로, 기업 정보 공유는 물론 동종 업계 종사자들과의 그룹 활동, 구인 및 구직, 각종 홍보 활동을 할 수 있는 플랫폼을 제공한다. 링크드인의 메시징 기능을 활용하면 자신의 생각을 포스팅할 수 있고, 남이 올린 게시물을 공유하거나 '좋아요' 버튼으로 호의를 표시할 수도 있다. 2016년 8월 기준으로 링크드인의 전 세계 이용자는 약 4억 5000만 명에 이르렀으며[17] 2016년 6월 마이크로소프트는 262억 달러라는 금액을 지불하고 이 사이트를 인수했다. 마이크로소프트 CEO 사티아 나델라Satya Nadella는 당시 인수 결정을 두고 이렇게 말했다. "생각해보세요. 사람들이 일자리를 찾고, 기술을 개발하고, 물건을 팔고, 마케팅을 하고, 주어진 업무를 완수하고, 궁극적으로 성공을 거머쥐려면 비즈니스 세계에서 그들을 서로 연결해주는 플랫폼이 필요합니다."

현재 직장인들에게 온갖 종류의 정보를 제공해주는 사이트들이 넘쳐나고 있지만, 그중 최고로 평가받는 것은 여전히 링크드

태도의 품격

인이다. 하지만 비즈니스보다 소셜 네트워킹에 치중된 새로운 기능들이 연이어 출시되면서 링크드인이 점차 페이스북화 되어간다고 비판하는 이용자들도 있다. 비즈니스와 아무 상관이 없는 개인사나 정치적 견해, 심지어 연애 이야기를 공유하는 사람들이 많아지면서 직장인들을 위한 소셜 미디어라는 링크드인 고유의 정체성이 흐려지고 있는 것은 사실이다.

반면 이러한 변화가 직업적 삶과 개인적 삶의 경계가 흐려지는 현실의 변화를 반영하며, 굳이 나쁘게 볼 필요는 없다고 주장하는 사람들도 있다. 업무상 관계뿐만 아니라 본인이 가진 모든 인맥을 총동원해서 좋은 성과를 얻으면 안 된다는 법도 없지 않은가. 어쩌면 주요 소셜 미디어의 서비스에 공통점이 많아지고 각 플랫폼이 점점 구분하기 어려울 정도로 비슷해지는 현상 자체가 우리 사회의 미래를 반영하고 있는 걸지도 모른다. 하지만 현재로서는 개인적 용도와 직업적 용도로 이용하는 소셜 미디어 플랫폼을 분리하는 것이 옳다고 믿는 사람들이 더 많다.

링크드인 안에서 인맥의 가치와 진정성을 지키고 싶다면, 실제로 만난 적이 있는 사람들에 한해 일촌을 맺는 것이 좋다. 직접적인 친분 관계는 없지만 함께 아는 지인이 있거나 공통된 관심사를 공유한 사람까지는 일촌 목록에 포함시켜도 괜찮다고 말하는 사람들도 있다. 개인적으로 알지 못하는 사람에게 일촌 신청을 받았다면 간략한 자기소개를 부탁하고, 당신 쪽에서 보낼 일이 생겼다면 친구 신청을 하게 된 이유를 제대로 설명해야 한다. 그 사람이 한 연설을 감명 깊게 들었거나 그의 블로그를 좋아하거나 같은 모교 출신이라는 사실은 인맥을 넓혀줄 훌륭한 명분이된다.

링크드인을 적절히 활용하려면 다음의 사항을 유의하자. 단축 URL* 서비스를 잘 활용하라. 이는 기억하기 쉬울 뿐 아니라 당신의 정체성을 보다 확실히 드러내줄 것이다. 새 주소는 직업과 경력을 짐작할 수 있도록 구성하는 것이 좋다. 하지만 가장 중요한 것은 정직함을 잃지 않는 태도다. 경력을 허위로 기재한다면 당신의 웹 주소를 보는 전 직장의 상사와 동료들은 불편함을 느낄 것이다. 개인 링크드인 페이지를 수시로 점검하고 프로필 정보를 최신으로 업데이트하라. 마지막 업데이트가 너무 오래됐거나 관리가 되지 않는 페이지는 차라리 없는 것만 못하다.

추천사 요청은 실제로 가까운 친구나 동료에게만 하라. 그리고 추천사를 부탁받았을 때는 가능한 한 상대의 요청을 들어주어라. 그들과 함께 일하면서 느낀 장점을 보증해주고, 당신에게 추천사를 남긴 지인에게는 감사 인사를 전하라.

링크드인에서 활동하는 업계 동료들의 전문 지식을 배우고 싶

---

* 개인 페이지의 복잡하고 긴 URL을 간결하고 쉬운 주소로 바꾸는 기능

태도의 품격

다면 그룹에 참여하라. 그룹의 규칙을 제대로 읽고 따르는 것은 기본적인 매너다. 직접 그룹을 개설할 수도 있겠지만, 그전에 자신이 만든 그룹을 꼼꼼히 챙길 여건이 되는지 따져보아야 한다.

지나친 자기 홍보는 삼가라. 남이 만든 그룹에서 당신의 콘텐츠나 서비스를 홍보하는 행동, 질문에 홍보성 댓글을 다는 행동은 지양해야 한다.

우리는 지금까지 시시각각 변화하는 복잡한 소셜 미디어의 세계를 지나며 다양한 플랫폼의 고유한 특성에 대해 살펴보았다. 실수를 저지를 위험이 존재하는 것은 사실이지만, 소셜 미디어는 제대로 배워 열심히 활용할 가치가 충분한 의사소통 수단이다. 진정성과 투명성을 갖춘 태도, 상대를 향한 존중, 적절한 정보라는 기본 원칙만 지킨다면 궤도에서 벗어날 염려 없이 소셜 미디어의 장점을 십분 활용할 수 있을 것이다.

[35]

디지털 디톡스

존은 이 현실을 믿을 수가 없었다. 그가 다니는 회사는 한동안 매우 힘든 시기를 보냈고, 결국 매출 목표를 달성하지 못한 채 이번 분기를 마감했다. 그리고 이제는 존이 속한 관리팀 직원들이

다함께 '디지털 디톡스* 휴가'인지 뭔지를 떠나야 한다고 요구하고 있었다. '뭘 어떡하라고?' 존은 짜증이 났다. 그는 매 분기 말에 팀원들이 마감 기한을 제대로 맞출 수 있도록 엄청난 노력을 기울였다. 이메일을 통해 끊임없이 현재 진행 상황을 업데이트하고 격려 메일과 독촉 메일을 번갈아 보냈으며 성과를 달성하면 포상 휴가로 제공될 멋진 리조트의 홈페이지 링크 등을 발송하며 모두의 사기를 북돋우려 힘썼다.

그가 팀원들의 업무 효율을 높인다는 명목 아래 디지털 기술에 다소 지나치게 의존하는 것은 사실이었다. 그러고 보니 십대 자녀들의 얼굴을 소셜 미디어 화면 밖에서 본 지도, 아내와 문자 메시지가 아닌 음성을 통해 대화를 나눈 지도 오래되었다. 하지만 지금은 그런 시대였다. 그리고 그에게 디지털 기기 없이 살라는 것은 말이 되지 않았다. 그것도 무려 일주일 동안이나!

하지만 자리를 유지하고 싶다면 단체 행동에 참여해야 했다. 그는 어쩔 수 없이 회사에서 몇 시간 떨어진 곳에 있는 아름다운 캠프장으로 향했고, 약속대로 모든 디지털 기기를 반납했다. 처음 얼마 동안은 무슨 일을 해야 할지 도저히 알 수가 없었다. 그는 본능적으로 휴대폰을 찾으려 주머니에 손을 넣었고, 스마트 워치를 확인하기 위해 손목을 쳐다보았다. '이거 쉽지 않겠는걸.'

---

* 디지털 중독자들의 심신을 치유하기 위해 디지털 기기 사용을 중단하고 휴식을 취하는 요법

그는 생각했다.

공용 공간을 둘러보던 존의 시선은 일주일 동안의 일정이 담긴 게시판으로 향했다. '자연 속 걷기라. 흠, 긴장을 푸는 데 조금은 도움이 되겠군. 활쏘기? 어렸을 때 갔던 여름 캠프 이후로는 해본 적이 없는데. 그리고…… 요가? 이건 늘 해보고 싶었던 거잖아.' 존은 행사 참여를 강요당해 부루퉁해 있을 팀원들을 위로할 요량으로 그들의 안색을 살폈다. 하지만 그의 눈에 들어온 것은 편안하고 들떠 보이는 표정들이었다. "난 하이킹을 가려고. 존 팀장님께도 같이 가자고 말해볼까?" 하루 일정이 끝난 후에는 캠프파이어가 준비되어 있었다. 존과 팀원들은 다 같이 불가에 둘러앉아 식상하지만 신나는 노래를 부르며 다음 날 계획에 대해 이야기를 나누었다.

'어쩌면 참여하길 잘했는지도 모르겠어.' 존은 생각했다. 그는 어느새 스마트폰의 존재나 분기 성과를 가리키는 수치들을 잊어버리고 있었다. 즐거운 마음으로 손등에 바디페인팅을 하면서, 그는 다음 날 있을 보물찾기와 줄다리기를 절대 놓치지 않으리라 마음먹었다. 하지만 하이라이트는 내일 밤에 열릴 장기 자랑 시간이 될 것이다. 그가 가수 뺨치는 노래 실력을 지녔다는 사실을 알게 되면 팀원들이 어떤 표정을 지을까? 기분 좋은 피로감 속에서 깨끗한 공기를 마시자 슬슬 졸음이 찾아왔다. 기대감 속에서 다음 날 진행될 행사들을 하나하나 떠올리던 그는 문득 아무 행사에도 참여하지 않은 채 멍하니 아름다운 풍경을 바라보며 신선한 공기를 즐기는 것도 괜찮겠다는 생각을 했다. 그것도 나쁘지 않겠는데!

　끊임없이 소셜 미디어와 연결된 일상은 일과 사생활, 건강, 인간관계를 해친다. 이러한 사실을 모르는 사람은 거의 없지만, 자기 자신이 직접적인 피해자라고 생각하는 사람은 매우 드물다. 《허핑턴포스트Huffington Post》에 실린 기사 「올해 7월 4일에 디지털 기기의 전원을 끄고 모니터를 멀리하는 것이 건강에 좋은 이유」에 따르면, 지나친 소셜 미디어 활동은 인간의 불안감을 증가시키고 자존감을 떨어뜨린다.[18] 멋진 사람들과 멋진 시간을 보내는 친구의 일상이 끊임없이 업데이트되고, 비슷한 삶을 누리지 못하는 사람들은 스크롤을 내리며 질투나 외로움, 박탈감을 느낀다. 지나친 소셜 미디어 사용은 체중 증가나 불면증과 같은 신체적 부작용까지 유발한다. 웹사이트 〈사이언스데일리Science Daily〉는 태블릿PC 화면에서 나오는 청색광이 수면 호르몬인 멜라토닌 수치를 떨어뜨린다는 기사를 게시하기도 했다.[19]
　『사람들이 플러그를 더 많이 뽑아야 하는 이유』의 저자 소피 브리엔Shopie Breene은 온라인 활동이 현실 세계의 인간관계를 해칠 뿐 아니라 사용자의 의사소통 능력과 정신 건강에 악영향을 미친다고 말한다. 그녀는 "연구에 따르면 소셜 미디어는 선택 가능한 마약과 다름없으며, 밀레니얼 세대의 상당수는 자기 자신을 소셜 미디어 중독자로 여기고 있다"라고 말한다.[20] 우울증과 자세 불량, 시력 및 혈액 순환 저하, 소화 불량, 피부 트러블 또한 디지털 기기를 지나치게 사용했을 때 나타날 수 있는 부작용이며, 목과 손목을 비롯한 근육 건강 또한 좋지 않은 영향을 받는다.

디지털 기기에서 해방된 생활

'플러그 뽑는 날National Day of Unplugging'이라는 날이 존재한다는 사실을 알고 있는가? 매년 3월 첫째 주 금요일이 되면 플러그를 뽑는 날의 참여자들은 사람들에게 디지털 기기 플러그를 24시간 동안 뽑아두자고 제안한다. 유대인 비영리 단체가 시작한 '안식일 선언Sabbath Manifesto'에서 출발한 플러그 뽑는 날은 하루, 혹은 한 주 동안 '긴장을 풀고 디지털 기기에서 해방되어 자기 자신을 돌아보고 사랑하는 사람들과 함께 야외 활동을 하자'는 취지로 만들어졌다.[21]

2010년에는 24시간 동안 소셜 미디어 활동을 전혀 하지 않는 '세계 플러그 뽑기 프로젝트The World UNPLUGGED Project'가 학생들을 중심으로 큰 호응을 얻었다. 프로젝트에 참여한 사람들은 자유와 해방감, 즐거운 고독을 느꼈으며 소셜 미디어에 빠져 있는 대신 창의적인 생각을 하거나 가족 혹은 친구들과 대화, 독서, 일광욕, 산책, 조깅 등을 하며 시간을 보냈다고 말했다. 맛있는 음식을 먹고, 큰 소리로 웃고, 공원을 정처 없이 걷거나 새소리를 듣거나 오랜만에 취미 활동에 참여했다는 후기를 전한 사람들도 많았다.[22]

디지털 디톡스 시작하기

디지털 기기로부터 독립을 선언하라. 기계는 당신의 주인이 아니라 도구다. 통제권은 당신의 손에 있다. 매일 디지털 기기 전원을 끌 시간을 설정하고, 그렇게 얻은 시간을 다른 활동에 투자하라. 아침이라면 요가를 하고, 오후 시간이라면 명상을 하고, 저녁이라면 가족이나 친구와 식사를 하고 잠들기 전이라면 책을 읽어 보라. 하루 반나절, 혹은 한나절 동안 디지털 기기 없는 삶을 경험하라.

하루 한 번, 혹은 두 번으로 소셜 미디어 접속 횟수를 제한할 필요가 있다. 적응이 되면 생각보다 소셜 미디어 생각이 별로 나지 않는다는 사실을 깨닫게 될 것이다.

페이스북 창립자 마크 저커버그는 이렇게 말했다. "저는 매년 페이스북 밖의 세상에서 새로운 분야에 도전하며 스스로를 발전시키려고 노력합니다." 가령 2016년 그는 하루에 1마일씩 달리기에 도전하여 1년 동안 365마일을 달린다는 목표를 달성했고, 2015년에는 2주에 책을 한 권씩 읽는 도전에 성공했다. "독서는

지적인 욕구를 충족시켜주는 취미예요. 우리는 책을 통해 한 주
제를 깊이 탐구할 수 있고, 오늘날 대부분의 미디어들이 주는 것
보다 훨씬 더 자세한 정보를 얻을 수 있습니다."[23]

7장

비즈니스 미팅

격식이 필요한 순간에
대처하는 법

"당신에게 「고급 회계학 강좌」와 「테이블 매너 강좌」 중
하나를 선택할 기회가 주어진다면, 망설이지 말고 후자를 택하라."

하비 맥케이Harvey Mackay, 작가

현실 세계의 접대 과정에서는 수많은 변수가 생기고, 대개의 경우 중간에 한 번이라도 꼭 실수가 발생한다. 예를 들어, 일부 손님이 늦게 도착하거나 아예 모습을 드러내지 않는다. 예약에 착오가 생긴다. 북적대고 시끄러운 식당 분위기 때문에 대화가 들리지 않는다. 주방에 문제가 발생한다. 주문한 음식이 나오지 않거나 주문하지 않은 음식이 나온다. 직원들이 불친절하다. 와인 잔이 넘어지고, 식기가 요란한 소리를 내며 땅에 떨어지고, 음식이 엎질러진다. 과음한 손님들 사이에 언쟁이 벌어진다. 계산할 때가 되었는데 신용카드가 승인 거절을 당한다. 식사 한 번에 이 모든 변수가 일어날 수도 있다. 게다가 식사는 접대 과정의 일부일 뿐이며, 나머지 일정에서도 저마다 통제 불가능한 상황들이 발생할 수 있다.

비즈니스 식사는 큰 위험을 동반하지만, 성공을 원하는 직장인이라면 이러한 위험을 기꺼이 감수해야 한다. 비즈니스 식사만큼 적은 시간과 비용을 들여 기회를 넓히고 정보와 조언을 얻으며 인맥을 넓히고 관계를 다질 수 있는 자리란 흔치 않다. 사업 파트너를 환영하고 회사의 발전을 축하하며 좋은 소식 혹은 나쁜 소식을 전하고 감사나 사과의 뜻을 전하는 데도 비즈니스 식사만큼 적절한 선택이 없다.

비즈니스의 프로들은 성공적인 비즈니스 식사를 위해 단순히 음식에만 신경 써서는 안 된다는 사실을 알고 있다. 맛있는 음식과 일상의 분주함에서 벗어나 조용하고 편안한 분위기가 조화를 이룰 때 손님들은 비로소 진심을 드러내고 서로 의미 있는 관계를 쌓아나갈 준비에 들어간다.

[36]

비즈니스의 80%는
식사 자리에서 이루어진다

금융기업의 영업부서 책임자인 잭은 회사가 중요한 사업권을 따낼 날을 고대하고 있었다. 마지막까지 경쟁사와 치열한 경합을 벌여야 했지만 승산은 충분했다. 그러나 잭의 확신에도 불구하고 몇 달간의 노력은 물거품으로 돌아갔고, 그는 큰 충격을 받았다.

잭은 대표에게 찾아가 탈락 사유를 물었고, 제안서 자체에는 문제가 없었다는 답변을 들었다. 사실 잭의 회사가 제출한 제안서는 어느 면으로 보나 최종 심사를 통과할 자격이 충분했다. "나도 받아들이기 힘들었다네." 대표가 말했다. 그는 마지막에 승부를 가른 결정적 한 방은 상대 회사가 고객사와 우호적이고 끈끈한 관계를 쌓기 위해 오랫동안 기울여온 노력 때문이었다고 털어놓았다. 심지어 그 회사는 경쟁자인 잭네 회사의 경영진 가족을 초대하여 화려한 만찬을 베풀었다. "그 만찬은 단순히 식사를 하고 와인을 마시는 자리가 아니었네. 그들은 우리를 정말 가족처럼 대해주었어."

식사는 세심한 부분까지 완벽하게 준비되어 있었다. 고층 빌딩 꼭대기에 위치한 레스토랑의 통유리창 너머로는 타는 듯한 저녁놀이 보였고, 붉은 석양빛은 테이블 위에서 은은하게 흔들리는 촛불과 어우러져 유리창을 수놓았다. 그리고 각 테이블에는 아름다운 좌석표가 놓여 있었다. 모든 참석자의 이름이 화려한 장식체로 쓰인 그 좌석표는 하나의 예술 작품처럼 보였다.

그 광경을 보며 대표는 생각했다. 만약 우리 회사가 고객사를 위해 이 정도로 준비된 모습과 존중하는 태도를 보였다면, 이번 경쟁은 자신들의 승리였을 것이라고. "그 좌석표가 승부를 가른 거지." 그가 잭을 향해 말했다.

관계를 튼튼히 다지려는 목적으로 주최되는 비즈니스 식사는 오늘날의 비즈니스 환경에서도 매우 중요한 역할을 담당한다. 하지만 관계를 쌓는다는 명분으로 업무 외적으로 진행되는 식사 자리를 준비하는 것은 밀레니얼 세대의 가치관과 전혀 맞지 않는다. 회사 주방에서 과일이나 요거트, 초코바를 집어 들고 자리에 돌아와 일을 계속할 수 있는데, 뭐하러 밖에 나가서 거창한 식사를 한단 말인가? 회사 주방에 있는 음식은 공짜인데, 굳이 일 관련 식사에 돈을 지불할 필요가 있나? 개방형 사무실이나 소셜 미디어에 익숙한 밀레니얼 세대는 인간관계를 쌓기 위해 굳이 격식을 갖춘 자리에 참석할 필요를 느끼지 못한다. 기성 세대 또한 전통적인 비즈니스 접대를 식상하게 여기기는 마찬가지다.

하지만 이런 태도는 지나치게 근시안적이다. 비즈니스 식사의 중요성은 무려 5000년 전 작성된 문서에도 등장할 만큼 오랜 역사를 지니고 있다. 예를 들어, 기원전 2100년경에 작성된 『케티 왕의 가르침』에는 다음과 같은 문구가 실려 있다.[1]

> "낯선 이에게 네가 가진 올리브 오일을 내주어라.
> 그러면 가족을 먹여 살릴 수입이 두 배가 될 지니.
> 훌륭한 자들은 가난한 이에 대한 존중을
> 권력자에 대한 존경보다 더 중요하게 여기노라."

역사를 통틀어 함께하는 식사란 상대방에게 관대함과 존중, 경의를 표한다는 의미를 지니고 있었다. 21세기에도 그 의미의 핵심은 전혀 변하지 않았다.

전 세계 어느 나라를 가도 비즈니스 식사와 접대를 중요시하지 않는 나라는 없다. 비즈니스 식사의 역할은 참석자들 사이에 신뢰를 키우는 일이고, 동시에 앞에 앉은 사람과 비즈니스 관계를 이어나갈지 말지 결정하는 기준을 제공하는 것이다.

《파이낸셜타임스》에서 발매하는 잡지 《하우투스펜드잇》은 「대장의 테이블The Captain's Table」이라는 훌륭한 비정기 칼럼을 통해 성공한 기업가들이 비즈니스 식사의 장소로 선택한 전 세계의 레스토랑과 비즈니스 식사에 대한 그들의 견해를 보여주고 있다. 그만큼 거래처와의 관계에 확실한 방점을 찍으려는 사람들이 얼마나 비즈니스 식사를 중요하게 생각하는지 알 수 있다.

다국적 보안회사 탑스그럽인디아Topsgrup India의 리치 난다Richie Nanda 회장은 이렇게 말한다. "저는 비즈니스의 80% 이상이 점심혹은 저녁 식사 자리에서 이루어진다고 생각합니다. 비즈니스의 가장 중요한 요소는 인간관계이며, 우호적인 관계와 성공적인 비즈니스를 위해서는 사람들 사이의 긴장을 풀어야 하니까요. 때로는 관계자들과 직접 만나 좋은 식사를 즐기는 것만으로도 긴장이 완화되는 것이 느껴집니다."[2] 세계적인 투자 및 개발 회사 토르에쿼티스Thor Equities의 조지프 시트Joseph Sitt 회장 겸 CEO는 "제 멘토인 이집트 출신 기업가 조지프 체헤바Joseph Chehebar는 '비즈니스 식사를 한 당일에 다음번 회의 날짜가 정해지지 않으면 그 거래는 성사되지 않는다'고 조언합니다"라고 전했다.[3]

비즈니스 식사는 목적 자체가 다분히 실용적인 경우가 많다. 우리는 바쁘고, 우리의 동료나 고객들도 바쁘다. 하지만 어찌됐든 밥은 먹어야 한다. 그러니 '한 개의 돌멩이로 두 마리의 새를 잡자'는 마음가짐으로 식사 약속을 잡는 것이다. 얼핏 듣기에는 매우 효율적인 전략 같지만, 사실 이 전략의 성공 여부는 세부사항을 얼마나 잘 구성하느냐에 달려 있다. 업무 관련 조찬이나 오찬 회의를 할 때는 식사 비용을 선불로 결제하는 것이 좋다. 식사를 하는 동안 고객이 일 얘기를 꺼낸다면 기꺼이 응대해야 하겠지만, 눈앞에 닥친 업무를 논의하기 위해서가 아니라 장기적으로 강한 유대감을 형성하기 위해 마련된 식사 자리라면 대화 주제가 너무 일 얘기로만 흘러가지 않도록 적절히 중재해야 한다.

비즈니스 식사를 하는 동안 당신이 상대방을 관찰하는 것과 마찬가지로 상대방도 당신을 관찰한다는 사실을 잊지 말라. 당신의 고객은 당신이 얼마나 성실한지, 어떤 성품을 지니고 있는지, 이 관계를 얼마나 가치 있게 여기는지 주시하고 있다. 장소 예약부터 초대, 환대, 좌석 선정에 이르기까지 이 자리를 마련하기 위해 얼마나 공을 들였는지 또한 중요한 평가 요소가 된다. 점원을 대하는 태도, 와인을 고르는 취향, 대화를 주도하는 매너, 계산서를 처리하는 방식 또한 마찬가지다. 비즈니스 식사는 당신의 품위와 관대함, 개인적인 성품을 드러내고 당신이 비즈니스 파트너로서 얼마나 적합한 사람인지 증명할 더없는 기회다.

게다가 비즈니스 식사는 단순히 고객 혹은 잠재 고객과 함께 하는 만찬에 한정되지 않는다. 직장 동료나 상사, 부하 직원과 매일같이 함께하는 점심 또한 비즈니스 식사에 포함된다. 당신의 직업적 미래를 손에 쥐고 있는 사람들은 당신이 토핑을 너무 많이 넣은 이탈리안 샌드위치를 게걸스럽게 먹어치우거나 양 볼에 소스를 덕지덕지 묻히는 모습을 매일 지켜보고 있다.

고객을 직접 응대할 상황이 많은 직군을 중심으로, 비즈니스 식사를 면접 과정에 포함시키는 기업들도 많다. 잠재적 고용주가 채용 후보를 점심이나 저녁 자리에 초대하는 것은 허기를 채워주기 위해서가 아니다. 식사 자리에서 예비 직원의 돌발 상황에 대처 능력이나 판단력, 유연함, 유머 감각, 친절함, 배려심 등을 평가하고자 하는 것이다.

증권 중개회사 찰스 슈와브Charles Schwab의 CEO 월트 베팅거Walt Bettinger는 비즈니스 식사를 통해 채용 후보자가 곤란한 상황을 어떻게 극복하는지 확인하는 것으로 알려졌다. 그는 《뉴욕타임스》의 애덤 브라이언트Adam Bryant 기자와 진행한 인터뷰에서 지원자와 약속을 잡은 식당에 일찍 찾아가서 그가 주문한 음식을 일부러 엉망으로 내오라고 부탁한다고 말했다. "이 방법은 상대방이 위기를 어떻게 극복하는지 잘 보여줍니다. 누군가는 화를 내고, 누군가는 당황하며, 누군가는 아량 넓은 모습을 보이거든요. 사실 인생과 비즈니스는 언제나 그런 돌발 상황으로 가득하지 않습니까."⁴ 슈와브는 이 테스트가 상대방의 지적 능력이 아닌 성품을 제대로 평가하게 해준다고 확신했다.

잠재적 고용주들은 채용 후보자가 주변 환경에 어떻게 대처하는지, 어떤 음식과 음료를 고르는지, 대화에 참여하는 방식은 어떤지, 식사 예절은 올바르게 갖추고 있는지, 무엇보다 식사 중에 디지털 기기를 힐끔거리지 않는지 날카롭게 관찰한다. 이 중 하나의 항목에서만 실수를 저질러도 다른 면에서 뛰어난 능력을 갖춘 후보자가 합격권에서 멀어질 수 있다.

올바른 식사 예절이 중요하다는 것을 인정하면서도, 이 기술 하나를 갖추지 못했다고 불이익을 받기야 하겠냐고 묻는 사람들도 있다. 나는 이 질문에 확실히 대답할 수 있다. 식사 예절을 갖추지 못하면 불이익을 받는다. 앞서 살펴보았듯이 직장에서 밀레니얼 세대의 성공을 가로막는 가장 큰 장애물은 사교 기술이며, 이는 평소 그 사람의 말투나 행동에서 풍기는 품격에서 드러난다. 그리고 그중에서도 비즈니스 식사 기술에 대한 문제가 가장 심각하다. 이에 대해서는 사회 변화에 따른 가족 역할의 축소를 꼽기도 한다. 1970년대를 기점으로 부모가 맞벌이를 하는 가정이 늘어나면서 온 가족이 식탁에 둘러앉는 저녁 식사의 우선순위가 뒤로 밀려났고, 그 결과 식기를 다루는 법이나 제대로 된 대화에 참여하는 법은 물론이고 어째서 식사 중에 전화를 받으면 안되는지 등에 대한 매너 교육이 제대로 이루어지지 않았다는 것이다. 하지만 이 가설이 옳다면, 식사 예절이라는 중요한 기술을 제대로 배우지 못한 것은 밀레니얼 세대뿐만이 아니다. 많은 기성 세대들 또한 같은 고민을 안고 있을 것이다.

[37]

좋은 인상을 남기는 테이블 매너

자레드는 빛나는 미래를 보장받은 인재였다. 명문 MBA에서도 최고의 성적을 올린 그는 유망한 금융회사의 여름 인턴십 프로그램에 무난히 합격했다. 이 인턴십에서 좋은 인상을 남기기만 하면 졸업과 함께 여섯 자리 숫자의 연봉이 보장되는 정규직 자리를 보장받을 수 있었다. 그를 포함한 인턴 합격자들은 아무나 예약할 수 없는 고급 레스토랑의 특실에서 열린 환영 만찬에 초대받았다. 자레드는 모임 주최자가 미리 준비해둔 와인을 감사히 마시는 대신 메를로 품종의 와인을 새로 주문했고, 메인 코스가 나오기도 전에 그 맛좋은 와인을 두 잔이나 추가해서 마셨다. 잠시 후 도착한 메인 스테이크는 그가 주문한 '미디엄 레어'가 아니라 '미디엄' 상태로 구워져 있었다. 그는 웨이터에게 주의를 준 뒤 스테이크를 다시 구워서 내오라며 주방으로 돌려보냈다. 그리고 음식이 나오기를 기다리면서 와인을 한 잔 더 마셨다.

얼마 후 그는 테이블의 한쪽 끝을 차지하고 앉아 자신이 지금까지 성취한 일들을 큰 소리로 떠들기 시작했다. 이미 혀가 꼬이기 시작했는데도 그의 입에서는 그동안 받았던 수없는 상장이며 전례 없이 높은 학점 기록이 술술 흘러나왔다. 만찬이 진행되는 내내 그는 재미있어 보이는 온갖 대화에 끼어들어 자기 자랑을 늘어놓았고, 대화에 흥미가 떨어지면 즉시 휴대폰으로 시선을 돌렸다. 식사가 끝날 때쯤, 그는 모두의 시선이 자신을 향해 있다는 사실을 깨달았다. '완벽해!' 그는 생각했다. '모두들 내게 깊은 인상을 받은 모양이야!' 다른 사람들이 자신을 질색한다는 생각은 그의 머릿속에 떠오르지도 않았다. 만약 이 자리에 함께한 임원들에게 제정신이 박혀 있다면 자신에게 정규직 자리를 보장하지 않을 리가 없었다. 그렇게 자레드는 자신도 모르는 새 결정적인 기회를 제 발로 차버렸다.

첫인상은 언제나 한정적인 정보에 의해 결정된다. 사람들은 보통 한 분야에서 훌륭한 능력을 갖춘 사람은 다른 분야에도 능숙할 것이라고 생각한다. 뛰어난 양자물리학 지식을 갖춘 사람을 보면 테이블 매너도 제대로 갖추었을 것이라고 짐작하는 식이다. 포크조차 제대로 잡지 못하는 사람이 어떻게 아원자 입자를 연구한단 말인가?

좋은 첫인상 남기기

참석자 수가 많은 행사나 격식을 갖춘 식사의 경우 호스트들이 입구에 늘어서서 게스트를 맞이하고 인사를 나누는 경우도 있다. 이때 사람들의 시선은 주최 측의 VIP에게 쏠려 있으므로, 그와 인사를 나눌 때는 최대한 호들갑을 삼가고 오른손을 내밀어 악수를 나눈 뒤 재빨리 입구를 지나 행사장 안으로 들어가야 한다. 다음은 사람들과 어울리며 대화를 나눌 차례다. 비즈니스의 프로들은 지금 이 순간이 특별한 사람들과 친분을 쌓을 유일한 기회라는 사실을 정확히 인지하고 기회를 잡기 위해 최선을 다한다. 하지만 일단 자리에 앉은 뒤에는 양 옆에 앉은 사람들에게 가장 많은 시간을 할애해야 한다. 맞은편에 더 중요하거나 흥미로운 인물이 앉아 있다고 해서 바로 곁에 앉은 사람을 무시하는 행동은 예의에 어긋난다.

테이블이나 식탁이 보이더라도 바로 가서 앉는 대신 참석자들이 모두 (최소한 대부분) 도착하여 앉는 준비를 마칠 때까지 기다리는 모습을 보여라. 이런 태도는 주최자가 손님들을 정해진 자리로 원활히 안내하는 데 도움을 준다. 자리마다 좌석표가 놓여 있다면 앉기 전에 반드시 이름을 확인해야 한다. 테이블에 앉을 때는 옆 사람과 충돌을 피하기 위해 의자의 오른쪽으로 돌아서 들어가는 것이 매너다. 비즈니스의 세계에서는 성별 구분이 중요하지 않으므로 남성이 여성의 의자를 빼주거나 여성이 일어났을 때 따라 일어나는 등의 행동은 삼가야 한다. 하지만 예기치 못하게 이런 호의를 받았다면 성별에 관계없이 품위 있게 받아들이는 것이 좋다.

모두가 자리에 앉았다면, 손님들은 주최자가 테이블 위의 냅킨을 펼쳐 무릎 위에 얹을 때까지 기다린 후 자신의 냅킨을 집는다. 만일 주최자가 손님들이 자리를 찾아 앉기도 전에 냅킨을 집어들었다면, 손님도 신중하게 자신의 냅킨을 펼쳐 무릎 위에 놓으면 된다. 모임 장소가 고급 레스토랑이라면 웨이터들이 자연스럽게 손님의 냅킨을 펼쳐 무릎에 얹어줄 수도 있다. 립스틱이나 음식물 자국으로 냅킨에 얼룩을 남기고 싶지 않은 사람들은 종종 종업원에게 어두운 색 냅킨을 청하기도 하지만, 이런 행동은 별로 추천하고 싶지 않다. 식당 측에서 그 요구를 들어주지 못할 경우 서로 난감한 입장에 처하기도 하고, 자칫 다른 참석자들에게 지나치게 까다로운 사람으로 비칠 수도 있다.

의자에 앉는 자세도 중요하다. 지나치게 경직되지 않은 선에서 허리를 쭉 펴고 양 발을 모두 바닥에 붙인다. 대화를 나눌 때는 상대방 쪽으로 고개를 돌리되 몸 전체를 돌릴 필요는 없다. 테이블 위에 팔꿈치를 올려놓지 말고, 이마가 테이블 선을 넘도록 몸을 앞으로 기울이지 말라. 손가락으로 테이블을 두드리거나 포크로 잔을 툭툭 치거나 음료를 계속 휘젓는 등 긴장이 드러나는 행동 또한 첫인상에 마이너스 요소가 된다. 음료나 음식이 도착한 후, 손님들은 주최자가 잔 혹은 식기를 집을 때까지 기다렸다가 자기 몫에 손을 댄다. 주최자가 환영하는 의미에서 건배를 청할 때도 있지만, 비즈니스 식사에서는 이 과정이 흔히 생략된다.

냅킨을 사용하라

냅킨은 당연히 무릎 위에 얹어야 한다. 몇 번 접혀 놓여 있는 커다란 냅킨이라면 천의 일부가 배까지 덮일 수 있고, 작은 냅킨이라면 허벅지와 무릎까지만 덮일 것이다. 절대 냅킨을 펄럭이며 펼치지 말라. 음식을 먹다가 음료를 마시기 전에 냅킨을 사용해서 입가를 가볍게 눌러주면 잔에 지저분한 음식 찌꺼기가 묻는 것을 방지할 수 있다. 냅킨을 목깃이나 벨트에 쑤셔 넣는 행동은 금물이고, 넥타이에 얼룩이 묻지 않게 한답시고 어깨 뒤로 돌리거나 셔츠의 단춧구멍 사이로 집어넣는 것도 올바른 매너가 아니다.

잠시 테이블을 떠나야 할 때는 곧 돌아오겠다는 표시로 냅킨을 의자 위에 올려두어라. 개중에는 입가를 닦는 냅킨을 의자에 올려두는 행동이 청결하지 못하다고 생각하는 사람들도 있다. 그들의 의견에도 충분히 일리가 있지만, 음식 찌꺼기가 묻은 냅킨을 테이블에 올려두는 행동 또한 다른 손님들에게 불쾌한 인상을 주기는 마찬가지다. 게다가 종업원들이 테이블 위에 놓인 냅킨을 보고 해당 손님이 완전히 떠났다고 생각하여 남은 음식과 식기를 치우는 해프닝이 발생할 수도 있다. 수준 높은 레스토랑의 종업원들은 손님이 의자 위에 올려둔 냅킨을 다시 접어서 팔걸이에 걸어두거나 접시 왼쪽에 놓아두기도 한다.

하지만 냅킨과 관련된 가장 중요한 매너는 따로 있다. 제발 냅킨을 사용하라! 소스가 묻은 손가락을 쪽쪽 빨거나 식탁보에 슬쩍 닦는 행동은 문명인답지 못하다. 식사가 끝나면 주최자가 자기 냅킨을 느슨하게 접어 접시 왼편에 놓아둘 것이다. 손님들은 그의 행동을 똑같이 따라 하면 된다.

오른손에 나이프, 왼손에 포크를

식기 사용 예절은 나라별로 다르지만, 미국 내에서 가장 많이 사용되는 예법은 역시 미국식 혹은 유럽식이다. 미국식 식사 예절에 따르면 주로 사용하는 손으로 나이프를, 주로 사용하지 않는 손(대개의 경우 왼손)으로 포크를 잡아야 한다. 음식을 썬 후에는 나이프의 칼날이 안쪽으로 향하도록 접시 오른쪽에 놓은 뒤 포크를 오른손으로 옮겨 잡고 먹는다. 음식은 포크 끝이 위로 향하도록 찍어서 입으로 가져가되 고기면 고기, 감자면 감자 등 한 번에 한 가지 음식만 집는 것이 예의다. 식사에 사용하지 않는 손을 무릎 위에 가지런히 올려두어라.

식기를 잡는 법은 미국식과 동일하지만, 유럽식 식사 예법에서는 음식을 썬 뒤 포크 끝을 아래로 하여 찍거나 나이프를 사용하여 포크 위에 올려놓은 뒤 그대로 입으로 가져간다. 한 번에 여러 가지 음식을 집어도 상관없지만, 한 입의 크기가 너무 크지 않도록 하라. 식사하는 데 사용하지 않는 손은 테이블 끝에 올려두어도 좋다.

미국식과 유럽식 중 미국에서 더 우선시되는 식사 예법은 무엇일까? 정답은 '본인에게 더 편안한 방식'이다. 어떤 사람들은 더 우아하고 효율적이라는 이유로 유럽식 예법을 선호하고, 어떤 사람들은 포크를 사용해서 음식을 먹기가 더 수월하다는 이유로 미국식 예법을 선호한다. 특히 파이 같은 덩어리 음식이나 쌀, 옥수수로 만든 요리를 먹을 때는 미국식으로 포크 끝이 위로 향하는 편이 훨씬 먹기 쉽다. 두 방식 모두 어떤 장소에서나 환영받으며, 음식에 따라 서로 다른 예법을 번갈아가며 사용해도 무방하다.

식기를 사용하는 순서는 매우 간단하다. 접시에서 멀리 떨어진 순서대로 사용하라. 간혹 테이블 세팅이 잘못돼 있더라도 당신이 알고 있는 순서를 따르면 된다. 테이블 위에 세팅된 식기의 수와 배치를 보면 몇 가지 코스가 어떤 순서로 서빙될 것인지 예상할 수 있다. 예를 들어 수프와 메인 요리, 디저트가 나오는 3코스 식사의 경우 맨 오른쪽부터 수프용 스푼, 나이프, 포크가 자리 잡고 있을 것이다. 접시 바로 위쪽에는 손잡이가 왼쪽으로 놓인 디저트 포크가, 그 바로 위에는 손잡이가 오른쪽으로 놓인 디저트 스푼이 보일 것이다. 참석자마다 서로 다른 코스를 주문하는 경우, 점원들이 손님 앞에 각 주문에 맞는 식기들을 따로 세팅해준다.

식기를 잡는 방법은 식사 자리에서 가장 많이 지적받는 매너 중 하나다. 포크를 주먹으로 꽉 잡거나 플루트를 잡듯 가로로 감싸 쥐는 것은 그냥 넘기기 힘든 매너 위반이다. 비슷한 방식으로 스푼을 잘못 쥐거나 나이프를 톱질하듯 사용하는 모습도 종종 눈에 띈다.

스푼을 잡을 때는 손잡이 맨 꼭대기의 가장 넓은 부분에 엄지 손가락을 대고 그 아랫부분을 검지와 중지 사이에 끼운다. 이 방식으로 스푼을 잡으면 몸에서 멀어지는 방향으로 수프를 뜨고 스푼 가장자리를 이용해 홀짝이듯 조금씩 먹기가 편하다.

포크는 기본적으로 주로 사용하지 않는 손으로 잡으며, 끝부분을 아래로 향하게 하고 검지가 포크 손잡이 아래쪽에 닿도록 쥐는 것이 올바른 사용법이다. 미국식 예법에 따라 포크를 오른손으로 옮길 때는 끝부분이 위로 향하도록 뒤집으며 연필을 잡듯이 쥐면 된다.

나이프는 주로 사용하는 손에 드는 것이 원칙이다. 음식을 자를 때는 포크와 마찬가지로 검지를 손잡이 아래쪽, 날과 손잡이가 만나는 부분에 대고 잡는다. 유럽식 예법에서는 나이프가 포크 위에 음식을 올리는 역할도 하지만, 미국식 예법을 따르고 싶다면 음식을 자를 때를 제외하고는 나이프 날을 안쪽으로 하여 접시 위에 올려두어라. 그런 다음 포크를 주로 사용하는 손으로 옮겨 잡고 음식을 집어 입으로 옮겨라.

한번 들어 올린 식기는 식사가 끝날 때까지 테이블 위에 다시 놓지 않는다. 식사 중간에 잠시 휴식을 가질 때는 식기를 올바른 모양으로 접시 위에 올려두어야 한다. 나는 개인적으로 나이프와 포크가 뒤집힌 V 혹은 텐트 모양을 이루도록 놓는 방법을 선호한다. 이때 나이프는 날이 왼쪽 위를 향하도록 하여 오른쪽에 놓고, 포크는 끝부분이 접시 바닥을 보면서 오른쪽 위를 향하도록 왼쪽에 놓는다. 하지만 포크 끝이 살짝 왼쪽 위를 향하도록 접시 아래쪽에 놓고, 나이프는 포크와 평행 방향으로 접시 위쪽에 놓는 방식을 좋아하는 사람들도 있다. 접시를 시계의 문자판에 비교하면 포크가 다섯 시와 여덟 시 눈금을 지나도록 놓고, 나이프가 두 시와 열한 시 눈금을 지나도록 놓는 것이다. 종업원과 다른 참석자들이 식사를 잠시 멈추려는 당신의 의도를 알아채는 한, 둘 중 어떤 방법을 선택해도 무방하다.

식사를 마친 후에는 포크와 나이프를 바짝 붙여 시계로 치면 열 시와 네 시 눈금을 지나도록 비스듬히 놓는다. 이때 나이프는 포크보다 위에, 날이 아래쪽을 향하도록 놓아야 하고, 포크 끝부분은 위나 아래 어느 쪽으로 놓아도 상관없다. 무엇보다 식기들을 접시 위에 어지러이 늘어놓지 않는 것이 중요하다.

크리스털 잔은 손잡이를 잡는다

손잡이가 달린 크리스털 잔을 들 때는 반드시 손잡이 부분을 잡아라. 손잡이가 없는 잔의 경우 몸통 부분 어디를 잡아도 상관없지만, 입술이 닿는 잔 끝부분만은 피해야 한다. 손잡이가 긴 레드 와인 잔의 경우 내용물이 쏟아지지 않도록 몸통과 가까운 부분을 잡아야 하지만 상대적으로 작은 화이트 와인 잔은 와인 자체가 손의 열기에 미지근해지지 않도록 손잡이의 중간 부분을 잡는 것이 좋다. 와인 잔을 들 때는 바닥을 받치거나 브랜디 잔처럼 감싸 쥐어서는 안 된다.

주빈은 주최자의 오른쪽 자리에

만약 모임에 주빈이 있다면 그의 자리는 주최자의 바로 오른쪽에 배치해야 한다. 주최자의 왼쪽은 두 번째로 중요한 손님의 자리다. 공동 주최자는 주최자의 맞은편 끝에 앉고, 그의 오른쪽과 왼쪽에는 각각 세 번째와 네 번째로 중요한 손님이 앉는다. 나머지 손님들은 그 사이에 앉도록 적절히 배치하면 된다. 주최자는 맨 처음 주빈과 대화를 나눈 뒤 두 번째로 중요한 손님에게 말을 거는 것이 예의다. 다른 손님들은 테이블의 분위기에 따라 양옆에 앉은 사람을 중심으로 이야기를 나누면 된다.

참석자가 옆 사람과 짝을 이뤄 대화를 나눈다면 가장 이상적이겠지만, 때로는 참석자 수 혹은 한 테이블에 앉은 손님의 수가 홀수인 경우도 있고 세 명 이상이 한 가지 주제로 토론을 나눌 때도 있다. 하지만 모든 참석자들이 대화의 기본 매너를 지키려고 노력한다면 소외되거나 무시당하는 사람 없이 화기애애한 분위기가 연출될 것이다.

비즈니스 식사 자리에 적합한 대화 주제는 비즈니스와 관련된 다른 모든 상황에서와 크게 다르지 않다. 다시 말해, 지나치게 사적이거나 논쟁을 불러올 수 있는 화두는 피해야 한다. 명랑한 태도로 상대방의 말에 순수한 호기심을 보이고, 항상 남의 말을 경청하다가 가끔씩 적절한 유머를 던질 줄 아는 사람이라면 어떤 식사 자리에서도 환영받을 것이다. 미소와 흥미, 열정은 식사 자리를 즐겁게 하지만, 따분함과 소심함, 피곤함은 분위기를 망친다. 제대로 자리를 빛나게 할 게 아니라면 조용히 집에서 식사하는 편이 낫다.

건배사로 웃기려는 부담감을 내려놓는다

제대로만 한다면, 건배사는 엄청난 힘을 발휘한다. 그러나 현실에서는 비즈니스의 프로들마저도 칭찬이나 감사의 말로 고객 혹은 동료를 감동시킬 기회를 자주 놓치고 만다. 건배사는 많은 사람들이 생각하는 것처럼 어려운 기술이 아니다. 지금 느끼는 감정을 진실한 태도로 간결하게 말하면 된다. 그게 전부다. 어떤 사람들은 재치 있고 참신한 동시에 역사에 길이 남을 만큼 재미난 말을 생각해내야 한다는 부담감에 건배사 자체를 피하기도 한다. 하지만 일류 코미디언이나 사회자도 언제나 청중을 웃길 수 있는 것은 아니다. 자신을 돋보이게 하려는 대신 남을 축하하고 칭찬하려는 태도를 잃지 않는다면 굳이 압박감을 느낄 필요가 없다.

해야 할 행동과 하지 말아야 할 행동

비즈니스 식사 자리에서는 복잡하고 섬세한 규칙을 제대로 공부한 사람과 그러지 못한 사람의 차이가 분명히 드러난다. 음식 접시 기준으로 왼쪽에 놓인 빵과 오른쪽에 놓인 물이 당신 것이다. 빵(Bread)과 음식(Meal), 물(Water)을 'BMW'라는 약자로 기억하면 떠올리기 쉬울 것이다. 음식은 한 번에 한 입, 최대 두 입 분량까지만 썰어라. 음식을 조금씩 잘라 먹고, 물이나 음료는 반드시 입에 들어 있는 음식물을 삼킨 뒤 마셔라. 입을 벌린 채 식사를 하는 것은 예의가 아니다. 음식을 집은 후에는 즉시 입으로 가져가야 한다.

깔끔하게 먹기 힘든 음식은 주문하지 않는 것이 좋다. 로브스터나 뼈에 붙은 고기, 타코 등은 친구 혹은 가족들과의 식사에 양보하라. 메뉴의 선택권을 넓히기 위해 다양한 종류의 음식을 먹는 법을 익혀두는 것이 편하고 결제는 신용카드나 계좌이체로 하라. 금액에 맞춰 지폐를 세는 수고를 덜기 위해 가급적 현금으로 계산하지 않는 것이 좋다.

식당 종업원들에게 무례하게 굴지 말라. 임원들 중에는 식사 자리에서 부하 직원이 본인에게 보이는 행동보다 종업원을 대하는 태도를 더 눈여겨보는 사람도 많다. 이는 기본적으로 사람의 됨됨이를 보여주는 척도가 된다.

식사 전 음식에 대한 선호도나 알레르기, 식성 등을 말하지 말라. 손님이 이미 제공된 장소나 음식, 서비스에 대해 불평하는 것은 결코 좋은 모습이 아니다. 남의 음식 주문이나 취향을 놓고 훈수를 두지 말고, 남이 먹는 모습을 관찰하지도 말라. 상대방의 음식을 맛보게 해달라고 청해서도 안 된다.

본인이 불편하다고 해서 이미 정돈된 식기 위치를 옮기지 말라. 얼룩이 묻은 식기 혹은 잔을 닦거나 접시 위치를 바꾸거나 식사가 끝난 접시를 한 쪽으로 치워두는 것도 매너가 아니다.

식사가 진행되는 동안에는 다른 사람들의 속도와 분위기를 세심하게 살피며 식사를 조절해야 한다. 다른 참석자들이 모두 식사를 마쳤다면 당신도 식기를 뒤집힌 V자 혹은 평행한 모양으로 접시에 올려두어라. 다른 손님들이 음료나 첫 번째 코스, 디저트를 주문한다면 대세에 동참하라. 남들이 주문하는 메뉴까지 똑같이 따라 할 필요는 없지만, 자리의 분위기를 깨지 않는 당신의 배려는 상대방이 서두르거나 당황하지 않고 식사를 즐길 수 있도록 해줄 것이다.

비즈니스 모임에는 커피 한 잔을 마시는 자리부터 다섯 가지 코스가 나오는 만찬까지 모든 상황이 포함되며, 프로다운 비즈니스맨이라면 가능한 모든 상황에 적절한 태도를 보일 줄 알아야 한다. 하지만 비즈니스 식사에 적용되는 가이드라인과 주최자 및 손님의 책임, 해야 할 행동과 하지 말아야 할 행동을 숙지했다면 크게 걱정할 필요가 없다. 약속 장소에 일찍 도착하고, 디지털 기기 사용을 삼가고, 식기와 잔과 냅킨을 올바르게 다룰 줄 알면 충분하다. 달라지는 것은 장소뿐이다.

[38]

비즈니스 목적에 따라
접대도 달라져야 한다

광고회사 중역인 에밀리는 종종 고객에게 아침 식사를 접대하곤 했다. 그녀가 주로 찾는 장소는 시내에 위치한 우아한 레스토랑으로, 티 하나 없이 청결한 식기와 정중한 서비스, 36층 통유리창 아래로 보이는 도시의 전망이 보장되는 곳이었다. 하지만 지금 그녀는 잠재 고객이 사는 도시에 방문한 상태였다. 그녀는 그잠재 고객과 약속을 잡기 위해 몇 달간 공을 들였고, 만날 수는 있지만 일정이 빡빡하다는 대답에 기꺼이 출장을 선택했다. 그런 상대방이 아침 식사를 제안했을 때, 에밀리로서는 마다할 이유가 없었다. 더구나 그녀는 지금껏 아침 식사 접대에 실패한 적이 없었다. 하지만 낯선 도시에서 접대할 장소를 찾는 것은 쉬운 일이 아니었다.

그녀는 접근이 편리하고 비즈니스 대화에 적합한 분위기를 갖춘 동시에 상대방에게 깊은 인상을 남길 수 있는 레스토랑을 원했다. 이 한 번의 식사에 거래 성사가 달려 있는 만큼 작은 실수도 용납할 수 없었다. 인터넷 검색을 통해 장소를 물색하던 그녀는 고객의 사무실 근처에 있는 작고 매력적인 레스토랑을 발견했다. 홈페이지에 제공된 사진을 보니 내부 인테리어며 주요 고객층 또한 그녀가 찾던 이미지와 딱 맞는 것 같았다. 말 그대로 이상적인 장소였다.

약속 당일, 조금 일찍 도착한 에밀리의 눈에 벌써 늘어선 대기줄이 보였다. 잠시 후 도착한 고객은 15분이나 기다린 후에야 레스토랑 안으로 들어갈 수 있었다. 주문한 커피와 메뉴판이 나오기까지는 10분이 더 걸렸다. 종업원들은 일손이 부족하다고 양해를 구하면서 허둥지둥 뛰어다녔다. 앉은 지 30분 이상 기다려 받은 음식 접시에는 차디찬 계란과 돌덩이처럼 딱딱한 토스트가 놓여 있었다. 물 컵과 커피 잔을 비운지 한참이 지나도 종업원들은 눈길조차 주지 않았다.

고객은 지금 바로 들어가봐야 한다고 말하며 소지품을 챙기고 감사 인사를 남긴 뒤 서둘러 자리를 떴다. 에밀리는 계산서를 기다리느라 고객을 사무실 앞까지 에스코트하기는커녕 가게 문까지 배웅하지도 못했다. 그녀는 자신이 고객의 귀중한 시간을 낭비한 것 외에 아무 성과도 내지 못했다는 사실을 깨달았다. '멋진 홈페이지가 멋진 분위기를 보장하지는 않는다'는 중요한 교훈을 얻은 셈이었다.

격의 없는 접대, 커피 타임

커피는 적은 시간과 비용을 들여 고객 혹은 잠재 고객과 편안한 분위기 속에서 인사를 나누고 관계를 다지며 아이디어를 교환할 수 있게 해주는 고마운 존재다. 한때는 커피가 아침에만 마시는 음료라는 고정관념이 있었지만, 요즘은 하루 중 어느 시간에 커피를 마시자고 청해도 자연스럽게 받아들여진다.

만남을 갖기 전에 고객을 데리러 가는 서비스를 제공한다면 상대방은 이동 수단이며 교통 정체, 도착 시간, 주차 공간, 대기 시간 등의 걱정거리 때문에 전전긍긍할 필요 없이 시작부터 편안한 경험을 할 수 있을 것이다. 더구나 이런 배려는 상대방에게 대접받고 있다는 기분을 줄 수 있다. 렌터카 대신 본인 차를 이용할 예정이라면 사전에 내부 세차를 통해 먼지와 악취 없는 깨끗한 환경을 만들어놓아야 한다. 생수나 민트, 사탕을 구비해놓는 것도 좋다. 부동산업에 종사하는 친구는 이렇게 작은 배려에 고객들이 더 큰 감동을 느낀다고 말했다.

고객을 데리러 갈 만한 상황이 아니라면, 고객보다 일찍 도착해서 자리를 잡아두는 것은 기본이다. 일정이 촉박하다면 미리 음료를 주문해놓는 것으로 시간을 크게 절약할 수 있다. 셀프 서비스 카페에서는 고객을 자리에 앉힌 뒤 주문을 하러 가야 한다. 고객에게 메뉴를 물을 때는 음료와 함께 간단한 식사를 권하고, 상대방이 식사를 선택한다면 음식을 편히 먹는 분위기가 되도록 본인 몫까지 주문하는 것이 좋다.

만남을 가질 장소는 비즈니스 대화에 적합한 곳이라야 한다. 조용한 분위기를 갖춘 동시에 종업원들이 당신을 알고, 좋은 서비스가 보장되며, 눈에 띄지 않는 곳에서 결제를 할 수 있는 카페나 레스토랑이라면 더할 나위 없다. 커피가 나오기 전까지는 가벼운 잡담을 나누다가 주문한 메뉴가 서빙되면 본격적으로 준비해온 주제를 꺼내 들어라. 옆 테이블에 대화 내용이 들리지 않도록 목소리는 항상 낮게 유지해야 한다.

커피는 빠르고 격의 없는 접대 수단이다. 고객에게 시간이 얼마나 있는지 미리 묻고, 이따금씩 시간을 확인하며 상대방이 자리에서 일어나야 할 때를 놓치지 않도록 배려하라. 대화가 예상보다 순조롭게 진행된다면 고객 쪽에서 조금 더 머물고 싶을 수도 있다. 하지만 그렇지 않은 경우에는 상대방의 일정을 존중하라. 늘 그렇듯 시간을 내주어 감사하다는 인사로 마무리하는 것을 잊지 말라.

보다 깊은 비즈니스 대화를 원한다면

점심 식사를 겸한 미팅은 인맥 형성과 비즈니스 대화에 반씩 무게를 두고 있다. 점심 식사는 커피에 비해 상대적으로 격식을 차린 느낌이고, 당연히 시간과 비용도 더 많이 소요된다. 하지만 고객 입장에서도 더 많은 시간을 투자해야 하기는 마찬가지기 때문에 상대방이 점심 식사 제안에 응했다는 것은 당신과의 관계를 그만큼 가치 있게 생각한다는 뜻이다.

다른 모든 비즈니스 요소와 마찬가지로, 점심 접대에도 여러 가지 형태가 있다. 주최자가 식사와 함께 반주를 권하는 경우도 있지만, 이런 제안을 받아들이는 사람은 거의 없다. 점심을 먹으면서 술을 마셨다는 얘기는 불가능한 정도는 아니어도 여간해선 듣기 힘들다. 하지만 국가나 장소에 따라서는 여전히 점심 식사에 술을 함께하는 곳도 많다. 일상적으로 점심에 술을 곁들이는 문화권이라면 고객이 당신에게 한잔을 권할 수도 있다. 상대의 요청을 받아들인다면 가장 좋겠지만, 어떤 상황에서도 원하지 않는 술잔을 받을 필요는 없다. 물론 고객이 점심에 술을 마시지 않는데 접대하는 쪽에서 술을 주문하는 것은 있을 수 없는 일이다.

커피와 점심 식사 접대의 또 다른 차이점은 진행되는 비즈니스 대화의 넓이와 깊이다. 식사의 주최자는 가벼운 안부 인사에서 시작해 음식을 주문한 후 곧바로 비즈니스 대화로 주제를 옮겨가고, 식사가 나오기 전에도 계속 진지한 대화를 나눌 수 있다.

물론 식사를 하는 동안에는 보다 가벼운 화제로 넘어가도 좋지만, 후식 커피가 나오면 다시 일 얘기를 시작하는 것이 보통이다.

만약 일 관련 대화가 만남의 주된 목적이라면 회의실이나 사내 식당에서 만나는 것도 괜찮다. 프로다운 접대자라면 이러한 장소들이 오히려 고객에게 좋은 인상을 남길 수도 있다는 사실을 잘 알고 있다. 음식을 회의실로 배달시키더라도 접시나 물잔, 식기, 냅킨을 일회용이 아닌 진짜 제품들로 갖춘다면 충분히 상대방을 감동시킬 수 있다. 고객은 플라스틱 포크와 조잡한 종이 접시, 쉽게 찌그러지는 플라스틱 컵, 쓸모없는 종이 냅킨으로 식사를 하지 않아도 된다는 사실에 감사할 것이다. 약속 장소가 회사 식당일 때는 뷔페식으로 차려진 음식을 함께 골라도 좋고, 각자 원하는 메뉴를 골라 담은 뒤 계산대 앞에서 만나도 좋다. 식사 도중 회사의 높은 임원이 테이블을 찾아 특별한 손님에게 환영 인사라도 건넨다면 더 바랄 게 없다. 이때 당신의 역할은 고객과 임원을 서로에게 소개한 뒤 가벼운 대화를 주선하는 것이다. 고객은 당신의 회사 전체가 자신을 얼마나 귀한 손님으로 여기는지 다시 한번 상기하게 될 것이다.

한층 관계를 다질 수 있는 저녁 식사

저녁 식사는 사교적인 성격이 가장 강한 미팅이며, 어떤 접대 수단보다도 많은 시간과 비용이 소요된다. 미국에서는 주로 비즈니스 관계가 원만히 진행되고 있는 고객과 저녁 식사 자리를 갖는다. 함께 저녁을 들다 보면 상대방의 성장 과정이나 개인적인 일상, 삶의 목표 등 지금껏 알지 못했던 정보를 새로이 얻기 마련이며, 술 한잔으로 어색한 분위기가 누그러진다면 더욱 사적인 이야기까지 나눌 수 있다. 저녁 식사 접대는 고객과의 관계를 한층 단단하게 다질 수도 있지만 돌이킬 수 없이 무너뜨릴 수도 있는 자리다. 따라서 매사에 조심하는 태도가 무엇보다 중요하다.

저녁 식사 자리를 마련한 사람은 다른 모든 의무와 함께 '와인 주문'이라는 한 가지 임무를 추가로 완수해야 하는데, 이는 와인을 선택하는 것이 주최자의 매너이기 때문만은 아니다. 와인 리스트에는 높은 가격표가 달린 고급 와인들이 즐비하며, 실제로 영업 담당자들 중에는 고객에게 와인 선택권을 넘겼다가 엄청난 금액이 적힌 영수증을 받아드는 경험을 한 사람이 흔하다. 더불어 초대한 사람이 적절한 와인을 골라준다면 와인에 조예가 깊지 않은 고객이 당황하거나 창피해할 필요도 없다.

알코올이 들어간 음료는 참석자 중 누군가가 다음 날 후회하거나 최악의 경우 미래에 악영향을 미칠 수 있는 말이나 행동을 하도록 만들 수 있다. 따라서 고객들의 얼굴과 행동을 면밀히 살피면서 너무 취하는 사람이 없도록 적절히 조절하는 것도 접대하는 사람의 역할이다. 필요하다면 조용히 종업원을 불러 더 이상 술을 내오지 말라고 부탁하거나 커피가 곁들여진 디저트를 푸짐하게 주문하라.

　저녁 식사는 거래처의 마음을 사로잡는 가장 효과적인 접대 수단이다. 하지만 멀지 않은 지역에 사는 동료나 고객, 잠재 고객에게는 업무상 저녁 식사가 개인적인 시간이나 가족과 함께할 시간을 방해하는 존재로 느껴질 수도 있으니 상대의 일정을 세심히 살피도록 하자.

[39]

조금만 알아둬도 충분한 와인 지식

　한번은 내 고객 중 한 명이 보스턴의 유명한 레스토랑에서 소믈리에의 추천에 따라 300달러짜리 와인을 덥석 주문했다. 소믈리에는 와인을 디켄팅한 뒤 고객이 미리 맛볼 수 있도록 그의 잔에 소량 따라주었다. 와인 상태가 어떠냐는 질문을 받았을 때, 내 고객은 맛이 살짝 변한 것 같다고 대답했다. 소믈리에는 잔에 담긴 와인을 조금 맛보더니 와인 상태에는 아무런 문제가 없으며 손님께서 착각하신 것 같다고 단호히 말했다. 각자 상당한 지식을 갖춘 두 와인 전문가 사이에 정중하면서도 날카로운 기류가 흘렀다.

　마침내 소믈리에가 와인을 도로 가져갔고, 고객은 비슷한 가격의 다른 와인을 새로 주문했다. 다행히 두 번째 와인은 문제가 없는 것으로 판명되었다. 바로 앞에 앉아서 모든 과정을 지켜본 나는 두 전문가의 팽팽한 기 싸움을 고스란히 느꼈다. 내가 와인 세계의 높은 문턱을 처음으로 실감한 순간이었다.

와인은 비즈니스 미팅뿐만 아니라 평범한 일상에 즐거움을 더해주는 요소 중 하나다. 그러나 많이 대중화되었다고는 해도 여전히 와인을 어렵게 생각하는 사람들이 적지 않다. 길고 긴 와인 리스트, 어려운 용어들, 천차만별인 가격, 여기에 나보다 더 와인을 모르는 사람은 없을 것 같다는 불안한 예감이 더해지면 평소 자신감이 넘치던 비즈니스맨들마저 와인 리스트 대신 맥주 메뉴를 집어들게 된다.

와인에 대한 지식은 충분히 공부할 가치가 있지만, 와인 리스트 앞에서 당황하지 않기 위해 와인의 달인이 되어야 하는 것은 아니다. 용기를 가져라. 와인 관련 지식을 전부 아는 사람은 세상에 존재하지 않는다. 가벼운 마음으로 먼저 와인 시음 행사에 참여하거나 관련 애플리케이션을 다운받거나 잡지를 구독하는 것도 좋고, 주변의 전문가에게 도움을 청하는 것도 좋다. 하지만 이 책에 담긴 내용만 제대로 공부해도 와인을 즐기는 데 필요한 지식은 대부분 익힐 수 있을 것이다. 이제 다시는 레스토랑의 와인 리스트 앞에서 움츠릴 필요가 없다.

입문자를 위한 기본 와인 지식

테이블 와인Table Wine은 '스틸 와인Still Wine'이라고도 불리며, 포도 과즙 이외에는 아무것도 첨가되어 있지 않은 와인이다. 테이블 와인은 발효가 끝난 후 병에 담기는데, 이 발효 과정에서 과즙의 당 성분이 알코올로 변한다. 미국에서는 테이블 와인이 알코올 도수 7~14% 사이의 식사용 와인을 의미하고, 유럽에서는 다양한 포도원에서 수확된 포도로 만든 가장 대중적인 와인을 테이블 와인이라고 부른다. 이런 종류의 와인은 라벨에 지역이나 품종을 표시할 수 없다. 알코올 도수는 5~17% 사이로 다양하다.

주정 강화 와인Fortified Wine은 발효 과정에서 브랜디나 다른 독주를 사용해 알코올 도수를 높인 와인이며, 주로 디저트와 함께 마신다. 주정 강화 와인의 알코올 함량은 16~23% 정도이다.

아페리티프Aperitifs는 베르무트나 듀보네처럼 향을 첨가한 와인이다. 허브나 나무의 껍질, 뿌리, 그 외에도 여러 재료를 사용해 향을 냈으며 주로 식사 전에 서빙된다. 15~25% 사이의 알코올이 함유되어 있다.

스파클링 와인Sparkling Wine의 종류에는 샴페인Champagne, 스파클링 버건디Sparkling Burgundy, 아스티 스푸만테Asti Spumante* 등이 속한다. 스파클링 와인의 탄산은 재발효 과정에서 자연적으

---

* 이탈리아 아스티 지방의 스파클링 와인

로 생기기도 하고, 인공적으로 첨가하기도 한다. 알코올 함량은
5.5~17% 정도이다.

주정 강화 와인을 제외한 나머지 와인들은 보통 화이트, 레드,
로제로 구분된다. 화이트 와인과 레드 와인의 색을 결정하는 요
인은 포도의 품종이 아니라 제조 과정이다. 화이트 와인을 만들
때는 포도를 가볍게 압착하여 과즙을 추출하는 반면, 레드 와인
은 과즙과 껍질을 함께 발효시킨다. 로제 와인은 껍질을 함께 발
효시키되 그 기간을 짧게 유지한다. 샴페인은 혼합 와인으로, 브
뤼Brut(매우 드라이한 맛), 엑스트라 드라이Extra dry(브뤼보다는 덜 드
라이한 맛), 데미 섹Demi Sec(살짝 달콤한 맛), 섹Sec 혹은 두스Doux(매
우 달콤한 맛)로 구분된다. 대표적인 화이트 와인에는 샤도네이
Chardonnay, 리슬링Riesling, 소비뇽 블랑Sauvignon Blnac, 피노 그리Pinot
Gris, 피노 그리지오Pinot Grigio가 있다. 레드 와인의 대표적인 품종
으로는 까베르네 소비뇽Cabernet Sauvignon, 메를로Merlot, 피노 누아
Pinot Noir, 쉬라Syrah(혹은 쉬라즈Shiraz), 진판델Zinfandel 등이 있다.

와인 생산지

세계적으로 훌륭한 와인을 생산하는 지역은 많다. 여기서는
그중에서 가장 유명한 지역만 엄선하여 소개하겠다.

프랑스산 와인은 생산 지역에 따라 이름이 붙는다. 보르도

Bordeaux 와인은 보르도에서 생산되었고, 버건디Burgundy 와인은 버건디에서, 샴페인Champagne은 샴페인 지역에서 생산되었다. 그 외에도 론 리버 밸리Rhône River Valley에서 생산된 레드 와인과 알자스Alsace 지역에서 생산된 화이트 와인이 유명하다.

독일산 와인은 라인강Rhine River과 모젤강Moselle River의 계곡에서 생산된다. 갈색 병에 담겨 출시되는 라인 와인은 풀보디 와인 Full Bodied Wine *이다. 반면 녹색 병에 담겨 나오는 모젤 와인은 가벼운 오프 드라이 와인Off-Dry wine **이다.

이탈리아산 와인은 투스카나Tuscany, 피드몬트Piedmont, 시실리 Sicily 등의 지역에서 생산된다. 레드 와인 중에서는 키안티Chianti, 발폴리첼라Valpolicella, 바르돌리노Bardolino산이 유명하고, 화이트 와인 중에서는 소아베Soave, 오르비에토Orvieto산이 유명하다.

미국산 와인은 포도의 품종 또는 비슷한 유럽 와인의 이름을 따른다. 오늘날에는 50개 주 전체에서 와인이 생산되지만, 그중 대부분은 캘리포니아산이다.

이외에도 대중적으로 알려진 와인 생산지에는 오스트리아, 호주, 칠레, 그리스, 스페인, 헝가리, 스위스, 포르투갈 등이 있다.

---

* 진하고 묵직하며 무게감이 있는 와인
** 드라이 와인과 스위트 와인의 중간 정도의 당도를 지닌다.

숙성 기간

화이트 와인은 보통 즉시 마셔도 좋은 상태로 병에 담긴다. 예외라면 보르도나 버건디에서 생산된 고급 와인 정도가 있겠다. 하지만 보졸레 누보Beaujolais Nouveau*를 제외한 레드 와인은 맛을 이끌어내기 위한 숙성 기간이 필요하다. 스페인이나 포르투갈, 이탈리아산 와인은 출시된 지 1~2년 안에 마셔도 좋지만, 좋은 프랑스 와인은 제대로 숙성하는 데 10년 이상 걸리기도 한다. 샴페인은 병에 담긴 지 10년에서 15년 사이에 마시는 것이 가장 좋다.

와인 주문하기

가지고 있는 와인 지식이 상당하다 하더라도, 레스토랑에서 와인을 주문할 때는 안전하게 종업원 혹은 소믈리에의 추천을 받는 것이 좋다. 그들은 당신이 주문한 음식과 가장 궁합이 잘 맞는 와인이 어떤 것인지 알고 있다(혹은 반드시 알아야 한다). 전문가의 도움을 받으면 예산 안에서 가장 훌륭한 와인을 추천받을 수 있다. 와인 리스트에서 특정한 와인을 지목하며 이 와인이 주문한 음식과 잘 어울리는지 물어라. 이 방법을 이용하면 어떤 가격대의 와인을 찾고 있는지 상대에게 정확히 알릴 수 있다. 그보다 더

---

* 프랑스 보졸레 지방에서 그해 수확한 포도로 만들어 11월 셋째 주 목요일에 출시하는 와인을 말한다.

나은 와인이 있더라도, 소믈리에의 추천은 당신이 지목한 것과 크게 다르지 않은 가격 범위 안에서 이루어질 것이다.

손님에게 와인을 대접할 때는 몇 가지 순서를 지켜야 한다. 와인이 개봉되지 않은 상태로 서빙되면, 우선 라벨을 통해 당신이 주문한 상표와 빈티지의 와인이 맞는지 확인하라. 와인을 개봉한 후에는 가장 먼저 코르크가 말라서 바스러지거나 질펀하게 젖어 있지 않은지 살펴보라. 두 가지 상태 모두 와인 맛에 좋지 않은 영향을 미친다. 소믈리에가 테이스팅을 위해 잔에 와인을 조금 따라주면 테이블 위에서 손잡이 밑부분을 잡고 돌린 뒤 향기를 맡고 맛을 확인한다. 이 과정이 모두 끝나면 소믈리에는 손님들에게 첫 번째 잔을 따라준 후 마지막으로 주최자의 잔을 채워줄 것이다.

서빙된 와인의 맛을 제대로 확인하되, 최대한 차분하게 행동해야 한다. 비즈니스 식사 자리에서는 와인을 입 안에서 굴리거나 과장된 표정을 짓거나 소리를 내는 행위를 삼가야 한다. 이상한 맛이나 냄새가 느껴질 때는 손님이 아니라 종업원에게 정중히 확인을 요청하라. 수준 있는 레스토랑의 종업원이라면 당신의 의견에 동의하지 않더라도 두말없이 와인을 가져갈 것이다. 하지만 단순히 맛이 마음에 들지 않는다는 이유만으로 오픈된 와인을 물리는 것은 절대 금물이다. 특히 병을 반쯤 비운 상태에서는 더더욱 안 된다. 물론 종업원이 추천한 와인이 전혀 마음에 들지 않는다면 솔직히 얘기해도 문제가 되지 않는다. 레스토랑의 최우선 순위는 손님을 만족시키는 것이다. 게다가 그 와인이 멀쩡하다면 곧바로 쓰레기통으로 들어가지는 않을 것이다.

화이트 와인은 공기와 접촉시키는 과정이 필요하지 않으며 차갑게 마시는 것이 가장 좋다. 반면 숙성이 덜 된 8년 미만의 레드 와인은 타닌의 떫은맛이 강하므로 한 시간 이상 공기 중에 노출시킨 후 마시는 것이 좋다. 숙성이 끝난 레드 와인은 공기 접촉을 30분 미만으로 제한하고, 아주 오래된 레드 와인의 경우에는 병을 따서 바로 마시면 된다. 하지만 소믈리에 중에는 오래된 버건디나 바롤로산 와인이 긴 숙성 끝에 제대로 '깨어날Wake up' 수 있도록 디켄팅하는 과정이 반드시 필요하다고 생각하는 사람들도 있다. 레드 와인은 저장고의 온도 그대로 서빙된다. 화이트 와인은 레드 와인보다 먼저 나오고, 드라이한 와인은 달콤한 와인보다 먼저 나온다. 하지만 샴페인은 식사 전이나 후, 식사 중간을 가리지 않고 언제든 서빙될 수 있다.

와인 한 잔의 양은 최소 90밀리미터에서 최대 180밀리미터 정도이며, 잔의 크기에 따라 따르는 높이도 달라진다. 일반적으로 화이트 와인 잔보다 큰 레드 와인 잔에는 내용물을 반 이상 따르지 않는다. 잔에 빈 공간이 넉넉히 남아 있어야 향기를 제대로 가둘 수 있기 때문이다. 화이트 와인은 잔 크기에 따라 3분의 1에서 3분의 2까지 따를 수 있다.

전통적으로 화이트 와인은 생선이나 닭, 돼지, 송아지 고기 요리에 곁들여 먹으며 레드 와인은 그보다 더 무거운 고기 요리나 치즈에 곁들여 먹는다. 하지만 이러한 규칙은 개인의 취향에 따라 얼마든지 바뀔 수 있다. 와인에 대해 공부하면서 여러 가지 조합을 시도해보고 본인에게 가장 잘 맞는 와인과 음식 궁합을 찾아내는 것도 좋은 방법이다.

물론 모든 사람이 와인을 마셔야 하는 것은 아니다. 술을 마시지 않는 사람이 비즈니스 식사를 대접해야 하는 경우에는 상대방에게 와인을 권하되 잔으로 주문해달라고 청하거나 점원을 불러 추천을 해달라고 부탁하면 된다. 술을 마시지 않는 이유가 건강 때문이든 종교 때문이든 개인적인 신념 때문이든, 절대 사과하거나 구구절절 설명할 필요는 없다. 술 대신 자신이 좋아하는 음료를 주문하면 그만이다. 술을 마시지 않는 모습을 굳이 보이기 싫다면 라임을 넣은 탄산수를 주문하라. 겉으로 보기에는 진토닉과 전혀 구분되지 않을 것이다.

하지만 일단 와인을 마시기로 결심했다면 빈티지, 품종, 산도, 타닌, 밸런스, 바디, 향기, 눈물 등 여러 가지 관련 용어들에 익숙해지는 것이 좋다. 떫은맛, 과일 향, 오크 향, 흙 내음, 버터 향, 벨벳 같은 질감이 어떤 것인지 각각 느껴보고, 와인 이름을 어떻게 발음하는지 배워라. 이러한 지식을 쌓아두면 소믈리에에게 수준 높은 질문을 던지고 상대가 제공하는 설명을 정확히 알아들을 수 있을 것이다.

와인을 마시고 싶지 않을 때도 걱정할 필요 없다. 레스토랑에
서 맥주를 마시는 것은 전혀 이상한 행동이 아니며 특히 피자나
햄버거, 폭립 등을 판매하는 캐주얼한 식당에서는 지극히 자연스
러운 모습이다. 비즈니스 식사에 곁들일 술로 맥주를 선택했다
면, 병에 담긴 술을 유리잔에 전부 따른 후 마셔야 한다. 병째로
마시거나 테이블 위에 술이 남아 있는 병을 올려두는 것은 매너
가 아니다. 하지만 여럿이 함께하는 자리에서 당신을 제외한 모
든 사람이 와인 혹은 다른 종류의 술을 주문했다면, 굳이 혼자 맥
주를 선택해서 눈에 띄는 것보다 탄산수를 홀짝이는 것이 더 나
은 선택일 수도 있다.

[40]

회식에서의 행동은 모두에게 기억된다

직원 표창식에서 축사를 할 예정이었던 매니저 한 명이 사장
의 눈을 피해 과음을 하고 말았다. 그는 수상자에게 축하의 말을
해달라는 사회자의 요청에 비틀거리며 계단을 올라 연단으로 향
한 뒤, 상을 받은 직원에게 했던 말을 반복하고 부적절한 농담을
던지며 큰 소리로 웃어댔다. 이윽고 자기 외에 아무도 웃지 않는
다는 사실을 깨달은 그는 청중들을 향해 "힘을 내요!"라고 외치

고는 격앙된 감정과 눈물을 주체하지 못한 상태로 수상자의 인성과 성과를 줄줄이 나열하며 축사를 전달했다. 그렇게 창피를 당할 만큼 당한 그는 다른 직원들의 부축을 받으며 연단에서 내려왔다. 모두의 시선과 함께 행사장에서 퇴장당한 그의 앞에는 굳은 표정의 사장이 서 있었다. 그가 그 자리에서 바로 해고되지는 않았지만 그의 자리는 얼마 지나지 않아 사라졌다.

지금까지 당신은 비즈니스 접대 영역에서 전례가 없이 뛰어난 성과를 올렸다. 이제는 살짝 긴장을 풀고 동료들과의 관계를 즐길 시간이다. 길고 긴 한 주, 한 분기, 한 해를 보낸 당신은 동네 술집에서 열리는 모임이나 회사가 주최하는 파티 혹은 행사를 손꼽아 기다렸다. 이런 자리에 참석하면 동료들과 격의 없는 시간을 보내는 동시에 잘만 하면 높은 임원들과 안면을 틀 수 있을지도 모른다. 특별히 잘못될 만한 일은 없어 보인다.

하지만 명심해야 할 것은 직장 동료들과 함께 있을 때마다 우리의 퍼스널 브랜드는 쇼윈도에 오른다는 점이다. 특히 술을 마시는 자리라면 언제나 판단력과 프로다운 태도를 시험받고 있다는 사실을 염두에 두어야 한다. 소리부터 맛, 분위기, 기분까지 파티처럼 꾸며놓은 자리에서 동료들과 어울리다 보면 여기가 진짜 파티장이라는 생각이 들 수도 있다. 하지만 사실 동료들과의 모임은 당신이 사회생활을 하면서 마주칠 상황 중에서도 가장 프로답게 행동해야 할 부분이다. 부하 직원에게 수작을 거는 상사, 월급이 적다며 불평을 하거나 호전적인 태도로 자신의 정치적 견해를 떠벌리는 부하 직원, 서로에게 추파를 던지다가 어느 순간 사라진 두 팀원의 모습을 아무도 눈치채지 못할 가능성은 거의 없다.

행사 초대에 응해놓고 모습을 나타내지 않거나 제대로 답하지 않았다가 당일에 갑자기 (심지어 초대받지 않은 손님과 함께) 나타나는 행동은 행사에 너무 이르거나 늦게 도착하는 것과 마찬가지로 다른 사람들에게 폐를 끼친다. 부적절한 차림새를 하거나 행사 내내 디지털 기기만 들여다보고 있는 태도 또한 부정적인 인상을 줄 수 있다.

더하여 얌체로 낙인찍힐 만한 행동은 절대 삼가라. 회식이 끝난 후 친한 사람들끼리 간단한 2차 모임을 가질 때, 늘 나서서 계산서를 요청하고 나눠 낼 금액을 계산하는 동료가 있었다. 시간이 한참 지난 후 왠지 이상하다고 느낀 다른 참석자 중 한 명이 계산을 해보기 전까지, 그가 술값을 계산할 때마다 자기 몫을 쏙 뺐다는 사실을 의심한 사람은 아무도 없었다. 심지어 그는 거둔 돈에서 남은 거스름돈을 자기 주머니에 챙기기까지 했다! 말할 필요도 없이, 그는 그날 이후 두 번 다시 계산서를 만지지 못했다. 그가 모임에 초대받긴 했냐는 질문에는 굳이 대답하지 않겠다.

지금까지 비즈니스 식사와 모임에 필요한 기술들을 알아보았다. 어쩌면 당신은 디지털 세상 밖에도 삶이 존재하며, 사람들과

직접 얼굴을 마주하고 소통하는 것이 즐거울지도 모른다는 생각
을 하게 되었을 것이다. 어쩌면 이 책에 담긴 모든 내용은 디지털
기기를 잠깐이라도 내려놓고 바깥에서의 인생이 주는 즐거움을
제대로 누려보라는 한 가지 조언으로 귀결될지도 모른다.

프로의 세계에서 '태도'는
가장 강력한 메시지다

우리는 지금까지 현대 사회의 일터에서 예의와 존중이 얼마나 중요한 의미를 지니는지 미시적, 거시적 관점에서 두루 살펴보았다. 당신의 연령이나 경험에 따라 이 책에 담긴 내용들은 새롭거나 친근하게, 혹은 둘 다로 느껴질 것이다. 나는 이 책을 통해 독자들에게 비즈니스 매너가 여전히 중요하다는 사실을 상기시켜주고 싶었다. 오늘날 비즈니스 매너를 제대로 갖춘 사람을 찾아보기 어려울 뿐 아니라 그 의미 자체에 의구심을 갖는 사람이 많다고 해도 그 중요성이 사라진 것은 아니기 때문이다.

하지만 몇 가지 의문은 남아 있다. 예를 들어, 직장 내 분위기가 점점 평등해지는 이 시점에 서로를 존중해야 한다는 사실에 이의를 제기하는 사람은 거의 없을 것이다. 하지만 중요한 결정을 앞둔 상황에서 지나친 공감이나 친절을 베풀다 보면 오히려 일을 그르칠 수도 있지 않을까? 이 질문에 대한 대답은 '아니요'다. 중요한 결정을 앞둔 상황은 불안정한 만큼 오히려 그 어느 때보다 예의가 필요한 순간이다. 사실 상대방의 의견을 존중하면서 차분하게 결정을 내리는 태도야말로 돌이킬 수 없는 갈등을 미리 막아내는 유일한 방법일지 모른다.

모두가 예의를 지키지 않는 환경에서 혼자만 매너를 중시하는 것이 무슨 소용이냐고 묻는 사람도 있을 수 있다. 그런 태도를 보이다간 냉혹한 비즈니스의 세계에서 유약한 사람으로 낙인찍히는 것이 아닐까? 이 질문에 대한 대답 역시 '아니요'다. 모두가 흔들리는 상황에서 혼자 평정심을 지킬 수 있다면 이는 엄청난 강점이 된다. 이런 태도를 보일 수만 있다면 당신은 수많은 사람들의 롤모델이 될 것이다. 당신처럼 건설적인 태도를 갖춘 사람이 아무도 없다고 해서 당신을 지켜보는 사람조차 없는 것은 아니다.

그렇다면 다른 사람들의 무례한 행동을 지적하는 것은 괜찮을까? 남들의 실수를 짚어주고 싶은 마음은 충분히 이해하지만, 이번에도 내 대답은 '아니요'다. 여기에는 몇 가지 이유가 있다. 첫째, 성인이라면 누구나 자기 행동에 책임을 져야 한다. 좋은 매너를 갖춘 사람은 결코 남의 행동을 지적하지 않는다. 아무리 좋은 의도를 갖고 있다고 해도 마찬가지다. 둘째, 상대방이 무례한 태도를 비치게 된 데에는 당신이 알지 못하는 이유가 있을 수 있다.

상황을 알지도 못하면서 훈수를 두려다가 오히려 당신의 무지만 강조하는 꼴이 될 수 있다. 셋째, 만약 당신이 앞뒤 맥락을 정확히 알고 있다고 해도, 가능한 한 상대의 행동을 이해하는 아량을 베풀어야 한다. 이런 태도는 상당히 좋은 전략이다. 당신 또한 인간인 이상 언젠가는 실수를 저지를 테고, 그때 과거에 베푼 아량이 보상이 되어 돌아올지도 모르기 때문이다. 마지막으로, 당신의 조언이 아무리 옳다고 하더라도 남들 앞에서 잘못을 지적받고 싶은 사람은 아무도 없다. 그랬다가는 당신과 그 사람의 관계가 돌이킬 수 없이 틀어질 확률 또한 매우 높아진다.

상대방이 나서서 자신의 행동에 조언을 해달라고 요청하는 경우라면 어떨까? 이런 경우에는 당신의 생각을 얘기해주어도 괜찮겠지만, 대답에 앞서 '조언'이라는 개념의 범주를 명확히 정의할 필요가 있다. 만약 상대방과 이미 친밀한 관계를 형성하고 있는 데다 조언을 해달라는 청이 진심이라면 당신의 판단을 들려주어도 좋다. 하지만 어떤 경우에라도 지나치게 직접적으로 지적을 해서는 안 된다. 피드백을 제공하면서 그 내용이 다른 곳에서 배우거나 읽거나 관찰한 결과라고 말해주는 것은 훌륭한 배려이며, 어쨌든 그 조언에 대한 최종 판단은 상대방에게 맡겨야 한다. 물론 상대방의 자책이나 자기 비하에 동조해서는 안 된다. 하물며 상대방이 먼저 꺼내지도 않은 단점을 당신이 먼저 짚어내는 행동은 절대 금물이다.

직접적인 조언을 건네지 않는 모습이 자칫 진정성 없어 보일까 봐 걱정되는가? 그 조언의 내용 자체가 거짓된 것이 아니라면 이런 걱정은 접어두어도 좋다. 민감한 피드백을 전하기에 앞서 표현을 신중하게 고르는 것은 지극히 일반적인 행동이며, 상대방 또한 당신의 조심스러운 태도를 예의와 배려로 해석할 것이다. 프로의 세계에서도 차분한 태도는 감정적인 표현보다 언제나 더 강력한 메시지를 전달한다.

기업에는 구성원들의 이상적인 행동규범을 담은 사내 규칙이나 행동 강령이 존재한다. 만약 당신이 다른 구성원의 무례한 행동 때문에 받은 피해를 100% 증명할 수 있는 상황이라면 사내규칙이나 행동 강령에 근거하여 이의를 제기할 수 있다. 하지만 이러한 상황이라도 비판의 대상은 상대방의 개인적인 성격이 아니라 무례한 말이나 행동에 한정되어야 하며, 어렵더라도 당신은 끝까지 예의를 잃지 않도록 노력해야 한다.

다시 말해, 아무리 극단적인 상황에서라도 다른 사람의 행동을 직접적으로 지적하거나 무례하게 비난해서는 안 된다. 물론 '그렇게까지 해야 하는 이유가 뭔데?'라는 생각이 들 수도 있다. 이것은 굉장히 좋은 질문이다.

이 질문에 대한 답을 얻고 싶다면 당신이 감정 조절에 실패했던 순간을 떠올려보자. 그 순간에 아무리 정당해 보이는 행동이었더라도, 이성을 되찾고 후회하기까지는 긴 시간이 걸리지 않았을 것이다. 그리고 대부분의 경우, 비이성적이거나 예의 바르지 못한 행동은 다시 우리에게 부메랑이 되어 돌아온다. 우리가 언제나 예의를 갖춰야 하는 이유는 다시는 이런 후회를 하지 않기 위해서, 적어도 너무 자주 하지는 않기 위해서다. 상대방이 무례한 행동을 하는 원인이 당신에게 있는 경우보다는 상대방에게 있는 경우가 훨씬 많다는 사실을 기억한다면 그 순간 불쾌한 감정을 억누르는 데 큰 도움이 될 것이다.

한번은 내 친구가 이런 경험담을 들려주었다. 병원에 갔다가 주차할 자리를 찾아 돌아다니는데, 웬 트럭이 주차 공간을 두 칸이나 차지하고 있었다. 근처에 달리 주차할 곳이 없어 내 친구는 트럭 앞에 차를 대고 창문을 내린 뒤 앞좌석에 앉아 있던 트럭 운전자를 향해 주차 위치를 조정해달라고 부탁했다. 트럭 운전자는 친구를 힐끔 바라보더니 일말의 감정이 담기지 않은 목소리로 "싫소"라고 말했다. 내 친구는 대꾸를 하지 않고 순순히 물러났다. 그는 15분 더 근처를 헤맨 뒤 주차에 성공했고, 5분 늦긴 했지만 무사히 진료실에 도착했다.

30분 후 볼일을 마치고 주차장을 떠나던 내 친구는 트럭 운전자가 여전히 같은 자세로 앉아 있는 모습을 보았다. 그대로 그의 트럭 앞을 지나쳐 다시 차에 올랐는데, 갑자기 운전자가 차에서 내리더니 내 친구에게 다가왔다. 어떻게 대처해야 할지 알 수 없던 친구는 그대로 차 안에 앉아 있었다. 바로 옆까지 다가온 트럭 운전자는 갑자기 내 친구에게 사과를 건넸다. 그는 오늘 회사에서 최악의 하루를 보냈으며, 직장을 잃을지도 모르는 상황이라고 설명했다. 하지만 그는 개인적인 사정 때문에 남에게 무례를 저지른 것을 진심으로 후회하고 있었다. 내 친구는 흔쾌히 사과를 받아들였다. 그리고 누구나 기분이 좋지 않은 날이 있으며, 자신도 과거에 그런 실수를 한 적이 있다고 말하며 위로를 건넸다. 두 사람은 모두 한결 나아진 기분으로 주차장을 떠났다. 내 친구는 감정적으로 대응하여 상황을 더 악화시키지 않았다는 데 감사했고, 그 남자는 자신의 행동에 대해 사과할 기회를 얻었다는 사실에 감사했다.

우리는 지금까지 '태도'에 집중하는 사람들이 직업적으로 어떤 이익을 얻는지 살펴보았다. 가령 태도를 중요시 여기는 구성원들이 모이면 보다 나은 기업 문화가 완성될 것이다. 하지만 결론에 이르러 밝히자면, 사실 예의 바른 행동이 주는 가장 큰 보상은 예의 그 자체다. 태도가 좋으면 다른 사람들과의 관계가 크게 나아진다. 하지만 그보다 더 중요한 보상은 바로 자기 자신과의 관계가 나아진다는 것이다. 이것은 어떤 관점에서 보아도 무조건적인 성공이다.

감사의 말

　머릿속의 아이디어를 현실에 존재하는 책으로 엮는 과정에서 많은 것을 얻었지만, 그중에서도 유능하고 관대하며 친절한 사람들의 도움을 받은 것을 가장 큰 성과로 꼽고 싶다. 자신이 겪은 경험을 기꺼이 공유해준 고객들과 여러 조언자들에게 큰 도움을 받았다. 그중에는 책에 직접 등장하는 에피소드도 있지만 영감의 원천이나 조언의 형태로 실린 이야기들도 많다. 아만다 아디오Amanda Addeo, 웬디 리 오스틴Wendy-Lee Austin, 바버라 브룩스Barbara Brooks, 앤 캘훈Anne Calhoun, 앤드리아 칼슨Andrea Carlson, 로렌스 칼슨Lawrence Carlson, 페니 코너스Penni Connors, 로버트 쿠오모Robert Cuomo, 다이앤 다니엘슨Diane Danielson 박사, 커트 델벤Kurt DelBene, 지젤 가르소Gisele Garceau, 리처드 가르시아Richard Garcia, 털리 해넌Tully Hannan, 존 허루John Heroux, 마이크 하인스Mike Hines, 케빈 홀리안Kevin Holian, 카멜라 클레지안Carmella Kletjian, 수 클라인Sue Kline, 가브리엘라 라모니카Gabriella LaMonika, 캐서린 맥클리니Katherine McEleney, 패트릭 말론Patrick Malone, 댄 매카시Dan McCarthy,

로즈메리 머피Rosemary Murphy, 앨리슨 콴트Alison Quandt, 개리 로드
릭Gary Roderick, 진 러거리Jean Ruggeri, 크리스틴 스캇Kristen Scott, 에
스타 싱어Esta Singer, 마크 스타인버그Mark Steinberg, 린다 스티븐스
Lynda Stevens, 바버라 토머스Barbara Thomas, 존 토머스John Thomas, 마
이크 트롬베타Mike Trombetta, 디애나 화이트Deanna White, 재키 윌버
Jackie Wilbur에게 진심 어린 감사를 전한다. 루이스 라팜Lewis Lapham
과 리사 피어폰트Lisa Pierpont, 마이클 새먼Michael Salmon이 준 도움
과 중요한 가르침도 잊지 않을 것이다.

기회를 준 아마콤 출판사의 엘런 카딘Ellen Kadin 편집장과 능력
있는 저작권 대리인으로서 조언과 격려를 아끼지 않은 마이클 스
넬Michael Snell이 없었다면 이 책은 세상에 나오지 못했을 것이다.
이 책에 많은 공을 들인 동시에 언제나 친절하게 나를 안내해준
편집자 패트리샤 스넬Patricia Snell, 그리고 내 글이 책으로 나오기
까지 없어서는 안 될 도움을 준 리비 코포넨Libby Koponen과 니콜
버니에Nichole Bernier에게도 고마운 마음을 전한다.

이 책을 쓰는 과정에서 친구들에게도 많은 도움을 받았다.
그중에서도 클라우디아 클락Claudia Clark, 론 클락Ron Clarke, 캐
시 갈리나로Kathy Gallinaro, 콜린 저완Colleen Jerwann, 데비 모노슨
Dabbie Monosson, 프란시스 오키프Francis O'Keefe, 테드 패트리카스Ted
Patrikas, 빈스 스파이저리Vince Spiziri, 재니 월시Janie Walsh, 사라 윌
헴Sara Wilhelm, 베스 위트Beth Witte에게는 정말 큰 도움을 받았다.

토머스, 해넌, 매카시의 가족들은 책을 쓰는 내내 여러 방면에서 열정적으로 나를 도와주었다. 뿐만 아니라 바버라, 니나, 로버트에게는 셀 수 없이 많은 격려를 받았다. 어머니에게는 일일이 언급할 수도 없을 정도다. 마지막으로, 처음 만난 순간부터 나의 챔피언이었던 도널드에게 감사 인사를 전한다. 당신이 없었다면 결코 해내지 못했을 거야. 고마워.

참고문헌

프롤로그

1   Christine Pearson and Christine Porath. *The Cost of Bad Behavior: How Incivility Is Damaging Your Business and What to Do About It*. New York: Hardcover Portfolio, 2009

1장
———

1   Milton J. Bennett(1979). "Overcoming the Golden Rule: Sympathy and Empathy." In D. Nimmo(Ed.), Communication Yearbook 3. International Communication Association.

2   Christine Pearson and Christine Porath. *The Cost of Bad Behavior: How Incivility Is Damaging Your Business and What to Do About It*. New York: Hardcover Portfolio, 2009

3   Mike Miles. "Workplace Bullying Costs Companies Billions, Wrecks Victims' Health." SmartSign blog. December 13, 2012. http://www.smartsign.com/blog/costs-of-workplace-bullying/.

4   Steve Gruenert and Todd Whitaker. *School Culture Rewired: How to Define Assess, and Transform It*. Alexandria, VA:ASCD, 2015.

5   Kevin L. Nadal. "Sexual Orientation Microaggressions in Everyday Life:
        Experiences of Lesbians, Gays, Bisexuals, and Transgender Individuals."
        PsyEXTRA Dataset. Accessed November 2, 2016. doi:10.1037/
        e615782009-001.

6   Steve Mintz. "Workplace Values and Expectations of the Millennial
        Generation." Workplace Ethics Advice, April 28, 2016. http://www.
        workplaceethicsadvice.com/2016/04/28/.

7   Erik Sherman. "6 Oldest CEOs in America in 2015." Fortune, December
        12. 2015. http://fortune.com/2015/12/13/oldest-ceos-fortune-500/.

8   Rebecca Riffkin. "Average U. S. Retirement Age Rises to 62." Gallup,
        2014, http://www.gallup.com/poll/168707/average-retirement-age-
        rises.aspx.

9   "Center for American Progress." Center for American Progress, 2050.
        https://cdn.americanprogress.org/.

10   "Center for American Progress." Center for American Progress, 2012.
        https://cdn.americanprogress.org/.

11   Sarah Kate Ellis. "GLAAD CEO: Tim Cook Is a Game-Changing Exec for
        LGBT Workforce." Time, October 31, 2014. http://time.com/3551490/tim-
        cook-is-a-game-changing-exec-for-lgbt-workforce/.

12   Brandon Bailey. "Facebook Offers More Options for Members to
        Describe Their Gender." Mercury News, February 13, 2014. http://
        www.mercurynews.com/business/ci_25137519/facebook-offers-more-
        options-members-describe-their-gender.

13   Office of Disability Employment Policy(ODEP). "Disability Etiquette."
        United Cerebral Palsy, 2015. http://ucp.org/resources/disability-
        etiquette/.

2장

1   Peter Dizikes. "Putting Heads Together." *MIT News*, October 1, 2010. http://news.mit.edu/2010/collective-intel-1001.

2   Ken Sundheim. "15 Traits of the Ideal Employee." Forbes, April 2, 2013. http://www.forbes.com/sites/kensundheim/2013/04/02/15-traits-of-the-ideal-employee/#2b4a36bd7c94.

3   Vivian Giang. "The All-Time Worst Interview Mistakes Job Candidates Have Made." *Business Insider*, January 16, 2014. http://www.businessinsider.com/worst-job-interview-mistakes-2014-1.

4   Jens Maier. "Corporate Universities." In *The Ambidextrous Or\-ganization: Exploring the New While Exploiting the Now*. Springer, 2015. Accessed August 22, 2016. https://books.google.com/books?id=fOcHCgAAQBAJ&lpg=PT137&ots=rJhDYrKaMX&dq=Gil%20Press%20an%20attitude%20by%20businesses%20%2C%20nonprofits&pg=PT137#v=onepage&q=Gil%20Press%20an%20attitude%20by%20businesses%20,%20nonprofits&f=false.

5   Jerome Maisch. "Big Data's Impact on Human Resources." Digi-mind blog. Accessed August 22, 2016. http://digimind.com/blog/competitive-intelligence/big-datas-impact-in-human-resources/.

6   Anne Fisher. "The Most Ridiculous Interview Questions." Fortune blog, April 5, 2011. http://fortune.com/2011/04/05/the-most-ridiculous-job-interview-questions/.

7   Jacquelyn Smith. "What to Do When You're Offered a Job and You Need More Time to Decide." Yahoo.com, June 3, 2015. http://finance.yahoo.com/news/politely-postpone-accepting-job-offer-175800901.html.

8   John Rossheim. "How to Help Millennials Fill the Soft Skills Gap." Monster Hiring Resource Center. Accessed August 23, 2016. http://

hiring.monster.com/hr/hr-best-practices/workforce-management/
employee-performance-management/millennial-soft-skills.aspx.

9   Sue Shellenbarger. "Just Look Me in the Eye Already." Wall Street
        Journal, May 28, 2013. http://www.wsj.com/articles/SB10001424127887
        324809804578511290822228174.

10   Carmine P. Gibaldi. "11 Ways for Older Employees to Stay Relevant at
        Work." Business Insider, August 22, 2012. http://www.businessinsider.
        com/11-ways-for-older-employees-to-still-feel-relevant-at-
        work-2012-8.

11   Anne Kingston. "Get Ready for Generation Z." *Maclean's*, July 15, 2014.
        http://www.macleans.ca/society/life/get-ready-for-generation-z/.

12   Sparks & Honey. "Meet Generation Z: Forget Everything You Learned
        About Millennials." Slideshare.net, June 17, 2014. http://www.slideshare.
        net/sparksandhoney/generation-z-final-june-17/56.

3장

1   Napoleon Hill. *Think and Grow Rich: Teaching, for the First Time, the
        Famous Andrew Carnegie Formula for Money-Making*. Meriden, CT:
        Ralston Society, 1937.

2   Tom Peters. "A Brand Called You." *Fast Company*, August 31, 1997.
        Accessed August 23, 2016. http://www.fastcompany.com/28905/brand-
        called-you.

3   Dan Schawbel. "Chapter 1: The Brand Called You." In Me 2.0: Build a
        Powerful Brand to Achieve Career Success. New York: Kaplan, 2009.

4   Yesenia Rascon. "Expert Advice: 8 Tips for Building Your Personal
        Brand—NerdWallet." Nerdwallet.com, June 9, 2014. https://www.
        nerdwallet.com/blog/loans/student-loans/expert-advice-8-tips-

building-personal-brand/.

5   Henry Blodget. "Let's Get One Thing Straight—Apple Had No Choice
        but to Oust Steve Jobs." Business Insider, September 23, 2013. http://
        www.businessinsider.com/apple-had-no-choice-with-steve-
        jobs-2013-9.

6   Jim Rohn. "Rohn: The One Thing That Determines How Successful You
        Can Be." Success.com, May 22, 2015. http://www.success.com/article/
        rohn-the-one-thing-that-determines-how-successful-you-can-be.

7   Charles R. Swindoll. "The Importance of Attitude." Insight for Living
        Ministries, July 20, 2015. http://www.insight.org/resources/daily-
        devotional/individual/the-importance-of-attitude.

8   "A Look at the Shocking Student Loan Debt Statistics for 2016" Student
        Loan Hero™, Inc. Accessed November 2, 2016. https://studentloanhero.
        com/student-loan-debt-statistics.

9   Ali Meyer. "Census Bureau: 30.3% Millennials Still Living With Their
        Parents." CNS News, February 17, 2015. http://www.cnsnews.com/
        news/article/ali-meyer/census-bureau-303-millennials-still-living-
        their-parents.

10   Robert Armstrong. "Sorry JPMorgan, Smart Guys Still Wear Suits."
        Financial Times, June 8, 2016. http://www.ft.com/cms/s/0/7b9bb1bc-
        2d56-11e6-bf8d-26294ad519fc.html.

11   Seth Harden. "Commuter Driving Statistics." Statistic Brain, March
        4, 2016. Accessed August 25, 2016. http://www.statisticbrain.com/
        commute-statistics/.

4장

1   Tim Kastelle. "Hierarchy Is Overrated." *Harvard Business Review*,

November 20, 2013. https://hbr.org/2013/11/hierarchy-is-overrated.

2   Atlassian. "You Waste a Lot of Time at Work Infographic." Atlassian.com. Accessed August 25, 2016. https://www.atlassian.com/time-wasting-at-work-infographic.

3   Anna Codrea-Rado. "Open-Plan Offices Make Employees Less Productive, Less Happy, and More Likely to Get Sick." Quartz, May 21, 2013. http://qz.com/85400/moving-to-open-plan-offices-makes-employees-less-productive-less-happy-and-more-likely-to-get-sick/.

4   Gensler. "2013 U.S. Workplace Survey." Gensler.com. Accessed August 25, 2016. http://www.gensler.com/uploads/documents/2013_US_Workplace_Survey_07_15_2013.pdf.

5   Statistic Brain. "Employee Theft Statistics." Statisticbrain.com, September 7, 2015. http://www.statisticbrain.com/employee-theft-statistics/.

6   Adam Vaccaro. "Your Office's Fridge-Raiders Are Stealing Much More Than Food." Inc.com, April 7, 2014. http://www.inc.com/adam-vaccaro/workplace-lunch-thieves.html.

7   Hajo Adam and Adam D. Galinsky. "Enclothed Cognition." *Journal of Experimental Social Psychology* 48, no. 4 (July 2012): 918-25. doi:10.1016/j.jesp.2012.02.008.

8   Jenny Awford. "Will Your Job Still Exist in 2025? New Report Warns 50 per Cent of Occupations Will Be Redundant in 11 Years Time." *Daily Mail*, November 8, 2014. http://www.dailymail.co.uk/news/article-2826463/CBRE-report-warns-50-cent-occupations-redundant-20-years-time.html.

9   Vicky Valet. "Overcoming Burnout: Five Ways to Get Back on Track at Work." *Forbes*, June 23, 2015. http://www.forbes.com/sites/vickyvalet/2015/06/23/overcoming-burnout-five-ways-to-get-back-on-track-at-work/#5dcf7c1e491b.

10   Willis Towers Watson. "Staying@WorkTM Report: Employee Health and
        Business Success." Willistowerswatson.com, March 10, 2016. https://
        www.willistowerswatson.com/en/insights/2016/03/stayingatwork-
        report-employee-health-and-business-success.

11   Gloria Larson. "How to Future-Proof Your Career: Start with Hybrid Job
        Skills." PreparedU: Careers. Bentley.edu, March 2, 2016. http://www.
        bentley.edu/prepared/Careers/all?page=7.

12   Richard Newton. *The End of Nice: How to Be Human in a World Run by
        Robots*. Amazon Digital Services LLC, 2015. https://www.amazon.com/
        End-Nice-robots-Kindle-Single-ebook/dp/B00W1Y91VC.

13   Glassdoor Team. "Top 20 Employee Benefits & Perks." Glassdoor.com
        (blog), February 3, 2016. https://www.glassdoor.com/blog/top-20-
        employee-benefits-perks.

14   Matt Richtel. "Housecleaning, Then Dinner? Silicon Valley Perks Come
        Home." New York Times, October 19, 2012. http://www.nytimes.
        com/2012/10/20/us/in-silicon-valley-perks-now-begin-at-home.
        html.

15   Adam Jones. "The Spies in the Cellar Are Now Sidling Up to Your
        Desk." *Financial Times*, December 28, 2014. http://www.ft.com/cms/
        s/0/9412d776-89b4-11e4-8daa-00144feabdc0.html#axzz4IMrGp6Bj.

5장

1   Ben Decker and Kelly Decker. "The Top Ten Best (and Worst)
        Communicators of 2015." Decker Communications (blog), December
        16, 2015. https://decker.com/blog/the-top-ten-best-and-worst-
        communicators-of-2015/.

2   Brian O'Keefe. "The Man Who's Reinventing Walmart." *Fortune*, June 4,

2015. http://fortune.com/2015/06/04/walmart-ceo-doug-mcmillon/.

3   Sam Walton. "10 Rules for Building a Business." Walmart.com. Accessed
        August 27, 2016. http://corporate.walmart.com/our-story/history/10-
        rules-for-building-a-business.

4   Amy Cuddy. "Your Body Language Shapes Who You Are." TED.
        com, June 2012. https://www.ted.com/talks/amy_cuddy_your_body_
        language_shapes_who_you_are?language=en.

5   Patryk Welowski and Kasia Welowski. "How Micro Expressions Predict
        Success: Patryk & Kasia Wezowski at TEDx UHasselt Salon." TEDxTalks
        video, November 13, 2013. http://tedxtalks.ted.com/video/How-Micro-
        Expressions-Predict-S.

6   Skills You Need. "Body Language, Posture and Proximity."
        Skillsyouneed.com. Accessed August 27, 2016. http://www.
        skillsyouneed.com/ips/body-language.html.

7   Lucy Kellaway. "Time to Get Stoked by the Year's Worst Cor-porate
        Guff." Financial Times, January 3, 2016. http://www.ft.com/cms/s/0/
        a989fc5c-aa4b-11e5-9700-2b669a5aeb83.html #axzz 4IXz6u1OT.

8   Fran Alston. "Decline in Grammatical and Writing Skills of the New
        Generation Due to Techspeak." CNN iReport, March 25, 2014. http://
        ireport.cnn.com/docs/DOC-1112008.

9   Paul Gil. "The Top 30 Internet Terms for Beginners, 2016." About.
        com Tech, June 5, 2016. http://netforbeginners.about.com/od/
        internetlanguage/tp/the-top-internet-terms-for-beginners.htm.

10   John Medina. "The Brain Cannot Multitask." Brain Rules blog, March
        16, 2008. http://brainrules.blogspot.com/2008/03/brain-cannot-
        multitask_16.html.

11   Ryan Weaver. "Multitasking Isn't Possible, So Stop Hurting Your Own
        Productivity by Attempting It." Techvibes, January 31, 2014.

12   George Washington and Richard Brookhiser. *Rules of Civility: The 110*

Precepts That Guided Our First President in War and Peace. New York: Free Press, 1997.

13   Jonathan O'Callaghan. "Aggression Could Be Our Downfall: Survival of the Human Race Depends on Kindness and Co-operation, Says Stephen Hawking." *Daily Mail*, February 19, 2015. http://www.dailymail.co.uk/sciencetech/article-2960508/Survival-human-race-depends-weeding-aggression-says-Stephen-Hawking.html.

6장

---

1   Barry Siskind. "Marketing: Technology vs Face-to-Face." Salesgravy.com. Accessed August 28, 2016. https://www.salesgravy.com/sales-articles/insurance/marketing-technology-vs-face-to-face.html.

2   Teddy Wayne. "At the Tone, Leave a What?" New York Times, June 14, 2014. http://www.nytimes.com/2014/06/15/fashion/millennials-shy-away-from-voice-mail.html.

3   Jenna Wortham. "Pass the Word: The Phone Call Is Back." New York Times, September 20, 2014. http://bits.blogs.nytimes.com/2014/09/20/pass-the-word-the-phone-call-is-back/.

4   Verena Von Pfetten. "Read This Story Without Distraction (Can You?)." New York Times, April 29, 2016. http://www.nytimes.com/2016/05/01/fashion/monotasking-drop-everything-and-read-this-story.html.

5   Sarah Radicati and Justin Levenstein. "Email Statistics Report, 2013-2017." Radicati.com PDF, April 2013. http://www.radicati.com/.

6   Alina Tugend. "What to Think About Before You Hit 'Send.'" NYTimes.com, April 20, 2012. http://www.nytimes.com/2012/04/21/your-money/what-to-think-about-before-you-hit-send.html?_r=0.

7   Statista. "Social Networks—Statistics & Facts." Statista.com. Accessed

August 30, 2016. https://www.statista.com/topics/1164/social-networks/.

8   Jeffrey Rosen. "The Web Means the End of Forgetting." New York Times, July 24, 2010. http://www.nytimes.com/2010/07/25/magazine/25privacy-t2.html.

9   Dorie Clark. "How to Repair a Damaged Online Reputation." Huffingtonpost.com, April 21, 2015. http://www.huffingtonpost.com/dorie-clark/how-to-repair-a-damaged-o_b_811000.html.

10   Scott Stratten. Social Currency in Social Media. Performed by Scott Stratten. YouTube.com, June 3, 2009. https://youtu.be/MjsOwr_whHc.

11   Kevan Lee. "Infographic: How Often Should You Post on Social Media?" Digital image. Sumall.com, February 25, 2015. https://blog.bufferapp.com/how-often-post-social-media.

12   Daniel Bean. "11 Brutal Reminders That You Can and Will Get Fired for What You Post on Facebook." Yahoo.com, May 6, 2014. https://www.yahoo.com/tech/11-brutal-reminders-that-you-can-and-will-get-fired-for-84931050659.html.

13   Marketing Charts. "18-24-Year-Olds on Facebook Report an Average of 649 Friends, Up from 510 Last Year." Marketingcharts.com, March 10, 2014. http://www.marketingcharts.com/online/18-24-year-olds-on-facebook-report-an-average-of-649-friends-up-from-510-last-year-41233/.

14   Rachel Dicker. "You Only Have Four Real Friends on Facebook, Study Says." U.S. News & World Report, January 29, 2016. http://www.usnews.com/news/articles/2016-01-29/only-four-facebook-friends-are-your-real-friends.

15   Susie Poppick. "10 Social Media Blunders That Cost a Millennial a Job." Time.com, September 5, 2014. http://time.com/money/3019899/10-facebook-twitter-mistakes-lost-job-millennials-viral/.

16   Chris Brogan. "My Twitter Presence." Chrisbrogan.com, August 12, 2010. http://chrisbrogan.com/my-twitter-presence/.

17   Statista. "LinkedIn: Number of Users." Statista.com. Accessed August 30, 2016. http://www.statista.com/statistics/274050/quarterly-numbers-of-linkedin-members/.

18   The Huffington Post. "Health Benefits of Unplugging and Going Screen-Free This July 4." Huffington Post blog, July 4, 2013. http://www.huffingtonpost.com/2013/07/04/health-ben\-efits-of unplugging_n_3528710.html.

19   Rensselaer Polytechnic Institute (RPI). "Light from Self-Luminous Tablet Computers Can Affect Evening Melatonin, Delaying Sleep." ScienceDaily. August 27, 2012. https://www.sciencedaily.com/releases/2012/08/120827094211.htm.

20   Sophia Breene. "Why Everyone Should Unplug More Often." Greatist, June 24, 2015. http://greatist.com/happiness/unplugging-social-media-email.

21   Reboot. "About." The National Day of Unplugging. Accessed August 31, 2016. http://nationaldayofunplugging.com/about-us/.

22   International Center for Media & the Public Agenda. "About the World Unplugged." The World UNPLUGGED blog. Accessed August 31, 2016. https://theworldunplugged.wordpress.com/about/.

23   Mark Zuckerberg. "Mark Zuckerberg's Facebook Page." Facebook.com, January 3, 2016. https://www.facebook.com/zuck/posts/10102577175875681.

7장

1   Kevin D. O'Gorman. "Dimensions of Hospitality: Exploring Ancient and Classical Origins." *In Hospitality: A Social Lens*, 17-32. Advances in

Tourism Research. Amsterdam: Elsevier, 2007. http://www.academia.
edu/279771/Dimensions_of_Hospitality_Exploring_Ancient_Origins.

2   Christina Ohly Evans. "Jorge Pérez's Dining Boltholes." Howtospendit.
ft.com, July 29, 2016. http://howtospendit.ft.com/food/110513-jorge-
prezs-dining-boltholes.

3   Simon De Burton. "Richie Nanda's Dining Boltholes." Howtospendit.
ft.com, July 10, 2015. http://howtospendit.ft.com/food/87421-richie-
nandas-dining-boltholes.

4   Adam Bryant. "Walt Bettinger of Charles Schwab: You've Got to Open
Up to Move Up." New York Times, February 4, 2016. http://www.
nytimes.com/2016/02/07/business/walt-bettinger-of-charles-schwab-
youve-got-to-open-up-to-move-up.html.

옮긴이 서유라

서강대학교에서 영미어문학과 및 신문방송학과를 전공하였다. 백화점 의류패션팀과 법률사무소 기획팀을 거쳐 전문번역가 및 일러스트레이터로 활동 중이며, 글밥 아카데미 수료 후 바른번역 소속 번역가로 『인듀어』 『좋은 권위』 『뉴필로소퍼』 『트렌드 인사이트 2030』 등을 우리말로 옮겼다. 브런치 매거진에서 '서메리'라는 닉네임으로 일러스트 에세이를 연재했으며, 다양한 매체에 글과 그림을 기고하고 있다. 유튜브, 인스타그램을 통해 독자들과 소통하며 프리랜서의 삶에 대해 허심탄회하게 털어놓고 있다.

태도의 품격

초판 1쇄 발행 2018년 4월 27일
초판 12쇄 발행 2022년 1월 28일

지은이 로잔 토머스
옮긴이 서유라
펴낸이 김선식

경영총괄 김은영
콘텐츠사업1팀장 임보윤 **콘텐츠사업1팀** 윤유정, 한다혜, 성기병, 문주연
마케팅본부장 권장규 **마케팅2팀** 이고은, 김지우
미디어홍보본부장 정명찬
홍보팀 안지혜, 김민정, 이소영, 김은지, 박재연, 오수미 **뉴미디어팀** 허지호, 박지수, 임유나, 송희진, 홍수경
저작권팀 한승빈, 김재원 **편집관리팀** 조세현, 백설희
경영관리본부 하미선, 박상민, 윤이경, 김소영, 이소희, 안혜선, 김재경, 최완규, 이우철, 김혜진, 이지우, 오지영
외부스태프 본문디자인 데시그 교정교열 황원권

펴낸곳 다산북스 **출판등록** 2005년 12월 23일 제313-2005-00277호
주소 경기도 파주시 회동길 490
전화 02-702-1724 **팩스** 02-703-2219 **이메일** dasanbooks@dasanbooks.com
홈페이지 www.dasan.group **블로그** blog.naver.com/dasan_books
종이 ㈜한솔피앤에스 **출력·인쇄** ㈜갑우문화사

ISBN 979-11-306-1671-1 (03320)

다산북스(DASANBOOKS)는 독자 여러분의 책에 관한 아이디어와 원고 투고를 기쁜 마음으로 기다리고 있습니다.
책 출간을 원하는 아이디어가 있으신 분은 다산북스 홈페이지 '투고원고'란으로 간단한 개요와 취지, 연락처 등을 보내주세요.
머뭇거리지 말고 문을 두드리세요.